삼성인도 모르는
삼성가의 창업과 수성
祕史 비사

삼성인도 모르는 삼성가의 창업과 수성 祕史비사

이용우 저

지우출판

글을 시작하며

별을 남기고 별이 떠났다. 남은 별은 삼성이고 떠난 별은 故 이건희 회장을 가리키는 말이다. 78세, 아직 한창 일할 나이에 심근경색으로 쓰러진 이후 6년 5개월여 세월을 투병해온 보람도 없이 숨을 거둔 지 벌써 2주기가 다가오고 있다. 그러나 그가 떠난 후 삼성은 바람 잘 날이 없다. 3세 경영인 이재용 부회장이 검찰 조사와 법정 출석을 반복하던 끝에 또 재수감되고 옥중 경영마저 금지당했기 때문이다. 최근에야 가석방에 이어 사면복권이 되었으나, 글로벌 경영인으로서 활동에 많은 제약을 받아온 것은 사실이다.

그러나 우리 국민은 코로나 팬데믹의 열악한 경영환경 속에서도 대한민국을 세계 10위권의 선진국 반열에 올려놓은 '삼성'을 다시 보고 있다. 한때 진영 논리에 갇혀 정신적으로 방황하던 2030세대들은 "한국도 1등을 할 수 있다는 자부심을 삼성이 심어줬다"며 "그동안 삼성을 저평가하지 않았나 되새겨 봐야 할 것"이라고 목소리를 높이고 있다. 이른바 '삼성신드롬'이다.

반도체 · 스마트폰 · 가전 등 최첨단산업을 초고속 · 초강도 · 초효율로 초일류 DNA를 심어준 故 이건희 회장을 존중하는 국민 정서가 다시 조성되고 있는 이유다. 그래서인지 우리 청년들은 이건희 회장이 별세하자 장례 기간 내내 온라인상에서 "누가 뭐래도 삼성이 한국을 대표하는 초국가적 기업"이라는 사실을 상기시키며 추모 열기를 뜨겁게 달구기도 했었다.

"정치 논리에 휘말려 생전에 제대로 평가받지 못했던 이건희 회장의 경영능력과 글로벌 기업 삼성을 재평가해야 한다"는 목소리가 나오고 있다. 이건희 회장이 생전에 글로벌 기업인으로 세계 정상에 우뚝 서게 된 것은 무엇보다 '이병철'이라는 뿌리 깊은 버팀목이 있었기에 가능했다. 뿌리 깊은 나무는 바람에 흔들리지 않고 튼튼한 가지를 뻗어 잎을 무성하게 피우기 마련이다.

창업주 이병철 회장은 생전에 아들 건희를 옆에 앉혀두고 "창업보다 수성이 더 어렵다"며 삼성을 창업한 아버지보다 "열 배, 백 배 더 키울 자신이 있느냐?"는 말을 귀에 못 박히도록 강조했다고 한다. 창업보다 수성! 사업을 일으키기보다 일으킨 사업을 지키고 발전시켜 나가는 일이 훨씬 어렵다는 뜻이 담겨 있었다.

이건희 회장도 생전에 선대의 유훈을 가슴에 새기며 "삼성의 미래를 생각하면 등에 식은땀이 흐른다"며 입버릇처럼 위기의식을 강조해왔다. 그래서인가, 그는 수성에 성공하고 마침내 '승어부勝於父'라는 찬사를 받았다. '승어부'란 물려받은 재산을 착실히 불려 선대를 능가하는 부를 축적한다는 뜻이다. 창업주 이병철 회장이 타계한 1987년 삼성의 총매출은 9조 9000억 원, 영업이익은 2000억 원대에 불과했다, 자산 규모는 10조 4000억 원이었다.

그러던 것이 30년이 지난 2018년 말 기준 매출은 39배인 386조 6000억 원, 영업이익은 71조 8000억 원으로 무려 359배나 늘었다. 자산 규모는 총 878조 3000억 원으로 85배 이상 늘었고 1조 원에 불과하던 시가총액도 396조 원으로 엄청난 부의 축적을 이룩했다. GDP(국민총생산) 대비 삼성그룹의 총매출 비중은 30년 전 8.13%에 서 20.36%로 늘어나 우리 국민 100명당 20명의 생계를 삼성이 책임진다는 계산이 나온다. 삼성이 국민기업이라는 말이 그래서 생긴 것이다.

그런 삼성이 올해 창업 84주년을 맞아 3세 이재용 시대를 열었다. 앞으로 어떤 변수가 생길지 모르겠지만 창업 100주년이 눈앞에 다가오는 시점이다. 과연 이재용은 삼성의 역사를 새로 쓸 수 있을까? 그는 아버지 이건희 회장이 쓰러지자 아버지를 대신해 삼성을 이끌며 2022년 2분기 실적 발표에 의하면, 삼성전자는 매출 77.2조 원, 영업이익 14.1조 원으로 인플레이션과 공급망 이슈 등 매우 어려운 경영 여건이 지속하고 있는 가운데서도 2분기 기준 최대 그리고 역대 두 번째 분기 매출을 기록했다.

삼성전자는 브랜드가치만 약 129조 원(1072억 달러, 2022년01월 기준)을 돌파, 애플, 아마존, MS, 구글에 이어 '글로벌 톱5 브랜드'에 올려놨다. 세계는 그런 삼성을 이끌어온 이건희 회장과 이재용 부회장을 경이의 눈으로 바라보고 있다. 이제 한국 재계도 2, 3세 오너 경영체제로 바뀌고 있다. 국내 5대 재벌이 모두 그런 경영환경을 맞고 있다.

재계에서는 삼성의 새로운 총수 이재용 부회장도 장차 아버지 이건희 회장을 뛰어넘는 '승어부'가 될 것이라는 기대감을 나타내고 있다. 삼성과 이재용의 위상을 그만큼 무겁게 받아들인다는 뜻이다. 그는 이미 사실상의 삼성 오너 경영인으로 물불을 가리지 않고 글로벌 시장을 누벼왔다. 3대에 걸친 글로벌 경영인의 숙명이라 해도 과언이 아니다.

그러나 삼성은 지금 오너가 없는 살얼음판을 걷고 있다. 비록 사면복권이 되었다고는 하지만 아직도 경영권 승계 문제가 풀리지 않고 있다. 오너 이재용이 국정 농단과 재벌 개혁이라는 정치 논리의 덫에 걸려 오랫동안 헤어나지 못하고 있기 때문이다. 정치 권력의 초법적 규제에 발목이 잡혀 앞으로 또 어떤 변수가 생길지도 모른다. 한국적인 경영풍토에서 "창업보다 수성이 더 어렵다"는 말이 그래서 나온다. 세계는 지금 미·중 간의 무역전쟁이 패권전쟁으로 전개되고 있고, 인류사상 전대미문의 재난 코로나 팬데믹으로 어려움에 빠져 있다.

이런 위기상황 속에서 한국 경제의 버팀목이 되어온 삼성은 언제까지 살아남을 수 있을까? 삼성은 이제 개인기업이 아니라 초국가적 국민기업으로 세계에 우뚝 서 있다. 결코, 쉽게 무너지지 않을 것이다. 권력은 유한하지만, 기업은 무한하다. 우리 국민이 국가 경제의 버팀목인 삼성을 뿌리 깊은 나무로 재인식하고 있는 이유다. 하여 이건희 회장의 타계 2주기를 맞은 시점에 아직도 베일에 가려져 있는 3대에 걸친 100년 기업 삼성의 비사秘史를 중심으로 창업과 수성을 새로운 시각에서 조명해 본다.

2022년 09월

저자 이용우

차 례

1
풍수도참風水圖讖

바람 소리, 물소리 그칠 새 없는 민족의 영산靈山 지리산 남쪽 끝자락에서 말머리처럼 생긴 마두산馬頭山이 뻗어내린다. "산이 사람을 키워준다"는 진산鎭山!이다. 이 산골짜기에 보일 듯, 말 듯 숨어 있는 작은 마을이 있다. 행정구역상 경남 의령군 정곡면 중교리이다. 마두산 정상에 쌍봉이 우뚝 솟아 있어 풍수도참으론 좌청룡·우백호를 상징한다.

그 아래 계곡을 타고 흘러내리는 실 폭포가 마을 어귀에 이르러 용이 머문다는 용소龍沼를 이루고 용소의 물은 쉼 없이 흘러 남강의 원류를 이룬다. 이 용소를 가리켜 "개천에서 용이 난다"는 전설이 서려 있다. 개천을 가로질러 조그만 구름다리 하나를 사이에 둔 언덕배기에는 반상班常을 구분하는 윗마을과 아랫마을이 들어앉아 있다. 나지막한 산자락이 아늑하게 마을을 감싸고 그 주변에는 아름드리 노송이 군락을 이루고 있다. 배산임수背山臨水!

언제 보아도 수려하기 그지없는 마을 풍경이다.

길손이 지나다가 윗마을을 바라보면 너른 대지에 포근히 안기듯 고래등 같은 고택 세 채와 사랑채 및 별채의 고색창연한 모습이 눈에 들어온다. 맞배지붕과 처마 선이 유려한 고택, 생전에 대한민국 경제 대통령으로 불렸던 삼성그룹 창업주 호암湖巖 이병철李秉喆(1910-1987)이 태어나고 자란 천하 명당이자 길지吉地이다.

이곳에 터를 잡은 입향조는 그의 16대 조祖, 500여 년의 유구한 세월이 흘렀으나 산천은 변함이 없다. 조선조 10대 국왕 연산군이 무오사화와 갑자사화를 일으켜 수많은 충신·선비들을 죽음으로 몰아넣은 폭정과 횡음에 빠졌을 때 거대한 왕권의 폭력을 피해 숨어든 십승지지十勝之地로 꼽히고 있다.

앞이 확 트인 윗마을 들머리에 서서 보면 하늘로 비상하듯 팔각지붕을 머리에 인 고대광실이 한눈에 들어온다. 살펴보니 거대한 너럭바위를 주춧돌로 삼아 집을 올린 보기 드문 옛 건축양식이었다. 자연의 풍수를 최대한 활용해 지은 고택이다. 문설주에 〈文山亭〉이라는 커다란 현판이 걸려 있다. '文山'이란 이병철의 조부 이홍석 공李洪錫 公(1838-1897)의 아호이다.

2천석石지기 부농으로 이 고장 거유巨儒(유림의 대표)이기도 했다. 그래서 애초 문산정은 유림들의 강원을 겸한 춘추 향사를 위해 서원書院으로 건립했으나 조선조 말엽 대원군의 서원 철폐령으로 현판을 바꿔 단 것이 문산정이다. 하지만 이 고장 사람들은 물론 근·원 동에서도 한결같이 문산서원으로 불러왔다.

문산정 뒤편에는 〈文山堂〉이라는 또 다른 현판이 걸린 고택이 울창한 수림을 등에 지고 문산정과 어깨를 겨루고 있다. 경주 이씨 정곡파正谷派 종택宗宅이다. 이병철이 이곳 종택 내당內堂에서 태어났다. 아버지 술산述山 이찬우 공李纘雨 公(1874-1957)과 어머니 안동 권씨 사이의 2남 2녀 중 막내. 그 당시의 일반적인 다손가계多孫家系와는 달리 손孫이 귀한 편이었다.

그의 아버지 술산 어른은 본디 할아버지 문산공의 학통을 이어받아 성리학에 조예가 깊은 선비였으나 일찍이 개화에 눈을 떠 한때 독립협회에 가입하고 경성(서울)을 오가며 민족의식이 강한 문사文士들과 교류해 온 것으로 전해진다. 문산정에서 서당 글을 익히던 병철 소년은 이러한 아버지의 영향으로 11세 되던 해 진주 지수智水 보통(초등)학교 3학년에 편입해 일제 강점기의 신식교육을 받게 된다.

이때 만난 친구가 세 살 손위인 LG그룹 창업주 구인회(1907-1969) 회장. 둘은 평생을 죽마고우로 지내며 동업도 하고 사돈의 인연까지 맺었으나 이병철이 후발 기업으로 삼성전자를 일으켜 선발기업인 금성전자(LG의 전신)와 라이벌이 되면서 서로 등을 돌리고 만다. "사촌이 논을 사면 배가 아프다"는 속담처럼 돈 놓고 돈 먹는 사업에는 친구의 의리도 사돈의 예의도 없었다. 비정한 경쟁심리만 존재할 뿐이기 때문이다. 이후 삼성과 LG는 세계 일류를 향한 무한경쟁을 벌이며 영원한 라이벌이 되어 있다.

여기에 또 한 사람, 이병철의 사업동반자이자 평생 친구인 효성그룹 창업주 조홍제(1906-1984)가 있다. 경남 함안 출신인 조홍제는 이병철보다 네 살 위로 삼성물산을 함께 설립하여 부사장을 지내고 한때 제일제당과 제일모직 사장도 지냈으나 1962년 효성물산을 설립하고 이병철과 결별하게 된다. 우연의 일치인지 몰라도 한국 경제의 중흥기를 이끌었던 이들 셋을 두고 '솥바위'전설이 전해지기도 한다.

솥바위란, 지리산에서 발원한 물길이 경남 함안과 의령을 거쳐 진주시가지 앞을 흐르는 남강 본류의 한 가운데에 우뚝 서 있는 가마솥 모양의 큰 바위섬을 가리키는 말이다. 조선조 말기 어느 도인道人이 남강 변을 지나다가 커다란 무쇠솥처럼 생긴 이 바위를 보고 "장차 반경 30리 안에서 이 나라 백성을 먹여 살릴 거부가 셋이나 나올 것"이라는 말을 남기고 사라졌다는 것이다. 이 강물 속에는 흥미롭게도 솥바위를 받쳐주는 다리가 세 개가 뻗어 있다. 아니나 다를까 훗날 이병철·구인회·조홍제 등 3인의 거부가 나타나 피폐하던 이 나라의 경제를 일으킬 것이라는 말이 현실이 되었다.

삼성 창업주 이병철은 어릴 때부터 생가 문산당 대청마루에 앉아 마두산 쌍봉에 걸려 있는 밤하늘의 별자리를 바라보는 것이 취미였다고 한다. 그중에서도 "별 하나, 별 둘, 별 셋…." 대우주의 구성 요건인 큰곰자리 별 세 개를 유달리 좋아했다. 자미성紫微星을 지키는 삼태성三台星, 자미성이란 북두칠성 동북쪽에 있는 큰 별로 창조주, 즉 천제天帝가 있는 별자리를 말한다.

병철 소년은 맑은 날 밤이면 으레 삼태성을 찾기 위해 눈에 심지를 돋우다가 이튿날 아침엔 충혈된 눈을 뜨기 일쑤였다고 했다. 그런 그가 성장기 삼태성에 집착한 탓인지 훗날 사업을 일으켜 삼성상회를 창업할 때 지은 상호가 자미성을 지키는 별자리 삼태성에서 따온 '삼성三星'이었다. 어쩌면 고향의 마두산 쌍봉에 스며 있다는 산신의 도력道力으로 세상을 직관해 왔는지도 모른다. 이른바 '영발靈發경영'이다.

그의 직관력은 한마디로 맑은 영혼에서 우러나는 정신력이라고도 하고 일종의 도력道力이라고도 했다. 일설에는 그가 일찍이 사업을 일으키지 않았더라면 은둔 도인이 되었을 것이란 얘기가 나돌 정도로 미래를 내다보는 영감靈感이 남달랐다. 그래서인지 신입사원 면접시험장에는 꼭 참석해 말없이 관상만 보고 합격 여부를 판정했다는 사실은 널리 알려져 있다.

학업도 곡절이 많았다. 그는 지수학교를 1년 남짓 다니다가 졸업하지 않고 외가가 있는 서울수송 보통학교 3학년에 다시 편입했다. 일제 강점기 그 당시의 교육풍토가 그랬다. 여건만 되면 정규과정과 관계없이 속성으로 아무나 학교를 선택하고 편입학을 할 수 있었다. 수송 보통학교 4학년 때에 역시 졸업하지 않고 6년제이던 중동중학교 속성과에 입학했다.

학교를 자주 옮긴 탓인지 성적은 겨우 꼴찌를 면할 정도였으나 모두 싫어하는 난해한 산술(수학)에 특출한 재능이 있어 언제나 우수한 성적을 나타냈다. 그가 사업에 뛰어들어 거대한 기업군을 일으킬 때까지 서류상의 결제 한 번 하지 않고도 암기로 수치를 정확하게 꿰고 재무제표를 파악했다는 얘기는 그의 특출한 산술 실력에서 나온 것인지도 모른다.

중동중학교 3학년에 다니던 1926년 가을에는 부모님이 간택한 규수를 맞아 혼례를 치르게 된다. 그 당시는 조혼이 대세였고 부모가 정해주는 대로 따르는 것이 가문의 법도였다. 그때 나이 만 16세, 배우자는 생전에 '삼성가의 왕할매'로 불리던 조강지처 박두을朴杜乙(1907-2000) 여사였다. 신랑보다 세 살 위로 만 19세에 경북 달성군 속칭 묘골에서 백여리나 떨어진 경남 의령군 중교리로 시집갔다. 슬하에 3남 4녀를 낳아 키우면서도 큰살림을 도맡아 평생을 숨은 듯이 남편을 내조하고 가정을 지켰다.

그가 태어나고 자란 묘골은 조선조 세조 때 단종 복위를 꾀하다가 옥사한 사육신의 한 사람인 취금헌醉琴軒 박팽년의 종가宗家 갈암고택葛菴古宅이 있는 마을이다. 순천 박씨의 대종을 이룬 지금의 대구시 달성군 하빈면 묘동이다. 왕할매 박두을 여사는 그곳의 3천석지기 부농이자 충신열사의 후손으로 태어나 2천석지기 경주 이씨네 종가로 출가한 것이다. 부의 척도로 따지고 보면 신랑 쪽이 기울 수밖에 없었다.

그의 유년 시절 어느 탁발승이 대문 앞까지 나와 보시하는 소녀를 보고 "왕비가 아니면 거부의 아내가 될 두꺼비상"이라는 예언을 남겼다고 한다. 그래서인지 이병철 회장의 사업 운이 평생

가정을 지키며 내조로 일관해온 아내 박두을 여사의 숨은 재운 덕분이라는 설도 삼성가家의 전설이 되고 있다. 말년에 '두꺼비 할매' 또는 '왕할매'로 불린 연유다.

청년 이병철은 신혼의 단꿈에 젖어 있을 무렵이던 중동 학교 4학년 때 1학기를 마치자마자 학교에 자퇴서를 낸다. 그가 보통학교부터 중학, 대학까지 졸업장 없이 끝난 학업은 널리 알려진 일화다. 또다시 중학교를 중도 포기하고 일본 유학길에 오른다. 친일파 고관대작이나 부유층 자제들 사이에 새로운 서구문물을 접할 수 있는 동경(도쿄) 유학이 한창 유행이던 시절이었다.

1929년 4월 쾌히 부모님의 승낙을 받아 한·일 정기여객선인 부관釜關 연락선을 탔다. 애초 매표소에서 1등 선실을 요구했으나 "조센진은 2등 선실밖에 안 된다"는 말에 분노했으나 어쩔 수 없었다. 일류가 아닌 이류 인생으로 떨어진 식민지 백성의 신분이었기 때문이다. 나라 잃은 설움을 처음으로 실감했다. 뱃멀미에 시달리며 현해탄을 건너 시모노세키下關에 도착한 후 열차를 갈아타고 도쿄로 향했다.

우선 와세다早稻田 대학 정경학부에 입학절차부터 밟았다. 와세다 대학은 일본에서도 전통이 깊은 일류 대학이었다. 대학은 이듬해 4월에 개강할 예정이어서 입학하기까지는 6개월가량 시간이 남아 있었다. 대학촌 부근에 마땅한 하숙집을 구하기 위해 거리를 나서던 중 뜻밖에도 조선인 유학생과 마주쳤다. 경남 함안 출신의 이순근李舜根(1909-?)이었다. 그의 지수학교 동창이자 훗날 사업동반자가 된 조홍제와는 고향 친구 사이라고 했다.

우연의 일치로 그의 고향 의령과 함안은 지척 간의 이웃 고을인 데다 조홍제와도 친구 사이였으나 이병철과 이순근은 원래 일면식도 없었다. 하지만 이병철은 낯선 도쿄에 도착한 날부터 잔뜩 외로움을 느끼던 차에 마치 10년 지기를 만난 것처럼 반가웠다. 그 당시 한 살이 많은 이순근은 정경학부 2학년에 재학 중이라고 했다. 그는 함안에서 내로라하는 천석지기 부농의 외아들로 태어나 귀하게 자랐다고 했다. 이병철처럼 식민 치하에서도 일류 인생이었다.

그러나 불행하게도 성년이 될 무렵 부모님을 연이어 여의고 나날이 허무감에서 헤어나지 못하다가 신사상新思想(국제공산주의운동)에 눈을 떠 마침내 "평등사회를 이루어야 한다"는 뜻을 세우고 가산부터 정리했다는 것이다. 집에서 부리던 노비들을 모두 풀어주면서 먹고 살도록 땅떼기를 두루 나눠주고 미련 없이 고향을 떠나 일본 유학길에 올랐다고 했다.

그런 인연으로 둘은 터놓고 막역한 친구로 지냈다. 하숙 생활을 하면 편하긴 하지만 일본 음식이 입에 맞지 않아 고향에서 보내온 된장과 고추장, 김치로 자취하는 게 훨씬 낫다는 순근의 권유에 따라 깊이 생각할 필요도 없이 자취생활에 들어갔다. 대학촌의 다다미방이 다닥다닥 붙어 있는 자취 집에 각각 월세방을 하나씩 얻어 자취하는 조선인 유학생은 그와 순근을 포함해 모두 4명이었다. 자라면서 손에 찬물 한 번 적시지 않았던 그는 서로 하루씩 교대하는 식사 당번도 마다하지 않았다.

하지만 둘의 만남은 어쩌면 운명적인지도 모른다. 룸메이트가 돼 서로 의기투합했으나 그 당시 이념적으로 신사상이 몸에 밴 순근은 이미 항일정신과 반체제 성향이 짙은 사람으로 변신해 있었다. 훗날 둘은 삼성상회를 창업해 7년여 동안 사장과 지배인(전 문경영인)으로 회사를 키웠으나 해방공간과 6·25 전쟁의 소용돌이에 휩쓸리면서 이데올로기 갈등으로 결국 등지고 말았다.

순근은 이미 와세다대학에 입학할 때부터 신사상 운동권과 어울려 서클활동에 깊숙이 빠져들고 있었다. 병철은 순근의 권유로 호기심이 동해 마르크스와 엥겔스까지 탐독했다. 그 무렵 미국의 대공황이 세계를 휩쓸어 마침내 일본 도쿄에도 극심한 경제난으로 실업자가 속출하고 좌익 노동자들의 파업이 잇따랐다. 여기에 대학생들이 동조해 순근은 연일 시위에 휩쓸리며 병철에게도 시위 참가를 종용하는 바람에 마지못해 따라나섰다가 경찰에 붙잡혀 경시청 유치장에서 이틀 밤을 새우고는 두 번 다시 나가지 않았다.

그런 혼란 속에 1학년 학기를 마치고 2학년에 진학할 무렵 왠지 팔다리에 통증이 잦아지고 마침내 부어올라 걸음을 제대로 걸을 수 없게 되었다. 병원에 찾아가 진단받아 본 결과 각기병脚氣病에 걸렸다는 것이었다. 영양실조에서 오는 일종의 티아민 부족 현상으로 인하여 팔다리의 신경과 근육이 약해지는 병으로 약물 치료보다 "충분한 영양 섭취와 물리요법으로 온천욕을 자주 해야 건강을 회복할 수 있다"는 것이었다.

매월 집에서 부쳐주는 학비와 생활비가 200엔圓이었다. 도쿄에서 중류 생활을 하는 5인 가족의 월평균 생활비 50엔과 비교하면 네 배나 되는 큰돈이었다. 그런 일류 인생이 영양실조로 인한 각기병에 걸리다니 소가 웃을 일이 아닌가 말이다. 연일 데모와 파업으로 얼룩진 시국 사태로 외식도 할 수 없는 데다 원래 입이 짧아 자취생활에서 편식만 해온 탓이었다. 게다가 입맛이 떨어져 굶기를 밥 먹듯이 했다. 그러니 수중에 돈이 있어 본들 무슨 소용이 있었을까.

고온다습한 일본의 기후와 풍토도 체질에 맞지 않았다. 무엇보다 요양이 시급했다. 하여 온천욕이 효험이 있다는 말을 듣고 1년간 휴학을 했다. 유명하다는 온천장과 명승·고적을 찾아 유람하며 건강을 회복하기로 작심했다. 의식적으로 일본인들에게 지기 싫어 가는 곳마다 값비싼 최고급 료칸旅館에 투숙했다. 온천장 고유의 목욕 의상인 유카타浴衣를 입고 히노키扁柏 목욕을 즐겼다.

히노키란 50년 이상 자란 노송나무로 일컫는 일종의 편백 나무를 가리키는 말이다. 이 나무를 깎아 만든 일본 고유의 욕조를 히노키라고 했다. 이 욕조에 몸을 담그면 편백의 향이 강하게 스며들어 마치 삼림욕을 즐기는 느낌이 든다. 하지만 그는 온천장의 히노키 목욕으로 전지요양을 해도 별다른 효험이 없었다. 걸음걸이도 시원찮고 불편한 몸을 가누지 못해 덧없는 시간만 낭비하다가 차라리 학업을 포기하고 고향으로 돌아가는 게 낫겠다는 생각만 들었다.

그해 가을 미련 없이 학교를 중퇴하고 귀향길을 선택한다. 2학년 과정을 마치지 못한 상태였다. 진주의 지수보통학교, 서울의 수송 보통학교와 중동중학교에 이어 도쿄의 와세다 대학까지 네 번째 중퇴다, 그래서 그는 아예 학교 졸업장이 없다. 사전에 아무 기별도 없이 여행용 가죽가방 하나만 달랑 들고 홀연히 돌아온 자식에게 아버지 술산 어른은 놀라는 기색도 없이 뜻밖의 반응을 보였다.

"니도 무슨 요량이 있겠제. 우선 몸조리나 잘 하거래이."

술산 어른은 그렇게도 대범한 품위를 지켰다. 이미 결혼하여 슬하에 자식(장녀 인희·전 한솔그룹 고문)까지 두었으니 '네 인생은 네가 알아서 살아가라'는 뜻인지도 몰랐다.

천하제일의 길지吉地인 고향의 맑은 공기와 아늑한 태고의 자연 환경에 묻혀 며칠을 지내다 보니 점차 팔다리에 기운이 솟고 걸음걸이도 훨씬 수월해졌다. 일본에서 전지요양을 해도 별 효험이 없었으나 고향에 돌아와 삼시 세끼 집밥만 먹고 맑은 공기와 흙 냄새를 맡다 보니 씻은 듯이 건강을 회복할 수 있었다. 하지만 할 일이 없었다. 가끔 경성(서울)으로 올라가 세상 돌아가는 것을 두루 살펴보기도 했으나 조선총독부의 엄혹한 식민통치가 신물이 나 곧장 낙향하고 말았다.

무위도식으로 정신적 방황을 되풀이하며 지겹게 낭인 생활을 하던 중 같은 또래 부농의 친구들과 어울려 골패骨牌 노름에 빠져 들었다. 골패란 납작하고 네모진 32개의 작은 나뭇조각에 각각 흰 쇠뼈를 붙이고 여러 가지 수효數爻의 구멍을 판 투전(돈치기)기구를 말한다. 그는 이러한 골패 노름에 빠져 한동안 날이면 날마다 밤늦게까지 노름판에서 허송하고 지친 몸으로 달그림자를 밟으며 집으로 돌아오기 일쑤였다.

이미 분가해 문산당의 별채에 거주했기 때문에 어른들은 그가 노름판에 빠진 사실을 전혀 눈치채지 못하고 있었다. 그러던 어느 날 새벽 집으로 돌아와 어린 자식들이 곤히 잠든 모습을 보고 정신이 번쩍 들었다. 인희·맹희·창희 3남매. 그는 이미 두 살 터울씩 세 아이의 아버지가 되어 있었다. 그의 나이 26세, 자칫 입신立身의 기회를 놓칠지도 모른다고 생각했다.

이때 불현듯 도쿄에서 좌익운동에 뛰어들었던 친구 이순근의 생각이 떠올랐다. 원래 함안의 부농이던 순근은 조실부모하고 홀로 성장해오다 일본 도쿄 유학길에 오를 때 그동안 농사를 짓고 집안일을 돌봐온 노비들을 모두 해방하고 농토를 분배해 가산을 정리했다고 했다. 그는 그때 순근이 신사상에 물든 이유를 알 수 있을 것 같았다.

그러나 노비 해방은 신사상과 관계없이 시대의 흐름이었다. 조선조 후기 사대부 집안에서 수백 년 동안 이어온 노비제도가 점차 폐지되긴 했으나 그 잔재가 여전히 남아 있었다. 그의 가문에도 아내 박두을 여사가 시집올 때 데려온 노비를 포함해서 40여 명의 가노家奴를 거느리고 있었다. 그는 마침내 아버지 술산 어른과 독대한 자리에서 '시대가 바뀌었으니 집안 노비들도 자유롭게 살아갈 수 있도록 모두 해방하여 주종主從관계를 청산하는 것이 도리가 아니겠느냐'며 조심스럽게 아버지의 의중을 떠봤다.

아니나 다를까, 아버지 술산 어른은 뜻밖에도 고개를 끄덕이며 긍정적인 반응을 나타냈다. 일찍이 개화한 아버지는 새로운 세계에 눈을 뜬 아들을 대견하게 여기며 쾌히 승낙한 것이다. 평소 자신이 가슴에 품고 있던 생각과 같았기 때문이다. 하지만 가노들은 당장 갈 곳이 없었다. 정착금과 일부 땅뙈기를 나눠주기도 했으나 대부분 중교리를 떠나기 싫어했다. 그래서 주종관계를 끊고 소작을 줘 농사짓고 살게 했다. 올망졸망 10여 채의 여염집이 들어선 문산정 아랫마을이 그들의 대물린 취락지다.

지금도 후손들이 마을을 지키며 이 씨네 종답宗畓을 경작하고 있다. 문산정 아래 끝도 없이 펼쳐진 문전옥답은 모두가 이 씨네 종답이었다. 그러나 그 종답은 이 씨네 종중재산으로 관리되고 있을 뿐 대부분이 소작농들의 자립터전이었다. 여기서 나오는 소출로 넉넉하게 살아가며 자녀들을 대학까지 보냈다. 그중에는 훗날 자기 실력으로 삼성 공채시험에 합격해 임원으로 승진한 사람도 더러 있다고 한다.

그 당시 청년 이병철은 "대처로 나가 사업을 해 보겠다"며 아버지 술산 어른에게 평소 마음에 두고 있던 생각을 자초지종 고했다. 그러자 아버지는 역시 이번에도 기다렸다는 듯이 "그러잖아도 네 몫으로 재산 일부를 넘겨주려던 참이었다"며 연수年收 300 석지기 전답을 사업 밑천으로 선뜻 내놨다. 그러면서 아버지는 "스스로 납득이 가는 일이라면 일찍 결단을 내려보는 것도 좋은 일"이라며 격려도 아끼지 않았다. 일찍이 개화한 술산 어른은 그만큼 깨어 있었고 막내아들에 대한 절대적인 후원자였다.

2

삼리三利와 삼해三害

연수 300석이면 그 당시 중농의 재산이다. 하여 청년 이병철은 아버지로부터 물려받은 전답을 처분해 사업자금을 마련하는 한편 서울·부산·평양 등 세 곳 중 한 곳을 근거지로 삼아 사업을 일으킬 요량으로 사전 답사에 나섰으나 큰 상권은 이미 일본 거류민들이 차지하고 있는 데다 자금력도 부족해 아예 엄두가 나지 않았다. 그래서 생각다 못해 결국 고향 가까운 마산에 정착한 것이다.

그러나 마산도 그리 녹록지 않았다. 와세다대학을 중퇴하고 돌아와 낭인 시절에 가끔 요정 출입을 위해 드나들며 봐왔던 그런 홍청거리는 밤거리의 정서와는 너무도 달랐다. 우리의 고유명사 마산이 아닌 우마야마깽馬山港으로 부르며 게다짝 소리가 요란한 것이, 이미 일본의 어느 항구도시를 방불케 했다. 게다가 일본인들이 상권을 지배하고 있는 경남 일대의 농산물 집산지로서 거래하는 쌀만 해도 연간 수십만 석에 달했다. 대부분 마산항을 통해 일본으로 실려 나갔다.

하지만 도정搗精 능력이 부족해 모든 정미소마다 도정을 기다리는 볏가마가 산더미처럼 쌓여 있었다. 일본인이 경영하는 상당한 규모의 정미소를 제외하곤 우리 조선 사람들의 정미소는 소규모인 데다 자금력이 부족해 영세성을 벗어나지 못하고 있었기 때문이다. 조선총독부의 강압적인 식민지 정책으로 이른바 조센진(조선인)은 점차 설 자리를 잃어가고 있었다.

일본인들이 마산을 비롯한 경남 일원의 경제권을 쥐락펴락하고 있는 상황에서 저들을 이기기 위해서는 무엇보다 사업을 크게 벌어야 했다.

극일克日! 부유한 환경에서 자란 탓인지 이병철은 무슨 일이든지 크게 벌이는 배포가 남달랐다. 그러나 시장조사 결과 중소기업 형태의 정미소를 하나 세우는 데도 독자적인 자본으로는 엄두가 나지 않았다.

그는 고민하던 끝에 동업을 결심한다. 골패 노름판에서 만나 평소 절친하게 지내던 이웃 고을의 부농 친구 두 명을 끌어들여 각각 1만 원(현재의 화폐가치로 약 2억 원)씩 투자하여 '협동協同정미소'라는 상호로 정미업을 겸한 미두사업米豆事業에 도전하게 된다. 미두사업이란, 정미소시설을 갖추고 현물이 없어도 생산농장과 미곡을 대량으로 사고파는 이른바 선물 신용거래로 일종의 투기나 다름이 없었다.

그 당시 곡물 거래상은 일본인들이 대부분이었고 전적으로 이들에 의해 곡가穀價가 결정되었다. 지금의 선물거래시장과 같은 형태였다. 때문에, 일본인 미곡상들은 조선총독부의 관리들을 통해 쌀의 유통현황과 시세를 미리 파악한 뒤 쌀값이 오를 때 내다 팔고 내릴 때 사들이는 이른바 매점매석을 하여 떼돈을 벌어들이고 있었다. 국가 경제를 동원한 일종의 식민지 수탈정책이 아닐 수 없었다.

청년사업가 이병철은 담대하게도 여기에 눈독을 들였다. 결코, 일본인 곡물상에 뒤지지 않겠다는 오기 때문이었다. 하지만 그런 상술에 익숙하지 못해 개업 1년 만에 투자자본의 60%를 잠식해 버리고 동업자와도 결별하는 사태를 맞게 된다. 낙담했으나 그는 결코 실패를 인정하지 않았다. 이를 거울삼아 상술을 180도 전환했다.

그는 아예 일본인으로 변장하기까지 했다. 민족의식이 강한 주위 사람들로부터 '친일'이라는 비난을 받아도 극일, 즉 일본을 이기기 위해 어쩔 수 없다고 생각했다. 도쿄 유학 시절에 터득한 경험이었다. 일본 상인들에게 식민지 조센진이라는 멸시를 받지 않고 떳떳하게 돈을 벌 방법은 그런 변신밖에 없었기 때문이다. 하여 당쿠즈봉(승마바지)에다 지카다비(버선 겸용신발)를 신고 윗도리는 양복 비슷한 국민복에 넥타이를 맸다. 그리고 도리우치(납작모자)를 푹 눌러 썼다. 누가 봐도 천생 일본인 행색이었다.

그는 그런 옷차림으로 미두 상을 드나들었다. 도쿄 유학 시절에 익힌 유창한 일본어를 구사하며 일본인 거간꾼들과 어울려 시세가 오를 때 내다 팔고 반대로 내려갈 때는 땡 빚을 내는 한이 있어도 쌀을 무한정 사들였다. 그 결과 3만 원(현 화폐가치로 약 6억 원)의 출자금을 제하고도 2만 원의 이익을 낼 수 있었다.

이를 계기로 평소 운임이 비싸 애를 먹던 운송수단을 확보하기 위해 마침 매물로 나와 있던 일본인 소유의 닛산 트럭 10대 규모인 닛슈츠日出운수회사를 인수한다. '닛슈츠?' 해가 뜬다는 깊은 뜻이 담겨 있는 말이다. 여기에다 신형 트럭 10대를 더 사들여 모두 20대의 트럭을 보유한 운수회사까지 경영하게 된다. 창업한 지 불과 1년여 만에 곡물 거래를 겸한 정미업과 운수업 등 두 가지 사업을 동시에 본 궤도에 올려놓았다. 그리고 또다시 세 번째 사업을 일으킨 것이 토지사업이고 일종의 땅 투자였다.

그 무렵 거래를 하고 있던 식산은행(현 한국산업은행) 마산지점에서 정미소와 운수회사를 담보로 자그마치 11만 원(약 22억 원)의 대출을 받았다. 이 자금으로 평당 25전錢(현 화폐가치로 5천 원)을 호가하던 김해평야의 토지 200만 평을 사들여 대지주가 되고 연수 2만석 거리 곡물상으로 도약한다. 이는 고향 의령의 대물려온 농경지 20만 평(연수 2천석 거리)의 10배나 되는 엄청난 규모였다.

그러나 그는 그것으로도 성이 차지 않았다. 김해평야의 200만 평 대지주가 된 이후에도 부산·대구 등지의 상가·주택 용지까지 사들이는 등 본격적인 부동산 사업을 벌이기 시작했다. 점차 사업 규모가 커지고 일을 믿고 맡길 지배인(전문경영인)을 비롯한 종업원도 늘어났다.

그제야 비로소 안정을 찾은 그는 간간이 마산의 유명한 료오테이料亭 산호장과 춘추원을 단골로 정해 요정 출입을 시작한다. 천성적으로 술을 잘 못 마시는 체질이지만 권번券番(기생조합) 예기藝妓(연예기생)들의 기악이나 소리, 춤사위 등 가무歌舞의 분위기를 즐겼다. 그가 평생 국악에 심취해온 연유다.

그러나 실패를 모르고 승승장구하던 사업은 뜻밖의 재앙에 만난다. 식산은행으로부터 느닷없이 대출을 일체 중단하고 이미 내준 대출금마저 전액 회수하겠다는 날벼락 같은 통보를 받았기 때문이다. 1937년 7월 하순, 중일전쟁 발발과 함께 조선총독부에 전시비상령이 내려진 것이다. 전적으로 은행 대출에만 의존해 대대적인 토지사업을 벌였던 청년사업가 이병철에겐 그야말로 청천벽력이 아닐 수 없었다.

게다가 미두사업장에서도 보유하고 있던 쌀이 전량 군량미로 공출되었고, 운수사업마저 운행 중이던 닛산 트럭을 조선총독부가 모조리 전쟁물자 조달이라는 이유로 징발해갔다. 여기에다 그동안 확보해 두었던 김해평야의 200만 평 토지마저 시세가 폭락하고 자신의 능력으로는 도저히 수습할 수 없는 단계에까지 도달하고 말았다. 결국, 사업을 접을 수밖에 없었다. 정미소와 운수회사는 조선총독부의 수탈정책을 대행하는 동양척식회사에 넘어가고 토지를 헐값에 처분해 은행 부채를 청산하고 보니 모든 것이 출발점으로 되돌아와 있었다.

일제 강점기의 시국 상황을 전혀 의식하지 못하고 두려움 없이 은행 대출을 끌어다 방만한 경영으로 일관해온 자신을 되돌아보면서 그동안 좋은 경험을 했다며 스스로 위안했다. '삼리三利가 있으면 반드시 삼해三害가 찾아온다' 즉, 세 가지 이익이 있으면 그 후에 세 가지 손해가 따른다는 뜻을 깨달았기 때문이다. 평소 아버지 술산 어른이 강조하던 경구警句였다. 그가 생전에 입버릇처럼 되뇌던 "교만한 자 치고 망하지 않는 자 없다"는 말도 아버지의 훈육에서 나왔다.

이후 실패를 딛고 일어선 그는 대기업군을 일구고 국내 최초로 사원 공채제를 도입할 때에도 사람 됨됨이부터 살펴보기 위해 직접 면접시험장을 찾았다는 일화가 전설처럼 전해지고 있다. 때문에, 한때 삼성 임직원들 사이에 필기시험보다 '회장의 관상학 통과가 더 힘들었다'는 말이 회자되기도 했다. 삼성의 사훈이 된 '인재제일'도 이병철 회장이 첫 사업에 실패하고 터득한 영발靈發경영의 한 축이라고 했다. 미래를 내다보고 사람을 키워야 하는데 그걸 모르고 현실에 교만했던 자신을 되돌아보며 영발에 인생을 걸었기 때문이다.

이병철은 첫 사업에서 일시에 모든 것을 잃고 미련 없이 마산을 떠났다. 부산 · 대구 · 서울을 거쳐 평양 · 신의주까지 올라갔다가 내친걸음에 한만韓滿 국경을 넘었다. 우리 민족의 뼈저린 역사가 스며 있는 창춘長春 · 펑텐奉天 · 선양瀋陽을 돌아보며 새로운 사업을 모색했다. 비록 일제 식민지 치하에 살고 있지만 무슨 사업을 어떻게 추진하든 반드시 때와 장소가 중요하다는 것을 절실히 깨달았다.

무엇보다 강대국들의 약육강식 시대에 적응할 변화무쌍한 국내외 정세를 정확하게 통찰하는 일이 중요했다. 마산에서 사업을 크게 벌이다가 하루아침에 실패한 원인도 따지고 보면, 우물 안 개구리처럼 중일전쟁의 전운을 미처 파악하지 못했던 탓이었다. 게다가 무모한 과욕으로 분수를 지킬 줄 몰랐다. 후회하기엔 이미 늦었지만, 자신의 능력과 한계를 냉철하게 판단하고 요행을 바라는 투기는 절대 피해야 하며 실패에 대한 대비책도 중요하다는 것을 성찰하는 계기가 되었다.

중국 대륙에서는 가는 곳마다 연전연승한 황군皇軍(일본군)의 군홧발 소리가 저벅거렸고 일장기와 욱일승천기가 나부꼈으나 그런대로 시장의 상거래는 비교적 활발했다. 그 당시 중국 인구는 지금의 3분의 1 정도인 줄잡아 5억 정도였다. 비록 전란에 휩쓸린 상태였지만 먹고 사는 일이 중요했다. 일본 점령군의 심기를 거스르지 않고 돈을 벌어들이는 중국 상인들의 몸에 밴 대륙적 기질과 상혼을 지켜볼 때마다 새삼 감탄하지 않을 수 없었다.

상권의 규모도 어마어마했다. 마산의 상권이 구멍가게 정도라면 중국 각 도시의 상권은 오늘날의 대형마트 정도였다. 공업원자재 · 식품 · 의류 · 농산물 등 상품을 수백 트럭씩 한꺼번에 들여와 물류창고에 산더미처럼 쌓아놓고 손크게 벌이는 상거래에 혀를 내둘렀다. 마산에서 사업을 정리하고 남은 돈 3만 원(현재의 화폐가치로 약 6억 원) 안팎의 소자본으로는 단일품목이라도 아예 엄두가 나지 않았다.

그나마도 중국에서 한 두어 달 떠돌며 눈여겨본 것은 중국인의 주식인 국수를 뽑아내는 제면업製麵業이었다. 중일전쟁으로 기근이 들어 국수를 뽑아 먹을 밀가루 공급난이 심각한 상황이었다. 때문에, 시중에 밀가루값이 천정부지로 치솟고 있었다. 특히 국수는 국적이나 계층과 관계없이 일상에서 누구나 손쉽게 끓여 먹을 수 있는 식품으로 인기가 높았다. 면류와 만두 등 밀가루 음식이 5억 인구의 주식이 된 이유다.

일제 강점기 우리나라에서도 국수는 서민들의 허기를 채워주는 간편식이었으나 절대량이 부족했다. 무엇보다 먹는 문제 해결이 시급했다. 잘만 하면 대중對中 수출길도 열릴 수 있을 것 같았다. 여기에 착안한 것이 제분과 제면업이었다. 그 당시 국내에는 국제 무역에 뛰어든 민족자본이 극히 드물었다. 친일 매판자본이 국내 경제를 좌지우지하고 일본 수입품에만 의존하던 시절이었다.

게다가 미곡(쌀)은 농민들이 수확하는 족족 공출로 빠져나갔고 공출미는 조선총독부가 동양척식을 통해 일본과 중국으로 실어 날랐다. 황군의 군량미 조달이 목적이었다. 이 때문에 농민들은 초근목피로 모진 목숨을 이어가야 했고 도시에서도 소상공인들이 가내 수공업 형태의 국수틀을 만들어 제면 업을 운영하고 있었으나 고작해야 영세한 소량생산의 한계에서 벗어나지 못했다. 이마저 시중 전통시장에 내놓으면 즉시 판매가 완료되어 물량이 달렸다.

이병철은 그 당시 이런 국내외 경제 상황을 일일이 꿰며 재기의 기회를 노리다가 마산에서의 사업 실패를 거울삼아 과욕을 부리지 않고 분수에 맞게 사업을 전개하기로 결심한다. 재기의 발판은 경부선 철도를 끼고 교통이 사통팔달한 데다 물류조달이 비교적 수월한 대구로 정했다. 그렇게 결심을 굳힌 그는 인천항을 통해 귀국하자마자 곧장 대구로 내려왔다.

우선 대구 상권의 동향을 살펴볼 겸 삼남三南 즉, 경상도·전라도·충청도의 농수산물 중심상권인 대구 큰 장(현 서문시장) 들머리에 있는 제일관에 투숙했다. 요즘의 5성급 호텔 격으로 일본인이 경영하는 고급 료칸旅館이었다. 물론 우연의 일치겠지만 평소 제일 좋은 것, 제일 앞서는 것을 고집해온 그가 대구에서 제일 좋은 료칸에 투숙한 것이 훗날 제일주의 경영철학이 태동한 동기가 되었는지도 모른다.

이후 삼성상회를 창업하고 6·25 전쟁의 폐허에서 거대기업군의 발전 토대가 된 제일제당과 제일모직을 연이어 설립한 것도 '제일주의'를 표방한 경영이념에서 나왔다고 한다. 그는 그 당시 아무 연고도 없는 대구에 내려와 제일관에 투숙한 첫날부터 몇 군데 사업장을 열 만한 건물을 수소문해 봤으나 매물로 나와 있는 물건이 대부분 낡고 규모도 작아 눈에 차지 않았다.

사흘째 되던 날에는 큰 장의 곡물상을 둘러보고 다시 제분·제면 공장을 운영할 만한 건물을 찾아볼 요량으로 아침상을 물리자마자 서둘러 채비를 놨다. 막 료칸 출입문을 나서려던 그는 뜻밖에도 낯익은 사람과 마주치게 된다. 일본 도쿄 유학 시절에 자취방에서 함께 뒹굴었던 친구 이순근이었다.

이병철은 전시 국민복 차림에 도리우치(납작모자)를 눌러쓴 수수한 옷차림이었으나 마주친 이순근은 마카오 양복에 중절모를 눌러쓰고 백구두를 번쩍이는 이른바 모던보이처럼 깔끔한 마카오 신사로 변신해 있었다. 도쿄에서 헤어진 지 2년 만이었다. 먼저 그를 알아본 순근은 반가움에 겨워 손을 덥석 잡았다.

"아이고, 이게 누고. 문산정 도련님 아이가. 반갑네 이 사람아! 마산서 사업하다가 망해 묵고 어디 행방불명이 되었다 쿠디마는 우째 여서 만나게 되노?"

"세상이 참, 넓고도 좁다 쿠디마는 순근이 자네를 이래 만나다이… 내는 자네가 아직도 동경에서 신사상운동을 하고있는 줄로만 알고 있었제."

"신사상…? 하하. 아, 작년에 어렵사리 와세다를 졸업하고 보이께 실업자가 거리에 넘치고 왜놈들 밑에서 조센진 소리 듣기도 진저리가 난 데다 자칫 강제징병에 끌려갈 것 같아 관부연락선을 타고 귀국했다네. 안 그래도 자네 소식이 궁금해서 귀국하자마자 중교리로 통기를 넣었디마는 행방을 아는 사람이 아무도 없더라고."

"하하. 그렇게 되었다네. 한동안 바람이 나서 여러 곳을 떠돌아 댕겼제. 우짜든 간에 반가우이. 그래도 자넨 동경의 모던뽀이처럼 변한 게 하나도 없구만. 예나 지금이나 정열이 넘치고 목에 힘깨나 주민서 활달한 모습을 보이…."

"아, 목에 힘 뺀다고 누가 밥 먹여주나. 하하."

둘은 뜻밖에도 아무 연고가 없는 대구의 여옥旅屋에서 우연히 만난 것이다. 이른 아침이라 어디 가서 회포를 풀기도 마땅찮아 우선 제일관 커피숍에서 모닝커피를 마시며 그동안 가슴에 품었던 얘기를 나눴다. 그리고 마침내 "대구에서 재기하기 위해 마땅한 건물을 찾아다닌다"는 병철의 말에 순근은 선뜻 "가까운 요지에 참한 매물이 나와 있긴 한데 규모가 좀 큰 건물"이라고 말했다.

"아, 이 사람아! 적어도 사업을 할라치면 크게 벌여야지. 명색이 공장을 돌리는 사업인데 조그만 구멍가게로 되겠나. 내는 큰 건물일수록 좋다쿠이. 어디 구경이나 한번 해봄세."

하여 찾아간 곳이 대구에서 상권이 가장 활발한 큰 장과 지척의 거리인 인교동이었다. 큰 장에서 장꾼들의 짐을 실어나르는 말 구루마(마차) 골목이 있는 자갈마당과 일직선으로 연결된 사통팔달한 대로변에 있는 대지 145평에 지하 1층, 지상 4층, 연건평 250평 규모의 목조건물이었다. 그 당시 대구 시내에서 보기 드문 현대식 건물이어서 청년사업가 이병철의 마음에 쏙 들었다. 건물의 용도도 지하 1층은 창고, 지상 1층은 공장 설비와 사무실, 2·3·4층은 국수 건조실로 쓰기에 안성맞춤이었다.

건물주가 이순근의 먼 친척뻘 되는 함안 출신 부농으로 대구에서 큰 장을 끼고 미두사업에 뛰어들어 큰돈을 벌었다고 했다. 당시 그 건물은 큰 장에 풀어놓을 각종 도매상품의 중간 보관 창고로 사용하고 있었으나 건물주가 미두의 본고장인 인천으로 올라가 본격적인 미두사업을 벌이기 위해 대구의 재산을 정리 중이라고 했다. 이것이 이병철에게는 재기를 위한 절호의 기회였을 것이다.

그의 예금통장에 들어있는 사업자금은 모두 3만 원(현 화폐가치로 약 6억 원) 정도. 건물 가격은 2만 원(4억 원)에 나와 있었다. 이순근의 주선으로 건물 가격 중 1만 원은 선납하고 나머지 1만 원은 2년 후에 갚기로 약조해 계약에 들어갔다. 성능이 좋은 최신 제분기와 제면기를 일본에서 들여와야 했고 운영자금도 필요했기 때문이다. 그동안 콱 막혀 있던 일은 뜻밖에도 막역한 친구 이순근을 만나면서 일사천리로 풀려나가기 시작했다.

중일전쟁 발발 이듬해인 1938년 정초 대구 앞산 아래 안지랑골에 은둔 중이던 영발 도인을 찾아가 3월 1일을 창업일로 택일했다. 삼태성에 북극성이 가장 먼저 뜨는 길일吉日이라고 했다. 어릴 때 종가 문산당 대청마루에 앉아 마두산 너머 밤하늘에 걸린 별 하나, 별 둘, 별 셋이 생각나 상호를 '삼성三星'으로 결정했다. 대우주에서 가장 많은 것(은하수) 중에서도 가장 큰 것, 강한 것을 상징하는 삼태성의 석 삼자三字에다 밝고 높고 영원히 빛나는 별 성자星字를 붙인 '주식회사 三星商會'였다. 그때 심은 묘목이

83년이 지난 오늘날 뿌리 깊은 나무로 자라 세계 초일류기업으로 우뚝 선 것이다.

3

삼성 창업공신 1호는 공산주의자

청년사업가 이병철이 삼성상회를 열면서 고안해 낸 상표가 무한대의 대우주를 상징하는 둥근 원圓안에 별 세 개를 삼각형으로 그려 넣은 것. 이름하여 별표다. 국수 하나를 만들더라도 최고의 설비에 최고의 원료로 최고의 제품을 생산하는 것이 목표였다. 삼성이 지향하는 일류의 조건인 제일주의인 것이다.

첫 생산 제품이 오너 이병철이 손수 밀을 갈아 백밀가루로 만든 별표 국수였다. 그래서 상표에 걸맞은 최신 시설을 갖추기 위해 제분기와 제면기를 일본 무역회사 이토추伊藤忠 상사에 발주한 것이다. 원료도 큰 장의 곡물상과 거래를 트고 값싼 중국산보다 두 배나 비싼 토종 우리 밀을 사들여 백밀가루를 갈아내고 전라도 신안 천일염으로 간한 최고급품을 생산했다.

그 무렵 집집마다 묵은 곡식이 다 떨어지고 곡절 없이 햇곡식

이 나기를 기다리는 보릿고개가 연중행사처럼 닥쳐와 서민들은 초근목피로 모진 목숨을 이어가고 있었다. 그때 마침 일본에 발주한 제분기와 제면기 등 설비가 도착하자 서둘러 삼성상회 건물 1층에 설치해 대구 시내에서 내로라할 정도의 번듯한 공장 규모를 갖췄다. 모터를 돌려 시제품을 생산한 결과 가느다란 소면이 실타래처럼 쑥쑥 빠져나왔다. 이를 시중에 내놓기 무섭게 팔려나갔다. 춘궁기春窮期에는 돈이 있어도 쌀을 구할 수 없을 만큼 식량난이 심각했기 때문이다. 땅 짚고 헤엄치기와 다름이 없었다.

하지만 당장 공장을 돌릴 기술자가 없었다. 단순노동자는 쌔고 쌨지만 유능한 기능공이 필요했다. 일본인 기술자 외에는 최신 설비를 다룰 만한 기능공을 당장 찾기가 어려워 그가 기계 설비 당시 눈여겨 봐놨던 경험을 되살려 손수 가동하기로 결심한다. 일본인 기술진이 설비공사를 마치고 시 운전할 때 자신도 여러 번 실험해보았고 시제품도 직접 생산해 봤기 때문이다.

손에 찬물 한 번 안 적시고 귀하게 자란 그로서는 대단한 모험이었다. 물론, 마산에서 도정업을 할 때 익혀둔 모터 작동기술도 상당한 힘이 되었다. 하지만 무엇보다 원자재 조달이며 거래처 확보 등 회사 운영을 책임질 전문경영인이 필요했다. 하여 막역한 친구인 이순근에게 지배인(현 CEO)을 맡아달라고 제의했으나 그는 "동지를 규합해서 항일독립운동을 하고 있다"며 단 한마디에 사양하는 거였다.

독립운동은 핑계일 뿐 이순근은 그때까지도 프롤레타리아 신사상에서 발을 빼지 못하고 있었다. 마카오 신사 차림에 거드름을 피우는 것도 다 그럴 만한 사정이 있었던 것이었다. 그 당시 생활이 넉넉한 지주계급 출신이나 동경 유학을 다녀온 지식계층이 대부분 그랬지만 하릴없이 빈둥거리며 딴에는 엉뚱한 마음을 품고 암약 중이었다.

그러나 이병철은 그런 그의 행동을 전혀 눈치채지 못했다. 자신의 제의를 사양하는 그를 섭섭하게 생각하면서도 자유분방한 사람이라 억지로 붙잡아도 소용없을 것 같아 아예 포기하고 말았다. 하여 어쩔 수 없이 혼자서 사장 겸 지배인 겸 공장장으로 1인 3역을 맡아 제분기와 제면기를 직접 돌려 백밀가루를 갈아내고 반죽을 해 국수를 뽑아내기 시작했다.

그 당시 뽑아낸 별표 밀가루가 훗날 제일제당의 백설 표 밀가루로 발전하고 지금도 장손 이재현이 총수로 있는 CJ그룹에서 삼성 창업의 상징 품으로 생산해내고 있다. 창업 초기 삼성상회 앞 대로변을 건너 달서천이라는 개울이 흐르고 있었고 그 개울가에는 인근 시골에서 날품이라도 팔아먹고 살기 위해 대구로 온 난민들이 취락을 이루고 있었다.

그 무렵 삼성상회 이병철 사장은 국수 건조나 상품 포장 등 단순 노동에 난민촌 주민들을 우선으로 고용해 일을 맡겼다. 흔히들 '개천에서 용이 난다'는 말이 있다. 그 난민촌 주민 중에는 훗날 대통령의 자리에 오른 전두환 일가가 경남 합천에서 이주해와 살고 있었다. 온 가족이 삼성상회 국수 건조장에 취업해 날품을 팔았다는 일화도 전해지고 있다. 이후 전두환은 동갑내기(1931년생)인 이병철 사장의 장남 맹희와 절친한 친구로 성장했으나 둘은 가는 길이 달랐고 5공 시절에는 악연이 따르기도 했다.

그 당시 이병철은 1층 공장 입구에 조그만 방이 하나 딸린 사무실에서 기거하며 날이면 날마다 밤낮을 모르고 국수 공장을 돌렸다. 무엇보다 제분기를 가동하면 밀가루가 부옇게 흩날리는 데다 각목角木으로 제분기를 두드리며 밑바닥에 붙어 있는 밀가루를 털어 낼 때는 얼굴이 온통 눈을 뒤집어쓴 듯 하얗게 분칠하기 마련이었다. 그러고는 제면기에 백밀가루를 넣고 반죽을 한 다음 기계로 뽑아내는 국수가 완제품으로 나올 땐 비로소 안도의 한숨을 내쉬었다고 했다. 별표 국수의 생산 과정이었다.

그렇게 혼자서 북치고, 장구치고 어렵사리 하루 일을 마치고 나면 으레 지텐샤(자전거)를 타고 바깥바람을 쐬러 나선다. 하이야지토샤(세단 승용차)가 극히 드물었던 시절, 돈푼이나 있는 사람들은 요즘의 자가용 수입 차량처럼 후지富士나 미야타宮田같은 일제 고급 자전거를 타고 다녔다. 그의 자전거 역시 일제 최고급 후지 자전거였고, 지금의 도요타 렉서스만큼이나 가치가 높았다.

비록 백밀가루를 뒤집어쓰는 생활이었지만 그 당시에도 그는 일본인 못지 않은 일류의 조건을 두루 갖추고 살았다. 반 마장(약 2km) 쯤 떨어진 북성로의 일본인이 경영하는 아사히 목욕탕에 가서 히노키 목욕으로 피로를 풀기도 했다. 그는 도쿄 유학 시절 각기병에 걸려 휴학하고 온천장을 찾아 요양할 때부터 히노키 목욕을 즐겼다고 했다.

하지만 귀국한 이후 히노키 시설을 갖춘 데가 드물어 고급 료칸이나 일본인이 경영하는 히노키 목욕탕을 찾아 헤맬 때도 더러 있었다. 이후 생활이 점차 안정되면서 히노키 욕조를 일본에서 들여와 집에 설치해 놓고 평생 편백 향이 그윽한 목욕을 즐겼다고 한다.

별표 국수는 삼성상회 개업 첫날부터 불티나게 팔려나갔고 주문도 밀렸으나 이병철은 돈 버는 재미에 고단한 줄도 몰랐다. 하지만 날이 갈수록 혼자서 도저히 감당할 재간이 없었다. 그래서 우선 고향 집에 통기를 넣어 평소 수발을 들었던 소작농의 아들 박윤갑(전 대구상공회의소 회장)을 불러들였다. 당시 윤갑 소년의 나이 겨우 16세, 아버지 술산 어른이 운영하던 문산 서당에서 서당 글을 마치고 내처 소학교(초등학교)까지 졸업했다.

그런 아이를 불러 야간 상업학교에 진학시키고 경리업무부터 맡길 요량이었다. 그 당시 대구·의령 간 대중교통이라곤 이틀이

나 사흘 걸려 한 번씩 오가는 부정기 목탄차밖에 없던 시절이어서 윤갑은 상전의 부름을 받고 바랑 하나만 어깨에 멘 채 짚신 발로 꼬박 이틀 낮 밤을 물어물어 대구에 당도하고 보니 바랑 끝에 매달아 두었던 짚신 세 켤레가 다 닳아버렸다고 했다.

마침내 삼성상회를 찾아온 윤갑 소년은 기계 소리가 요란하게 울리는 어두컴컴한 공장 안을 두리번거렸다. 마치 일본 사람처럼 당쿠즈봉(승마바지)에 지카다비(운동화 종류의 신발)를 신고 도리우치 모자를 눌러쓴 전시 국민복 차림의 상전과 맞닥뜨렸으나 얼른 알아보지 못했다. 더욱이 상전은 얼굴에 밀가루를 하얗게 뒤집어쓰고 있었다. 고향에서 수발들던 깔끔한 상전의 모습과는 너무도 달라 보였기 때문이다.

그때 당시 밀가루 반죽을 묻힌 손으로 제면기를 돌리고 있던 상전이, 때 절은 바지, 저고리에 추레한 행색으로 나타난 박윤갑이 공장 안을 기웃거리는 모습을 먼저 알아봤다.

"야아야! 니, 윤갭이 아이가?"

"예, 맞심더. 어르신! 제가 윤갑이라예."

윤갑은 얼굴보다 억양이 특유한 상전의 쇠소리를 듣고 너무도 감격한 나머지 그만 그 자리에 엎드려 큰절을 올리며 흐느끼고 말았다. 아마도 그 어린 나이에 의령에서 대구까지 짚신 세 켤레가 다 닳도록 걸어서 용케도 상전을 찾아왔다는 일종의 성취감 때문이리라. 상전은 그런 윤갑 소년을 맞이하며 대견하게 생각했다.

"오이야. 윤갭아! 오니라고 고생 많았데이."

그는 땅바닥에 엎드린 채 흐느끼는 윤갑을 일으켜 세우며 어깨를 토닥여 주었다. 이후 윤갑은 대구상업학교(6년제) 야간부에 진학하여 주경야독으로 주산과 회계과목에 두각을 나타내자 상전 이병철은 두말없이 삼성상회의 경리업무 일체를 맡겼고 금고 열쇠까지 넘겨주었다. 신뢰! 어릴 때부터 눈여겨 봐온 박윤갑 소년을 그만큼 믿었기 때문이다.

그러던 어느 날 느닷없이 이순근이 찾아왔다. "함께 사업하자"며 통사정을 해도 사양하며 바람처럼 사라졌던 그가 뜻밖에도 눈코 뜰 새 없이 바쁜 이병철 앞에 불쑥 모습을 드러낸 것이다. 마카오 양복에 중절모와 백구두는 어디다 벗어던졌는지 그 역시 도리우치에 수수한 국민복 차림이었다. 자유분방한 위인이랄까, 그는 그런 엉뚱한 데가 있는 사람이었다.

지나던 길에 소식이 궁금해 잠시 들렀다고 했으나 마치 쫓기는 사람처럼 어딘지 모르게 불안한 행색이었다. 기약 없이 헤어진지 석 달 만에 제 발로 이병철을 찾아온 것이다.

"이게 누고? 마카오 신사가 우짠 일로 국민복 차림으로 나타났노?"

이병철이 그의 옷차림을 아래, 위로 훑어보며 농담삼아 말문을 열었다.

"아, 이 사람아! 지금 전시 아이가. 중일전쟁!"

"하하. 독립운동한다 쿠는 우리 순근 아재도 전시를 아는가 보네."

"에끼, 이 사람, 하하. 전시… 왜놈들이 그 큰 중국 대륙을 쑥밭으로 맨들고 있다 쿠더마. 그래서 내도 조선총독부에 잘 보일라꼬 국민복으로 갈아입었다 아이가."

"그러이께 인자 독립운동 그만하고 내하고 사업이나 같이하는 게 어떻노?. 바깥에서 돈보따리 싸들고 줄서서 기다리는 사람들 몬 봤나? 물건이 없어서 몬 판다 쿠이."

"장사가 잘 되는 모양이제."

"아, 하모. 보다시피 사람이 없어서 내 혼자 북치고, 장구치고 해도 일손이 모자라 감당이 안 된다 쿠는기라."

이병철은 뜻밖에도 순근을 만난 김에 잘 되었다 싶어 이번에는 "허황된 신사상에서 깨어나 사업에 전념하자"며 신생 기업 삼성상회의 지배인을 맡아달라고 거의 강권을 하다시피 간청했다. 그러자 순근은 마지 못한 듯 그의 제의를 받아들이긴 했으나 속내는 다른 데 있었다. 그 무렵 경시청(일본 경찰청) 고등계(사찰계)에 쫓기던 이순근은 사업가로 위장하고 삼성상회를 비트(비밀아지트)로 삼고 싶어서 찾아 온 것이었다.

그러나 이병철은 그런 순근의 속내를 전혀 눈치채지 못하고 거액의 은행 거래 등 중요한 업무를 제외하곤 수주受注와 어음 발행, 인감 관리 등 경영권 일체를 그에게 맡겼다. 의인물용 용인물의疑人勿用 用人勿疑! 평소 못이 귀에 박히도록 들어온 아버지 술산 어른의 가르침이었다. 즉, '의심이 가는 사람은 아예 고용하지 말

라. 의심하면서 사람을 부리면 그 사람의 장점과 능력을 살릴 수 없다. 고용된 사람도 결코 제 역량을 발휘할 수 없을 것이다. 사람을 채용할 때는 신중하게 하되 일단 채용했으면 신뢰하고 대담하게 일을 맡기라'는 깊은 뜻이 담겨 있었다.

그가 삼성상회를 창업하고 이순근을 초대 지배인(CEO)으로 영입하면서 터득하고 실천했던 고용철학은 이후 일종의 영발경영으로 인재 등용의 지침이 되었다. 삼성이 거대기업군으로 발전할 때까지 말단사원부터 일관되게 추진해온 인재양성과 기업경영의 좌우명으로 삼아온 연유다. 이순근은 막역한 친구였지만 이병철 오너의 이러한 경영철학에 보답이라도 하듯 와세다대학에서 전공한 경영학의 노하우를 살려 새로운 사업과 시장을 개척하는 등 경영전반에 걸쳐 타고난 마당발로 열심히 뛰었다.

식량난이 극심하던 당시 삼성상회에서 생산한 별표 국수는 소면小麵, 즉 '잔치국수'로 소문이나 재고를 남길 여유도 없이 날개 돋친 듯 팔려나갔다. 특히 대량생산 체제를 갖춘 별표 국수는 시중의 수공업 형태로 나오는 여느 국수와는 달리 양념이나 고명을 넣지 않고 그냥 삶아 먹어도 맛이 좋았다. 토종 우리 밀로 제분하고 백밀가루를 반죽할 때 반드시 천일염을 짭조름하게 넣어 간했기 때문이다. 우리 밀 백밀가루는 중국산보다 훨씬 차지고 섬유질이 많아 소화가 잘되고 천일염은 맛을 돋우는 조미료 역할을 했다.

그 당시 시중에는 일본 간상 모리배들이 중국 대륙에서 약탈해 들여온 중국산 밀가루나 소금이 넘쳐났으나 이병철은 값비싼 우리 밀과 천일염만 고집했다. 제일 좋은 원료와 제품이 소비자에게 다가가는 일류의 조건이었기 때문이다. 그래서인지 삼성상회 앞 대로변은 날이면 날마다 이른 새벽부터 별표 국수를 사려는 중소상인들의 짐 자전거와 우마차가 장사진을 치고 일반 소비자들도 구름같이 몰려와 줄을 서서 차례를 기다리기 마련이었다.

채 건조되지 않은 국수까지 동이 났고 공장을 24시간 가동하고도 공급물량이 달려 아예 예약을 받기 일쑤였다. 이 과정에서 현찰이 가마니로 쌓여 은행 수납원이 상주하다시피 했다. 그 당시 조선총독부의 일본계 시중은행에서는 뭉칫돈을 담을 만한 용기가 마땅치 않아 주로 공출 쌀을 담던 80kg들이 빈 가마니를 사용했다.

그 무렵 이순근은 매일같이 원자재인 우리 밀을 구하기 위해 큰 장의 곡물상을 누비다가 그것도 성에 차지 않아 상주·선산·의성·영천 등 원산지까지 찾아가 우리 토종 밀을 트럭째 사들여 지하창고에 비축해두기도 했다. 그렇게 바쁜 와중에도 그는 신사상 코민테른Comintern(국제공산주의운동)에 빠져 있었다.

이순근은 원자재 조달과 납품을 위해 바깥나들이 하는 와중에서도 틈만 나면 코민테른 원조로 알려진 박헌영(1900~55·남로당 당수)과 연락을 하고 있었고 대구·경북 조직책인 박상희(1906–46)·황태성(1906–63)과도 거의 매일 접촉하다시피 했다. 그들은 일제 강점기부터 남로당 지하당을 구축해 대구에서 좌익계의 독립운동을 주도해온 인물들로 일본 고등계의 사찰 대상에 올라 있었던 것이었다.

이순근이 평소 친형처럼 받드는 박상희와 황태성은 누구인가? 동갑내기인 둘은 경북 구미에서 함께 자란 절친한 친구 사이였다. 특히 박상희는 훗날 박정희 대통령의 친형이자 김종필 전 국무총리의 장인으로 세상에 널리 알려진 인물이다. 민족주의 성향이 강한 그는 그 당시 신간회에 참여하다가 동아일보 김천·상주·선산(구미)의 보급망을 관리하는 김천지국장을 거쳐 대구 특파원으로 활동하고 있었다. 그 당시 지방 주재 기자를 특파원이라고 했다. 황태성은 대구사범 교사로 재직하다가 학생들에게 항일사상을 주입한 독서회 사건으로 강제퇴직 당한 박정희 대통령의 대구사범 재학시절의 은사였다.

이순근(1909년생)은 그들보다 세 살 아래였다. 하여 서로 호형호제하며 술자리나 밥자리에 붙어 다니다시피 했고 박상희와 황태성은 순근이 삼성상회 지배인으로 근무할 때 가끔 찾아와 머리를 맞대고 밀담을 나누기도 했다. 이병철은 순근의 소개로 둘을 알게 되었으나 마주치면 그저 수인사를 나눌 정도일 뿐 국수 공장에 매달려 경황없이 지내는 바람에 차 한 잔 같이할 여유가 없었다고 했다.

이순근은 비록 양다리를 걸치고 있었긴 하지만 삼성상회의 지배인으로서 손색이 없을 만큼 맡겨진 일은 빈틈없이 처리했고 사업 구상도 오너 이병철에 못지않아 돈이 된다면 없는 일도 만들어내는 재주가 남달랐다. 어쩌면 그는 신사상에 물든 프롤레타리아가 아니라 타고난 부르주아인지도 몰랐다. 그래서 이병철과 머리를 맞대고 구상한 사업이 무역업이었다. '대구능금'으로 유명한 사과와 포항의 건어물을 대량으로 사들여 별표 국수와 함께 중국과 만주로 수출하는 길도 열게 된다.

무역업은 예상했던 대로 중일전쟁의 호기를 타고 큰 성과를 얻었다. 자금의 여유가 생기자 내친김에 대구 인근의 칠곡군 신동에 1만여 평 규모의 과수원을 사들여 수출용 사과 농사도 병행했다. 그 당시만 해도 엄청나게 큰 과수원이었다. 가난한 인근 주민 20여 명에게도 일자리를 제공했다. 과수원 앞을 쉼 없이 흐르는 낙동강 건너 달성군 하빈면 묘골은 처가 마을이었다. 그러나 일에 쫓겨, 과수원에 한 번씩 갈 경우에도 그는 강 건너 처가에 한 번 다녀올 기회를 찾지 못하고 걸음을 되돌리기 바빴다.

곁눈질 한 번 안 하고 숨 가쁘게 살아가던 1939년 5월. 삼성상회 창업 1년 2개월 만에 또 다른 사업에 뛰어든다. 양조업이었다. 평소 시간이 나면 요정 출입을 즐기는 편이었지만 술은 입에 대지도 않고 예기들의 가무나 구경하며 국악에 심취하던 그가 양조업이라니…? 주변에서 모두 의아한 눈길을 보냈다. 그러나 그의 생각은 달랐다. 그것도 일종의 영발경영에서 나온 새로운 사업 구상이기도 했다.

그 당시 대구에는 규모가 제법 큰 양조장이 여덟 군데나 있었다. 토박이 조선인과 일본 거류민이 각각 네 군데씩 경영하고 있었다. 하지만 조선인이 운영하는 양조장에서는 총독부의 규제에 묶여 고작해야 약주나 막걸리밖에 생산하지 못했다. 반면 일본인이 운영하는 양조장은 마사무네正宗, 즉 일본식 청주를 독점 생산했다. 자국민의 상권을 보호하는 조선총독부의 특혜였다.

그때 마침 일본인이 경영하던 '조선양조'라는 회사가 매물로 나왔다. 연간 양조량이 7천 석石으로 대구에서 가장 큰 규모의 양조장이었다. 의령 중교리 본가의 연수 2천여 석의 쌀농사보다 세 배 이상에 달했다. 이때 삼성상회 지배인이던 이순근이 와세다대학 정경학부 출신이라는 위세를 내세우며 거간꾼으로 상담에 앞장섰다.

하필이면 일본인이 '조선양조장'이라는 상호를 내걸고 민족자본으로 위장해온 이 회사가 갑자기 매물로 나온 것은 일본인 투자자끼리 경영권 다툼으로 내분이 생겨 청산절차에 들어갈 위기에 놓여 있었기 때문이다. 당시 시가로 10만 원(현재의 화폐가치로 20억 원)에 내놨으나 이병철은 흥정을 붙일 생각도 않고 즉각 사들였다. 양조업은 당시 조선총독부가 식량난을 이유로 신규 영업허가를 정책적으로 제한하고 있었다.

이 때문에 사업권과 양조 시설 평가에서 상당한 프리미엄이 붙어 있었다. 이를 감안하면 헐값이나 다름이 없다고 판단했던 것이었다. 그 당시는 중일전쟁이 장기전으로 치닫자 조선총독부가 전시체제를 더욱 강화했고 조선인의 경제활동에도 갖가지 통제가 가해지던 시점이었다. 그러나 일본인이 경영하는 양조업은 그런 제약에서 훨씬 자유로웠다.

무엇보다 새로운 시장 개척에 나설 필요도 없이 총독부 식산국이 배정하는 와쿠(할당량)에 따라 관급용 쌀을 공급받아 술을 빚기만 하면 저절로 팔려나갔고 세수 확보를 위한 밀주 단속이 심할수록 재고량이 달릴 만큼 호황을 누릴 수 있었다. 양조업에 대한 과세는 영업이익의 3분의 1 수준. 제세 공과금과 원자재 가격을 빼고도 절반 이상이 남는 장사였다. 그는 조선 양조장을 인수한 이후 일본인 기업을 제치고 일약 대구에서 고액 납세자가 된다.

그 무렵이 손기정 선수가 일장기를 가슴에 달고 제11회 베를린 올림픽에 출전하여 마라톤경기에서 우승한 지 3년째 되던 해였다. 이때 동아일보 특파원 박상희가 찾아와 "새 술은 새 부대에 담아야 한다"는 말과 함께 동아일보의 일장기 말살 사건을 상기시키며 "월계관月桂冠 상표로 민족혼을 불러 일으키자"고 제안했다. 이병철은 이순근을 통해 이 같은 제안이 들어오자 다른 생각없이 쾌히 받아들여 새로 생산되는 청주의 상표를 순수한 우리말인 '월계관'으로 바꿨다.

그동안 유통되던 일본식 청주 이름 '마사무네' 대신 월계관을 쓴 손기정 선수의 이미지를 상기시키고 은근히 민족의식을 고취하는 새로운 청주 월계관을 시중에 내놓자 뜻밖에도 일본인보다 조선인들의 선호도가 높아 날개 돋친 듯 팔렸다. 게다가 민족자본으로 생산된 순수한 국산 청주라는 입소문이 나돌면서 전국에서 독보적인 위치에 오르게 된다.

그 무렵 그는 경북 양곡 조합 산하 누룩 제조공장 지배인으로 있던 이창업을 조선양조장 지배인으로 영입한다. 이순근에 이어 창업 공신 2호로 영입된 이창업은 삼성상회를 거쳐 제일제당 등 반세기 동안 계열사의 사장·회장을 두루 역임하고 경영일선에서 물러났다. 그러나 창업 공신 1호인 이순근은 삼성의 역사에서 영원히 지워지고 이창업을 그 자리에 올렸다. 공산주의자라면 치를 떠는 이병철 창업주의 유훈이었다.

그는 애초에 조선양조장을 인수하면서 삼성상회는 이순근, 조선양조장은 이창업에게 각각 경영권을 맡겨 투 톱의 전문경영인 체제를 갖췄다. 암울했던 일제 강점기에 국내 최초로 전문경영인 시대를 연 것이다. 이후 그는 벌인 사업이 안정되자 우선 삼성상회에서 걸어서 10분 거리인 인교동 주택가에 별채가 딸린 고래등 같은 골기와집을 한 채 사들여 고향 의령에 떨어져 살던 가족들부터 불러들였다. 지금의 호암 고택이다.

1941년 10월 하순, 그때 내당 박두을 여사는 만삭에 가까웠다. 막내아들 건희가 태어나기 2개월여 전이었다. 이건희 회장의 안태본이 대구가 된 연유이다. 그 무렵 이병철 회장은 장녀 인희를 비롯해 장남 맹희, 차남 창희와 차녀 숙희, 3녀 순희 등 슬하에 이미 5남매를 두고 있었다. 그러나 절친한 친구이자 동업자(이병철은 그 당시 그렇게 불렀다)인 이순근은 결혼을 하지않고 홀로 살았다.

순근은 삼성상회에서 하루 일과를 끝내면 도쿄 유학 시절처럼 대구 번화가인 향촌동의 다치노미(선술집) 다이(술청)에 앉아 주방장이 제공하는 즉석 초밥과 안주를 즐기며 외로움을 달랬다. 그는 신사상운동의 인연으로 대구에 정착한 이후 향촌동 번화가에 단골 다치노미 집도 두세 군데 정해놓고 매일 저녁이면 출근하다시피 드나들었다. 세상 돌아가는 이야기를 들을 수 있었고 분위기도 즐겼다.

사전 약속이 없어도 으레 박상희와 황태성이도 앞서거니, 뒤서거니 자연스럽게 만나 히레사케(복어 지느러미를 태운 정종) 대포 잔을 기울이며 밀담을 나누기도 했다. 그들이 단골로 삼고 있는 향촌동의 다치노미가 어쩌면 아지트로서 안성맞춤이었는지 모른다. 이순근은 삼성상회지배인으로 영입된 후에도 퇴근 무렵이면 으레 향촌동 골목을 누비기 일쑤였다.

그는 회사 경영에서도 종업원들을 가족처럼 대했다. 종업원들의 신상 문제까지 일일이 챙겨주는 다정한 전문경영인이었다. 자신을 지배인으로 깍듯이 받드는 종업원들에게 "우리는 똑같은 신분이다. 직책을 떠나 그저 동네 아저씨처럼 '아재'로 불러 달라"며 가족적인 분위기로 조직 문화를 혁신하려고 노력했다. 공산주의에 대한 본질도 모르고 막연히 이상만 높았기 때문이었다. 부농의 외아들로 태어나 호사스럽게 성장하고 일찍이 개화에 눈을 떠 노비들을 해방해준 이른바 신사상의 한 단면이기도 했다.

하지만 그 당시만 해도 사회적으로 반상班常 관계와 직장 조직의 계급의식이 엄격했다. 그런데도 그는 그런 계급의식을 타파하고 평등사회를 이루겠다는 생각을 공공연하게 드러냈다. 어쩌면 신사상운동에 심취한 나머지 나름 이데올로기의 이상향을 꿈꾸고 있었는지도 모른다. 훗날, 이병철 회장도 그를 가리켜 "공산주의에 대한 이상이 너무 컸던 사람"이라고 평가했다.

그는 그만큼 현실과 동떨어진 사고방식에 젖어 있었다. 출퇴근 시간을 지키는 것도 칼 같았다. 아무리 바빠도 종업원들보다 먼저 출근했고 종업원들이 원하지 않는 한 야근을 시키지 않았다. 자신도 퇴근 시간만 되면 바람처럼 사라지곤 했다. 그 당시 근무시간에 구애됨이 없이 혹사당하는 여느 기업들과는 달리 하루 8시간씩 근로조건을 철저히 지켰다.

그는 월급을 타면 으레 절반이나 뚝 잘라 무위도식하는 박상희와 황태성에게 생활비로 보태주고 나머지는 고스란히 밥값과 술값으로 탕진했다. 이병철 회장은 그에게 후한 대우를 해주었다. 아마도 지금의 화폐가치로 따진다면 수억대의 연봉을 받았을 것이다. 그런데도 그는 항상 돈이 궁했다. 일종의 독립운동자금(공작금) 때문이었다.

리더 격인 박상희는 명색이 동아일보 기자 신분이었으나 겉만 번지르르한 지사志士행세를 할 뿐 항상 술밥 간에 남의 신세만 지는 무보수 특파원으로 일관했다. 그 당시 언론계 풍토가 그랬다. 지방에 주재하는 특파원은 대개 무보수였다. 게다가 사상 불온자로 분류되어 대구사범 교사직에서 쫓겨난 황태성 역시 언제나 무산대중을 자처하며 이순근을 찾아와 손을 벌리기 일쑤였다.

그럴 때면 순근은 마지 못해 사주 이병철에게 가불증을 내밀고는 민망한 표정을 짓게 마련이었다. 하지만 이 회장은 순근이 내민 가불증에 눈길 한 번도 안 주고 엉뚱한 말로 답을 대신했다.

"아, 이 사람아! 돈이 필요하면 언제든지 금고에서 빼내 쓰면 되지 가불은 무슨 가불이고? 내는 그런 거 모른다. 일단 경영을 맡겼으면 자금 관리도 자네가 알아서 할 일이제. 이 삼성상회는 내 회사가 아이라~ 구워 묵든 삶아 묵든 자네 회사 아이가. 하하."

이병철 회장은 그만큼 담대했다. '의인물용 용인물의疑人勿用 用人勿疑!' 창업주 이병철 회장의 용인술은 이 무렵부터 시작되었는지도 모른다. 이후 이승을 뜰 때까지 서류에 결재 한 번 하지 않았다는 사실이 전설처럼 전해지는 이유다.

4 혼돈의 시대

이병철 회장은 조선양조장을 인수한 이후 때때로 요정을 출입하면서도 술은 전혀 체질에 맞지 않아 고작해야 월계관 청주를 한두 잔 할까 말까 했을 뿐, 유달리 예기들의 가무에 심취해 국악을 즐기며 밤새는 줄 몰랐다. 그가 단골로 찾는 요정은 삼성상회에서 가까운 금호장琴湖莊(금호관광호텔의 전신)이었다.

대구의 요정 생활에 싫증이 나면 회사 경영은 아예 이순근과 이창업 등 전문경영인들에게 맡겨두고 마치 이웃에 마실가듯 가벼운 마음으로 서울이나 부산, 좀 더 멀리는 평양까지 유람을 떠났다. 그는 타고난 한량閑良이기도 했다. 그래서인지 국내 유람뿐만 아니라 현해탄을 건너 일본 벳부別府나 교토京都까지 자유분방한 원정유람에 나서기도 했다.

부산 관부연락선 터미널에서 1등석 승선권도 손쉽게 끊을 수 있었다. 선뜻 1등석에 탈 수 있었던 것은 도쿄 유학을 떠날 때의 추레한 국민복 차림과는 달리 마카오 양복을 뛰어넘은 런던 신사로 성장盛裝한 그의 옷차림 때문이었다. 일본에서도 구하기 어렵다는 영국제 세빌로(Savile Row) 양복에다 중절모를 눌러쓰고 스위스제 로머워치(Roamer Watch) 명품 회중시계를 조끼의 작은 주머니 속에 꽂은 매무새에 놀란 일본인 매표소 직원이 친일파 귀족으로 착각했는지도 모른다. 이른바 제일주의, 일류의 조건을 두루 갖추고 있었기 때문이었다.

그러나 돈 잘 쓰고 잘 노는 한량의 생활도 그리 오래가지 못했다. 대구에서 굴지의 사업가로 도약의 발판을 굳힌 그는 일본 열도를 두루 섭렵하면서 전란 중에서도 일본의 눈부신 발전상을 보고 큰 충격을 받았다. 비록 식민지 조센진 신분이긴 하지만 소위 말해 사업가로서 정신을 바짝 차리게 된 것이다. 세상이 하루가 다르게 변하는 줄도 모르고 그동안 요정 출입을 하며 주지육림 속에 빠져들었던 게 후회막급이었다.

일본 유람을 마치고 귀국한 그는 아예 요정 출입을 삼가고 선진국 일본을 능가하는 새로운 사업 구상에 몰두한다. 국권을 빼앗긴 나라가 힘이 없어서 비록 식민통치를 받고 있었지만, 개인의 힘이라도 키워 일본을 이겨야 한다는 이른바 극일 정신이 유달리 강했다. 그런 면에서는 나약한 지식인들처럼 절망하지 않고 자신감에 충만했다. 그동안 그가 발휘해온 사업수완이며 직감력으로 앞을 내다보는 이른바 영발경영이 그것을 증명하고도 남았다.

게다가 일본 군국주의는 동북아와 동남아를 석권할 요량으로 대동아공영권을 주창하며 중일전쟁에 이어 무모하게도 태평양전쟁까지 일으켜 매우 불리한 상황으로 흘러가고 있었다. 중국 대륙을 침략한 중일전쟁에서도 타격이 심했는데 감히 잠자는 사자인 미국 하와이 진주만을 공습하다니 패색이 짙어갈 수밖에 없었다. 이럴 때 잘만 하면 극일의 기회가 예상외로 빨리 찾아올지도 몰랐다.

그는 사업에 성공하든 실패하든 매사 맺고 끊는 것이 분명했다. 그러나 그의 속내를 아는 사람은 아무도 없었다. 그러던 어느 날 그는 이순근과 이창업 지배인에게도 온다, 간다, 말 한마디 없이 훌쩍 자취를 감추고 말았다. 그는 평소 말수가 적었다. 천성이 그랬다. 딱, 한두 마디로 말을 시작하고 맺기 일쑤였다. 그래서 주위의 사람들이 자신의 말귀를 잘못 알아들으면 아예 말문을 닫아버리곤 했다.

조그만 가죽가방 하나 달랑 들고 집을 나서면서도 내당에 "잠시 고향에 내려가 아버님을 뵙고 오겠다"는 말 한마디를 남겼다. 내당 박두을 여사도 으레 그런 남편의 성품을 잘 아는 터라 "잘 다녀오시라"는 인사치레로 배웅했을 뿐이었다. 그가 뒤숭숭한 시국 사태에서 느닷없이 다쿠시(택시)를 대절해 고향을 찾은 것은 혼자서 조용히 머리도 식힐 겸 새로운 사업 구상을 할 목적이었다.

그러나 문산정에 당도해보니 홀로 종택을 지키며 여생을 보내고 계시는 아버지 술산 어른에게 죄스러운 마음을 가눌 수 없었다. 모처럼 고향을 찾은 김에 제대로 된 효자 노릇 한 번 해야겠다는 마음이 동해 아버지 곁에서 침식을 같이하며 수발을 자청했다. 그 당시 시국 상황은 한마디로 어수선했다. 중일전쟁에 이어 일본이 도발한 대동아전쟁(태평양전쟁)에서도 패색이 짙어가고 있었다. 전쟁이 발발한 지 3년이 지난 1945년 8월 초순 한여름이었다.

세상이 온통 뒤숭숭하고 고향에서도 만나는 사람마다 어둡고 불안한 표정을 감추지 못했다. 조그만 군국주의 섬나라 일본이 벌이는 침략전쟁은 처음엔 기습공격으로 승기를 잡는 듯했으나 거대한 미국의 반격에 점차 밀리더니 마침내 위력이 대단한 미 함재기 편대가 일본 열도 코앞에까지 날아와 소이탄을 퍼붓고 있다는 것이었다.

태평양상의 미 항공모함으로 돌진하는 가미가제특공대의 산화 소식만 들려올 뿐 도무지 끝이 보이지 않았다. 나치 독일의 폴란드 침공으로 발발한 제2차 세계대전도 전황이 유럽 전역을 뒤흔들며 날로 치열해지고 있었다. 이런 가운데 삼성상회와 조선양조장의 사업은 전쟁의 영향도 별로 받지 않고 신기하리만큼 번창했다. 삼성상회 창업 당시 선택했던 제분·제면과 무역업종이 국민생활과 직결되었기 때문이다. 아무리 비상시국이라 해도 일상생활에서 먹는 문제는 필수요건이었기 때문이다.

이병철이 중교리 종택에 머물고 있을 때 이순근과 이창업은 회사 경영 문제나 사업상 상의할 중요한 일이 있으면 편지나 엽서를 교환하는 것이 유일한 소통수단이었다. 하지만 그의 답신은 언제나 "알아서 처리하라"는 딱 한 줄의 간단한 내용뿐이었다. 특히 그 당시 매물로 나와 있던 동인양조장 인수 문제는 적정 가격을 오너인 자신이 결정해야 함에도 두 전문경영인에게 일임하며 "알아서 인수하라"는 식의 간단한 답으로 대신했다. 일단 경영진에게 일을 맡겼으면 흥하든 망하든 그것은 전적으로 그들의 몫이었고 책임은 자신이 지겠다는 것이 일관된 경영이념이었다.

같은 해 8월 14일 오후, 이병철은 후지 자전거를 타고 의령 읍내에 나갔다가 땀을 뻘뻘 흘리며 중교리로 돌아오는 길에 겐페이주재소(일본군 헌병대 검문소)에서 일단의 헌병과 순사(경찰관)들이 무슨 서류 조각을 모아 두엄더미처럼 쌓아놓고 불태우는 것을 목격했다.

순간적으로 '아하, 일본이 결국 망해가는구나' 하는 생각이 뇌리를 스치는 거였다. 그렇게도 도도하게 굴던 저들이 무엇엔가 쫓기는 듯 서류 더미를 태우며 당황하는 모습을 감추지 못하는 것을 보고 그런 정황을 당장 읽을 수 있었다. 불과 일주일여 전인 8월 6일 히로시마에 미국의 원자폭탄이 떨어져 6만여 명이 죽고 전 시가지가 잿더미로 변한 데 이어 사흘 후(8월 9일)에는 나가사키에도 원폭 투하로 3만 5000여 명이 죽었다는 긴박한 전황이 전해지는 등 시간이 흐를수록 일본 군국주의의 패색이 짙어가고 있었다.

그는 중교리 문산 종택 사랑채로 돌아오자마자 급히 제니스 라디오를 켰다. 종택에 있는 제니스 라디오는 그가 일본 유학 시절 도쿄의 미나카이三中井 백화점에서 제법 비싼 가격으로 사들인 성능이 우수한 미국제 명품 라디오였다. 그때도 그는 제일 좋은 것, 비싼 것, 일류가 아니면 아예 상대도 하지 않았다. 라디오를 켜자마자 마침 중대 뉴스가 흘러나오고 있었다.

"황국신민의 나라 대일본제국은 히로시마와 나가사키의 원폭 투하에도 아랑곳하지 않고 최후의 1인까지 덴노헤이카天皇를 위해 신명을 바칠 것"이라는 도쿄 로즈(일본군 선전요원)의 비장한 목소리였다. 어쩌면 최후의 발악인지도 몰랐다. 그는 내내 침묵을 지키며 라디오에 귀를 기울이다가 훌쩍 하루를 보내고 그 이튿날인 8월 15일 정오, 예고된 중대방송에서 히로히토裕仁 일본 천황의 "무조건 항복한다"는 육성을 들었던 것이었다.

그는 사랑채에 찾아온 이웃 주민들과 지나간 일제 강점기를 되새기며 들뜬 마음을 진정시키고 광복 사흘째 되던 8월 17일 이른 아침 마산으로 나가 택시를 대절해 서둘러 대구로 돌아왔다. 홀로 종택을 지키는 아버지 곁을 떠나기가 민망해 함께 모시고 가려 했으나 아버지는 4년 전 70세를 일기로 작고한 어머니의 체취가 남아 있는 고향을 등지기 싫다며 한사코 거절하는 바람에 혼자 떠날 수밖에 없었다.

그때까지만 해도 대구시가지 곳곳에는 나부끼는 태극기 물결 속에 광복의 환희가 넘쳐나고 있었다. 그러나 사회 분위기는 무정부 상태에서 약삭빠른 좌익진영이 건국준비위원회(이하 건준)를 결성하고 좌·우익 갈등이 거세지는 등 혼란만 증폭되고 있었다. 박상희와 황태성은 한동안 지하에서 활동하던 남로당 산하 전위조직인 민주주의 민족전선(이하 민전)을 동원해 좌익계의 거두 여운형과 남로당 당수 박헌영이 결성한 건준 경북지부를 설치하는 등 발 빠르게 활동하고 있었다.

그러나 그동안 함께 암약해온 이순근은 삼성상회 경영에 쫓겨 미처 그들과 합류하지 못했다. 그 무렵 이병철이 한동안 비워두었던 삼성상회 사장실에 모습을 드러낸 것이다. 마침 잔무를 처리 중이던 순근이 반색을 하며 숨돌릴 사이도 없이 두툼한 서류철부터 앞에 디밀었다. 그동안의 경영실적과 향후 사업계획이 일목요연하게 정리된 서류철이었다. 창업 이래 단 한 번도 서류결재를 한 일이 없었는데 이게 웬일인가 싶어 이병철은 의아스러운 얼굴로 말문을 열었다.

"이 사람아! 이기 뭐꼬?"

"내가 지난 7년 동안 지배인으로 일해온 경영실적에다 앞으로의 사업계획을 준비해둔 서류일세."

"아, 회사 경영이야 자네가 알아서 할 일이제. 새삼스럽게 이런 걸 내 앞에 내놓고 뭐 하자 쿠는 기고? 내가 한동안 사무실을 비워 미안하다만 자네, 내한테 뭐 섭섭한 기라도 있나? 우리 사이에 섭섭한 기 있으믄 말로 풀어야제. 이 무슨 서류를 다 내놓고 와 이쿠노?"

"아이다. 병철이! 자네 오해하지 말게나. 이제 세상이 바뀌었으이 내도 내 갈 길을 찾아가야 안 되겠나. 그래서 자네 얼굴이나 한 번 보고 떠날라꼬 기다리고 있던 참이라네."

이 말에 그는 아연실색했다. 벌어진 입을 다물지 못한 채 멍하니 이순근을 바라봤다.

"하하. 뭘 그리 놀래노? 혹독한 왜놈들 압제에서 벗어나 해방이 되었으이께 인자 내도 내 할 일을 찾아가야 안 되겠나. 내 딴에는 고민 끝에 내린 결론일세, 이해하시게나. 그동안 자네 덕분에 좋은 경험도 마이 쌓았고 돈도 내 맘대로 써보고 안정된 생활도 누렸다 아이가. 정말 고맙네. 자네한테 신세진 거 일일이 헤아릴 수 없지만 그 은혜 잊지 않겠네."

"거, 뭐꼬. 가마이 보이께 순근이 자네 또 신사상운동인가 뭔거쿠는 거, 그거 할라꼬 회사 그만 두는 거 아이가? 이 사람 참, 마음잡았는가 싶더이 또 바람이 났구마 몹쓸 사람!"

"하하. 그기 아닐세 병철이! 자네하고 내하고는 막역한 친구간이지만 사실 내는 가는 길이 처음부터 달랐다네. 그건 자네가 잘 알지 않은가. 실은 내가 건준에 참여하기로 했다네. 나라를 바로 세우는 일에 일조하는 것도 애국하는 길이 아닌가 이해하시게나."

"아이고 마, 청천벽력도 유분수지 뜻밖에 자네 말을 듣고 보이

하늘이 무너지는 느낌일세. 한쪽 팔이 뚝 짤려나가는 고통에 숨이 콱 막힌다 쿠이."

"미안하이, 아 내 말고도 이창업이가 있지 않은가. 내가 겪어보이 그 사람은 내보다 훨씬 더 잘할 걸세. 듬직하게 추진력도 강하고 사업에 대한 열정이 남달라. 두고 보라 쿠이. 대단한 사람이네. 앞으로 잘 해낼 게야."

"으음…."

이병철은 신음소리를 뱉어내며 내내 고통스러워 하다가 이윽고 말문을 돌렸다.

"내가 졌네, 벌써 떠나겠다꼬 작정한 사람을 붙잡는 것도 도리가 아이고… 사업도 사업이지만 태산같이 믿고 의지했던 자네를 보내고 나믄 허전해서 우에 살꼬, 그기 걱정일세."

"아, 이 사람아! 내가 어데 멀리 떠나나. 대구에서나마 새로운 세상을 열어보겠다꼬 정계에 진출할라 쿠네. 친일파를 몰아내고 헐벗고 굶주린 인민대중이 배부르게 살아가는 좋은 나라를 만들어야제 하하."

이순근의 결심은 요지부동이었다. 그는 그만큼 이상이 크고 신념이 굳은 사람이었다.

이병철은 재고再考의 여지도 없이, 승승장구하던 삼성상회를 떠나려는 그에게 상당한 퇴직금을 마련해 주었다.

"앞으로 정치할라 쿠믄 돈도 필요할 낀데 이거 얼마 안 되지마는 정치자금으로 보태 쓰게나."

"하하 이 사람! 가마이 보이께 낼로(나를) 보고 썩은 정치하라 쿠는 거 아이가"

이순근은 퇴직금마저 극구 사양하고 빈손으로 떠났다. "막역지간의 친구로서 서로 도와가며 사업을 일으키고 개인적으로도 회사돈을 맘껏 썼는데 퇴직금은 무슨 퇴직금이냐"며 한사코 뿌리친 것이다. 이후 한동안 그의 모습을 본 사람은 아무도 없었다고 했다.

그는 자신이 애써 일궈 놓은 삼성상회를 떠나면서 합법적인 대한민국 정부가 수립되기 전 혼란한 해방공간의 정국을 전망하며 지나가는 말로 삼성의 미래에 대한 걱정도 해주었다고 했다. 그 당시 미 군정이 미·소 공동위원회의 합의에 따라 공산주의자들에게도 정치 활동을 허용하는 바람에 좌우 이념 갈등이 극단적으로 치닫고 테러와 폭력이 난무하기 시작했다.

아예 정치와 담을 쌓은 이병철은 순근의 말을 한쪽 귀로 듣고 한쪽 귀로 흘러버렸으나 그것이 오래지 않아 현실로 다가오고 말았다. 아니나 다를까, 이순근이 삼성을 떠난 지 1년여가 지난 1946년 10월 1일, 대구에서 미증유의 민란이 발생하고 만다. 이른바 '10·1 폭동사건' 그러나 애초에는 폭동이 아니라 피죽도 못 먹고 굶주리던 시민이 "쌀 배급을 달라"며 들고 일어난 일종의 '기아 행진'에서 비롯된 민중항쟁이었다.

당시 대구의 식량난은 전국의 다른 도시에 비해 훨씬 심각했고 시민들의 기아 행진이 과격한 양상으로 치닫게 된 것은 수인성 전염병인 호열자(콜레라)가 창궐했기 때문이었다. 5월부터 번지기 시작한 콜레라의 전염 속도가 걷잡을 수 없이 대구 시내 전역으로 확산되자 미 군정청은 경찰을 동원해 사방을 차단하고 식량이 반입되는 인근 성주·칠곡·고령·경산·영천 등 시 외곽의 통로까지 모조리 봉쇄해버렸다.

이 때문에 식량 반입이 일절 금지되자 콜레라에 걸려 죽은 사람보다 굶어 죽은 사람이 더 많았으며 급기야 민심이 흉흉해지고 있었다. 걷잡을 수 없는 인플레 속에서 쌀값이 60배나 치솟고 그나마 돈이 있어도 식량을 구할 수 없게 되었다. 더러는 곡창지대인 호남지방에까지 찾아가 쌀을 한두 말씩 구해다 입에 풀칠하며 연명하기도 했다.

그 무렵 뒤틀린 이념 갈등을 부추기던 남로당 민전 소속 공산 프락치들이 마침내 미 군정에 대한 불만 세력들을 규합해 헐벗고 굶주린 노동자·농민들을 선동하고 나섰다. 그 배후에는 일제 강점기부터 암약하던 박상희·황태성·이순근 등 이른바 남로당 3인방이 도사리고 있었다. 엄밀히 따진다면 남로당 산하 민전은 이순근이 장악하고 있었다. 그가 평소 민전 활동자금을 마련해 줬고 이 자금은 삼성상회의 돈줄과도 연결이 되어 있었다. 그는 알게 모르게 삼성상회 금고 돈도 많이 축낸 사람이었다. 사주 이병철은 그런 그의 공금횡령을 진즉부터 알고도 모른 척 눈감아 주고 있었다.

이미 9월 23일 부산 철도공작창을 시발로 각 산별노조가 총파업에 돌입한 상태였고 미 군정청의 주요 물자 수송로인 경부선 철도가 마비되고 노동자들이 연일 시위 농성을 벌이고 있었다. 이때 남녀노소 할 것 없이 대구시민들이 거리로 쏟아져 나와 "쌀 배급을 달라"며 기아 행진에 나섰으니 남로당에서는 절호의 기회가 아닐 수 없었다.

시위군중 가운데 대구역 광장과 도심지 중앙로에 집결한 수천 명은 "쌀이 아니면 죽음을 달라"고 과격한 구호를 외치며 대구시청으로 몰려갔다. 현역 미 육군 소령이 군정 시장을 맡고 있었으나 사태수습은커녕 지레 겁을 먹고 미군 캠프로 달아나 버렸다. 성난 시위군중이 시청사에 몰려가 불을 지르고 만다. 일제 강점기에 건설한 낡은 목조건물인 시청사는 순식간에 검붉은 화염에 휩싸여 하늘을 뒤덮었다.

분노한 시위군중은 마침내 불길에 휩싸인 시청사 건너편 시장 관사를 습격한다. 시장 관사의 창고에는 쌀이 가마니로 쌓여 있었고 미군 야전 식량인 C-레이션 상자도 가득했다. 이를 발견한 시위군중은 닥치는 대로 약탈을 자행하기 시작했다. 흥분한 시위군중이 폭도로 변한 것이다. 시위군중의 약탈행위는 시장 관사뿐만 아니라 기업체, 상가 등 가릴 것 없이 닥치는 대로 자행되었다.

특히 남로당 프락치들은 시위군중의 약탈행위와 방화를 선동하고 정당화 하기 위해 "방귀뀄다, 갈라먹자 공산당!"이라는 황당한 구호까지 외쳤다. 무지몽매한 시민들은 생리현상으로 일어나는 방귀까지도 서로 나눠 먹을 만큼 평등한 "공산주의 국가를 건설하자"는 저들의 선동 구호에 현혹되고 말았다. 그 당시 절대다수 빈곤층이던 시위군중에겐 그런 붉은 구호가 굶주린 가슴에 구원의 메시지로 와 닿았기 때문이다.

게다가 총파업 중인 철도노조와 체신노조, 전매노조 등 공공노조까지 합세하여 주요기관과 공공건물에 불을 지르고 저들이 휩쓸고 간 대구시가지가 온통 폐허로 변했다. 아니나 다를까, 약탈을 주도하던 일부 과격분자들이 "다음에는 별표 국수다!" 하고 외치자 시위군중은 "와아! 옳소!" 하고 화답하며 일제히 삼성상회로 몰려갔다. 위기일발의 순간… 그러나 삼성상회는 이미 문이 굳게 잠겨 있었다. 이때 사주 이병철과 지배인 이창업은 밀가루 포대가 가득 쌓인 지하창고에 숨어서 와들와들 떨고 있었다.

다만 빨간 완장을 두르고 개똥모자(레닌모)를 눌러쓴 일단의 청년들이 죽창을 휘두르며 삼성상회 앞을 가로막고 있었으나 중과부적이었다. 사태가 위급하게 돌아가자 청년들을 지휘하던 인민복 차림의 한 중년 사내가 허리춤에서 피스톨을 뽑아 들고 허공에다 공포를 발사했다. 총성에 놀란 시위군중이 한발 물러서며 주춤했다.

그 무렵 평범한 소시민들은 총소리만 들어도 일제 암흑기의 끔찍한 기억이 되살아나 두려움을 감추지 못했다. 허리춤에서 권총을 뽑아 든 개똥 모자 사내는 시위군중을 인솔해온 남로당 프락치들을 향해 준엄하게 외쳤다.

"동무들! 여기는 우리 민전이 장악하고 있는 혁명무력이오. 여기에 손을 대는 자들은 모두 인민의 적으로 간주하여 즉결처분할 터이니 꼼짝 말고 썩, 물러들 가시오."

이 말 한마디에 모두 찍소리 못하고 뒷걸음질 치며 발길을 돌렸다. 혁명무력? 혹여 박상희·황태성·이순근 등 민전의 3인방의 작용이 아닐까 모르는 일이었다. 그리고 얼마 안 있어 죽창을 들고 삼성상회 앞을 지키고 있던 빨간 완장들도 온다간다 말 한마디 없이 바람처럼 사라지고 말았다. 조선양조장과 동인양조장, 이병철 사주의 사가私家도 마찬가지로 그런 개똥모자들의 방패막이 덕분에 수난을 피해갈 수 있었다.

폭동의 광풍을 무사히 피한 이병철은 이 모두가 이순근의 사려 깊은 조치로 생각했으나 영 마음이 개운치 않았다. 평소 이념적으로 이상이 커 신사상에서 벗어나지 못하고 결국 헤어지긴 했으나 친구 이순근의 정치 행태가 너무도 급진적인 공산주의로 치닫고 있었기 때문이다.

"그 사람 참, 신사상운동한다 쿠디마는 날로당 빨갱이로 변신했다 아이가. 빨갱이 치고는 참, 희한한 빨갱이네."

대구시가지를 쑥대밭으로 만든 광풍에서 피해를 전혀 입지 않고 무사히 위기를 벗어난 이병철은 혼잣말처럼 넋두리며 비로소 안도의 한숨을 삼켰다. 그는 도무지 세상이 어떻게 돌아가고 있는지 알 길이 없어 박윤갑을 내보내 바깥소식을 알아보라고 일렀다.

윤갑이 평소 다니던 옻골마당을 거쳐 북성로를 돌아 인파로 들끓는 중앙통 거리로 나가 보니 난리도 이만저만한 난리가 아니었다. 한마디로 아수라장이나 다름이 없었다. 강제진압에 나선 경찰은 일제 강점기 때처럼 99식 장총 개머리판을 마구 휘두르며 무자비한 폭력을 행사했고 심지어 무차별 발포로 쓰러지는 시위군중도 속출했다.

대구역 광장을 중심으로 중앙통과 태평로 일대의 주요 도로와 조선방적에서 연초제조창까지 시내로 진입하는 간선도로를 모조리 바리케이트로 차단하는 바람에 도시기능이 마비되는 사태에 이르고 말았다. 그러나 성난 파도처럼 몰려드는 시위군중에 의해 마침내 경찰의 저지선도 무너지고 말았다. 극도의 위협을 느낀 경찰은 또다시 99식 장총을 무차별 발포하며 뒤로 물러서게 된다. 함성을 지르며 경찰 저지선을 돌파하던 선두의 시위군중이 하나, 둘씩 고꾸라졌다.

사방에서 콩 볶는 듯한 총성이 울리고 총탄이 휙휙, 허공으로 날아갔으나 극도로 흥분한 시위군중은 두려움도 잊고 사생결단하며 경찰에 맞섰다. 희생자가 속출하자 분노한 시민 2만여 명이 시위에 합류하고 마침내 도심지 한복판에 있는 대구경찰서는 시위군중에 점거되고 말았다. 폭도로 변한 남로당 프락치들은 시위군중을 선동해 경비 중이던 경찰관을 몽둥이와 죽창을 휘둘러 잔인하게 보복 살해하는 극단적인 사태에 이른다.

급기야 최악의 상황으로 치닫게 되자 밀리던 경찰은 대구뿐만 아니라 경북 도내의 전 경찰병력을 긴급출동시켰으나 중과부적이었다. 사태가 걷잡을 수 없는 상황으로 치닫자 사회지도층을 자처하는 인사들이 시위군중 앞에 나타났다. 그들 중 박상희·황태성·이순근 등의 모습도 보였다. 셋은 양복이나 한복 차림의 지도층 인사들과는 달리 버젓이 인민복에 개똥모자를 눌러쓰고 단상에 서 있었다. 사회지도층 인사들은 우선 시위군중을 진정시키기 위해 대구경찰서장을 단상에 세워 놓고 준엄하게 꾸짖기 시작했다.

“일제 치하에서 왜놈들의 앞잡이가 되어 민족에게 총을 겨누더니 이제는 미 군정의 앞잡이가 돼 애먼 사람들을 사살하다니, 감히 이러고도 민중의 지팡이라고 말할 수 있는가?”

그러고는 당장 경찰의 무장해제를 요구했다. 잠시 숨을 죽이고 있던 시위군중도 일제히 목소리를 높여 “무장해제!”를 외치며 일전을 불사할 움직임을 보이자 마침내 경찰서장은 전 경찰병력에 대해 무장해제를 명령한다. 한마디로 유혈 폭동이 난무한 무정부 상태였다. 현장을 지켜본 박윤갑이 달려와 상전 이병철에게 전한 이야기이다.

5
빛과 그림자

미군정청은 경찰이 시위군중에 의해 무장해제까지 당했다는 급보를 접하자 10월 2일 오후 4시를 기해 대구 시내 전역에 비상계엄령을 선포하고 통금령을 내렸다. 출동 대기 중이던 미군 무장병력은 즉각 장갑차를 앞세우고 시가지로 진입, 시위군중을 해산시키고 대구경찰서부터 접수했다. 10월 1일 오전 10시부터 이틀 동안 극도의 혼란에 빠졌던 폭동사태는 점차 질서를 회복하기 시작했다.

그러나 폭동시위를 주동한 남로당 산하 민전은 쉽사리 승복하지 않았다. 10월 3일 이후에는 경북 도내 각 시·군 등 중소도시 곳곳에서도 민란에 가까운 시위가 벌어지고 결국 국방경비대(국군의 전신)가 계엄군으로 출동해 진압 작전에 돌입하게 된다. 이 과정에서 고향인 구미로 피신했던 박상희는 경찰에 쫓기다 등에 총탄을 맞고 운명을 달리하고 말았다.

민족지 동아일보 대구 특파원 신분이던 그는 일제 암흑기 좌·우익 이념을 초월하여 독립운동가로 활동했던 진보성향의 인물로 알려져 왔다. 황태성과 이순근은 다행히 경찰 수배망을 벗어나 추풍령을 넘어 북행길에 올랐다. 자진 월북한 것이다. 살아남을 길이라곤 그 길밖에 없었기 때문이었다.

이후 황태성은 북한 공산정권 수립 때 내각 상업성 산업관리국장을 거쳐 조선노동당 중앙위원을 지낸 골수 빨갱이로 변신했다. 그는 1960년대 초 평생 친구이자 동지이던 박상희의 친동생 박정희 장군이 5·16 군사쿠데타를 일으켜 집권하자 김일성의 밀사로 남파된다. 그는 대범하게도 박정희 대통령에게 김일성의 친서를 전하기 위해 김종필 중앙정보부장(박상희의 사위)과 접촉하려다가 남파간첩으로 검거돼 형장의 이슬로 사라지고 말았다.

한편 이병철의 절친한 친구이자 삼성의 창업 공신이던 이순근은 도쿄 유학 시절 와세다대학에서 농업경영학을 전공한 경력을 인정받아 북한의 토지개혁에 참여하던 중 북한 내각 부수상 겸 외무상 박헌영의 천거로 농림성 부상(남한의 농림부차관)에 발탁되었다. 그러나 그는 휴전 이후 박헌영이 남한에서의 민중봉기 실패와 패전의 책임을 지고 숙청당할 때 반동분자로 몰려 함께 숙청된 것으로 알려졌다. 이념의 굴레에서 벗어나지 못해 친구까지 배신하고 방황하던 프롤레타리아 인텔리겐자의 불행한 죽음이었다.

삼성상회는 10·1 폭동사건 당시 이순근의 도움으로 큰 피해는 없었으나 조선양조장과 동인양조장은 미 군정청의 식량 긴축 정책으로 양조미를 구하지 못해 한동안 휴업상태에 놓여 있었다. 여기에다 시중에는 여전히 흉흉한 분위기가 감돌고 있는 가운데 이병철과 삼성상회를 두고 이상한 소문까지 나돌았다. 10·1 폭동사건 때 각 기업체나 상가가 모두 약탈당하고 쑥대밭이 되었는데 대구에서 제일 큰 기업인 삼성상회만 유독 멀쩡하게 살아남은 것은 사주 이병철이 빨갱이들과 내통했기 때문이라는 것이었다.

게다가 폭동사건을 주도한 남로당의 이순근이 삼성상회 지배인 출신이라는 사실도 밝혀져 이병철은 난감한 처지에 놓이지 않을 수 없었다. 아니나 다를까, 마침내 보수우익단체에서 "이병철이 빨갱이집단에 폭동자금을 지원했다"는 터무니없는 의혹을 제기하며 미 군정청에 고발하는 사태까지 발생한다.

우익 진영에서는 "이병철을 당장 구속하고 미 군정 법정에 세워야 한다"고 주장하며 별표 국수와 월계관 청주의 불매운동까지 벌였다. 8·15 광복 이후 미 군정이 실시되면서 정치 활동을 허용하자 좌·우로 갈린 극단적인 정치집단이 우후죽순처럼 생겨나 사사건건 진영 논리를 확산시키기 일쑤였다.

특히 좌익진영에서는 걸핏하면 이제 막 일어서려는 기업들을 친일 반민 기업으로 몰고 "살아남으려면 정치자금을 대라"며 협박하는 일도 다반사였다. 삼성상회도 예외가 아니었다. 어쩌면 저들의 제1 공격목표인지도 몰랐다. 마치 만만한 봉으로 알고 손을 벌리는 정치권의 행태가 줄을 이었다.

하지만 이병철은 그럴 때마다 '돈 쓰는 정치는 썩은 정치'라던 이순근의 말을 떠올리며 순순히 응하지 않았다. 일제 강점기에도 그랬지만 정치권과는 불가근불가원不可近不可遠의 원칙을 세우고 명분 없는 기부행위는 절대 하지 않겠다는 완고한 생각도 흔들림이 없었다.

이때 결심한 원칙론은 국회의원 출마를 권유하며 접근해오는 정치권의 유혹을 과감하게 뿌리치며 일관되게 기업인의 정신을 지켜온 계기가 되었다. 그래서인지 해방공간에서부터 좌·우익에 관계없이 유력 정치인들과 소원한 관계를 유지하다가 10·1 폭동사건을 계기로 우익단체들이 복수전에 나선 것인지도 몰랐다. 때문에, 그는 한때 수세에 몰려 벙어리 냉가슴 앓듯 말 한마디 못하고 마음고생도 많았다.

그러나 그때까지만 해도 그에게는 시련을 딛고 일어설 당당한 힘이 있었고 운도 좋았다. 1945년 말 미 군정이 실시될 무렵 군정청의 경북도 민정관이던 미군 통역관 출신 장인환을 비롯한 주요 기업인 9명이 경제 재건을 위해 '을유회'라는 경제단체를 조직할 때 제1 순위로 가입해 있었기 때문이다. 을유회란 광복을 맞은 1945년이 간지干支상 을유년乙酉年이어서 붙여진 이름이다. 그 당시 생활물자가 절대적으로 부족하고 쌀값이 천정부지로 치솟으면서 악성 인플레에 빠지자 미 군정청이 대구 시내 유력한 기업인들을 모아 참담한 지역경제를 살리기 위해 설립한 경제단체였다.

을유회 회장은 미 군정청을 대표하는 장인환 민정관이 맡았으나 이창업과 이순근의 후임으로 영입한 김재소 등 삼성의 전문경영인들도 멤버로 참여해 을유회는 사실상 삼성 사주 이병철이 주도한다고 해도 결코 지나친 말이 아니었다. 이 때문에, 정치권이나 우익단체에서 삼성을 대상으로 하여 나쁜 여론을 퍼뜨리고 미 군정청에 그의 처벌을 탄원했지만 아무 소용이 없었다.

그는 경찰에 불려가 조사도 받았으나, 폭동주모자 이순근은 일본 도쿄 유학 시절의 인연으로 만나 삼성상회를 창업할 때 영입돼 근무한 사실 외에 뚜렷한 혐의점을 찾지 못해 내사 종결했다. 결과적으로 저들은 닭 쫓던 개가 지붕 쳐다보는 격이 되고 말았다.

'정情으로 흉을 보지 말고 흉으로 정을 잊지 말라'는 말이 있다. 악몽 같았던 폭동사건의 광풍이 지나고 다시 마음의 안정을 되찾은 그는 오랜만에 인교동 본가로 돌아와 안정된 생활로 돌아간다. 그동안 태어난 막내아들 건희도 네 살이 되어 아장아장 걸음마를 배우는 등 한창 귀여움을 떨고 모처럼 사람이 사는 냄새가 물씬 풍겼다. 그는 요정 출입을 일절 삼가고 아침 9시에 출근해 저녁 6시면 어김없이 퇴근하고 가족과 함께 저녁 식사를 마친 다음에는 유가타(일본식 목욕가운)로 갈아입고 히노키 목욕으로 피로를 풀었다. 마치 시간을 잰 듯한 절제된 일상생활이었다.

대구 10·1 폭동사건이 지나간 이듬해인 1947년, 미 군정 치하의 해방공간에서는 일제 강점기에 철저하게 수탈만 당해온 민족

경제가 완전히 바닥이 드러난 데다 남북분단으로 물자 생산도 크게 위축돼 있었다. 민생고는 참담한 상황으로 내몰리고 있었으나 좌·우익의 이데올로기 갈등은 좀체 수그러들지 않았다. 심지어 중학생(6년제)들까지 정치 논리에 휩쓸려 걸핏하면 좌·우익으로 갈려 수업을 제쳐둔 채 거리로 뛰쳐나오기 일쑤였다.

그 무렵 경북중학교 3학년에 재학 중이던 장남 맹희는 우익학생단체의 자금책이었다. 그는 어릴 때부터 골목대장 기질이 있어 학생운동에도 언제나 리더 그룹에 섰다. 게다가 부잣집 아들답게 돈도 풍족하게 쓰는 바람에 따르는 친구들이 많았다. 그중 한 사람이 어릴 때부터 이웃에서 함께 자라온 전두환이었다. 그런 인연으로 둘은 비록 학교가 다르지만(전두환은 대구 공업중학) 항상 형제처럼 붙어 다녔다.

그는 학생운동에 뛰어들면서 적잖은 돈을 아버지에게서 받아가고 어머니의 쌈짓돈까지 뜯어내다가 그것도 모자라 결국 삼성상회의 금고에 손을 댄다. 하루는 경리 박윤갑이 사무실에서 일과를 끝내고 매출전표와 입금 내역 등 일계표를 작성하면서 아무리 주판알을 튕겨 봐도 돈이 모자라 전전긍긍하고 있었다. 그는 경리업무를 맡은 이후 맨날 어김없이 당일 생산물량과 출고물량, 매출과 입금·지출 등을 일일이 작성해 왔다.

그 당시 지배인 이순근이 퇴사하고 후임으로 이창업과 김재소도 조선양조장과 동인양조장의 업무가 바빠 모기업인 삼성상회 경리는 전적으로 윤갑이 혼자서 맡고 있었다. 상전은 평소 서류

결재는 일절 하지 않았지만 그런 공백기에 가끔 어린 윤갑이 제대로 일계표를 작성하는지 살펴보는 경우가 있었다. 그날따라 상전 이병철은 멀찍이 떨어진 자리에서 윤갑이 고개를 갸웃거리며 일계표와 현금을 되풀이해 맞춰 보는 등 애를 태우고 있는 것을 지켜보다가 슬그머니 다가오면서 말문을 열었다.

"윤갭아! 와, 돈이 안 맞나?"

"예, 어르신! 전에는 이런 일이 없었는데 오늘따라 영 계산이 안 맞네예,"

"니, 자리 비운 일 없나?"

"예. 화장실에 댕겨온 일 외엔 쭈욱 자리를 지키고 있었심더."

"으음, 그래 계산이 안맞을끼다. 니는 우리 집에 도둑이 하나 있다 쿠는 걸 몰랐제?"

"예에…?"

순간 윤갑은 눈이 휘둥그레지면서 놀란 표정을 감추지 못했다.

"걱정하지 말거래이. 아까 니가 자리 비운 사이에 맹희가 금고에서 돈 빼가는 거, 내 눈으로 똑똑히 봤다 아이가. 하하."

"……?"

"내가 몬본척 했다마는 앞으로는 니가 금고 관리를 단디 해야 될끼다."

이후 맹희는 박윤갑 경리가 시도 항상 금고에 자물쇠를 채우자 한밤중에 친구들과 함께 지하창고에 몰래 숨어 들어가 별표 국수를 상자째 빼내 시중에 내다 팔아 학생운동자금으로 썼다. 이런 일이 비일비재했으나 아버지는 자식이 정의로운 일에 쓴다는 생각에서 알고도 모른 척 말 한마디 하지 않았다. 은근히 자식에 대한 기대감이 컸기 때문이었다.

삼성의 사업체는 피폐한 국민경제에도 불구하고 순조롭게 흑자기조를 유지하고 있었다. 하지만 주업종인 제분·제면·주류 등 소비재는 언젠가 한계가 오게 마련이었다. 이렇게 판단한 이병철은 긴 안목으로 국내 소비재를 뛰어넘는 새로운 사업을 모색하게 된다. 국제무역업이었다. 그 당시 비록 소규모의 중개무역에 불과하지만 이미 중국과 일본을 거점으로 말레이시아·싱가포르 등 동남아에도 일본 중개무역상을 통해 국수·건어물·청과물 등을 내다 파는 수출길을 텄지만, 그것으로 성이 차지 않았다.

그래서 그는 다양한 수출품목뿐만 아니라 절대량이 부족한 원자재 등 수입품목을 확충하고 가공수출도 병행하는 수출·입을 주업으로 본격적인 국제무역업에 도전 하기로 결심한다. 신생 독립 국가가 건국되기 전 미 군정 치하의 해방공간에서 당시 국내 경제 상황은 전적으로 미 군사원조에만 의존하고 있었다. 여기에다 미 군정의 통제경제에 묶여 제조업의 생산시설 확충은커녕 절대빈곤에서 벗어나지 못하고 있었다.

이런 상황에 비춰 볼 때 국제 무역이야말로 국내 물자 부족을 해결하고 피폐한 국민경제를 살리는 지름길이라고 판단했다. 그래서 그는 지체 없이 서울로 올라가 국제무역업에 뛰어들기로 계획한다. 10·1 폭동사건이 일어난 지 7개월여가 지난 1947년 5월. 우선 서울의 혜화동로터리 부근 옛 사대부가의 한옥을 한 채 사들인 뒤 가족들부터 이사시켰다. 하지만 장남 맹희와 차남 창희는 대구에서 각각 경북중학교 3학년, 계성중학교 1학년에 재학 중이었으므로 졸업할 때까지 인교동 본가에 남아 있기로 했다.

그는 서울로 떠날 때 삼성상회와 조선양조장, 동인양조장 등의 경영권 일체를 이창업에게 일임했다. 그 당시 전문경영인으로 김재소와 김재명(공장장) 등이 있었으나 그동안 일선 경영은 이창업이 전적으로 책임지고 회사 발전의 견인차 역할을 도맡아 왔기 때문이다. 사주 이병철은 원래 회사 경영에 대해 말 몇 마디로 간단히 처리하는 성품이라 누구도 이의를 제기하지 않았고 경영진과 직원들도 종전과 변함없이 근무해달라는 사주의 뜻으로 받아들였다.

그러나 그는 왠지 창업의 터전이던 삼성상회 부지와 사옥만은 박윤갑 경리에게 넘겼다. 일종의 명의신탁인지 그냥 양도한 것인지 평소의 습성대로 속 깊은 얘기를 전혀 하지 않아 그 뜻을 헤아릴 수 없었으나 그는 박 경리를 불러 등기서류를 건네면서 이렇게 당부했다고 한다.

"윤갭아! 니, 그동안 내 밑에서 고생 마이 했다. 나중에 우에 될랑가 모르겠지마는 이 삼성상회 부지와 건물은 창업 기념으로 니한테 넘길 테이께 앞으로 니가 잘 관리하거래이. 세금도 꼬박꼬박 물고…."

"예, 어르신! 이 삼성상회는 누가 뭐라캐도 대구 명물로 잘 지켜야 안 되겠십니꺼예. 어떤 일이 있어도 제가 꼭 지키겠심더. 삼성상회 건물하고 간판을 볼 때마다 어르신 생각이 날낀 데 제가 우에 관리를 소홀히 하겠십니꺼."

주종 간의 신뢰가 돋보이는 얘기다. 그 당시 박윤갑은 6년제 상업중학교 졸업을 앞두고 있었다. 그래서 그는 눈을 감을 때까지 평생 전설에 묻힌 옛 삼성상회 건물에 대한 애착이 남달랐다고 했다. 그는 애초 상전 이병철이 뜻밖에도 삼성의 창업부지와 건물을 몽땅 자신에게 넘겨주자 두렵기도 하고 당황했으나 무거운 사명감으로 받아들였다. 그래서인지 그는 삼성을 떠나서도 삼성의 옛 터전을 가꾸고 지키는 데 전심전력을 다 기울였다고 한다.

그 당시 이병철은 그렇게 모든 것을 정리하고 다시는 안 돌아올 것처럼 대구를 훌쩍 떠나버렸다. 새로운 사업을 일으킬 자본은 그동안 저축해 두었던 잉여자금만으로도 충분했기 때문이다. 이후 대구는 그의 말대로 변한 게 아무것도 없었다. 그가 대구에 있을 때와 마찬가지로 사업체의 조직은 일사불란하게 움직였고 경영 기조는 흔들림 없이 흑자행진을 계속 이어갔다. 이창업이 한 번씩 서울로 올라가 대구사업체의 경영실적을 보고하려 했으나 그는 일절 허락하지 않고 "알아서 하라"는 답만 전했다.

하지만 박윤갑은 고민 끝에 삼성의 최고경영자(CEO)가 된 이창업에게 걸림돌이 되어서는 안 되겠다는 심정에서 경리업무를 내려놓고 삼성을 떠나기로 결심한다. '새 술은 새 부대에 담는다'는 말이 있듯이 보다 발전적인 새로운 조직으로 새 출발을 다짐하는 이창업 CEO에게 "이제 독립하고 싶다"는 명분을 내세웠지만, 속내는 따로 있었다. 두 임금을 섬기지 않는다는 불사이군不事二君의 고루한 충정 때문이었다. 누대에 걸쳐 주종관계를 유지해온 이씨네 가문과 박씨네 가문의 뿌리 깊은 내력이기도 했다.

그는 삼성을 떠난 후엔 사업 경험도 쌓을 겸 가까운 큰 장(현 서문시장) 인근 내당동에서 기존 영세기업인 '본표국수' 공장을 인수해 독자적인 사업에 뛰어들었다. 얼핏 삼성의 별표 국수와 라이벌로 착각하겠지만 본표 국수에서 나오는 국수는 별표 상표를 붙이고 시중에 유통되었다. 일종의 삼성상회의 하청업체인 셈이었다. 이창업이 적극적으로 배려한 것이었다.

그런 면에서 그는 이창업 대표와의 인간적인 관계를 변함없이 유지하고 있었다. 게다가 가끔 연락해오는 삼성가의 대소사大小事도 대구·의령을 오가며 일일이 챙겼다. 그는 어쩌면 삼성가의 영원한 집사인지도 모른다.

유엔의 결의로 대한민국이 한반도의 유일한 합법 정부로 출범하고 3개월이 지난 1948년 11월, 이병철은 면밀한 시장조사와 준비 기간을 거쳐 마침내 서울 종로 2가에 건평 100여 평 규모의 2층 건물을 임대해 국제무역업에 뛰어든다. '주식회사 삼성물산공사三星物産公司'였다. 당당히 국호가 새겨진 대한민국 제1호 무역업 허가증을 내걸었다. 정부의 허가 과정부터 제1호였다. 제일주의로 일류의 조건을 두루 갖추었다. 오늘날 글로벌 기업으로 성장한 삼성그룹의 선두기업이었다.

그 무렵 삼성물산 인근 골목길에 백운학白雲鶴이라는 주역 풀이에 용한 역술가가 살고 있었다. 문자 그대로 흰 구름 위를 노니는 학을 가리키는 이름이다. 평소 세상 풍파를 견뎌내는 직감력이 몸에 밴 이병철은 개업 택일을 위해 백운학을 찾아가 자신의 사주팔자와 사업 운을 점쳐 보고 "국가적 운명은 풍파가 요동을 치겠으나 개인적으로는 사업 운이 순탄하게 열릴 것"이라는 점괘를 받게 되자 더욱 자신감을 얻게 되었다. 그가 영발靈發경영에 심취해온 이유다.

이후 사업 운이 제대로 안 풀릴 경우, 그는 소문만 듣고도 전국의 깊은 산골에 은둔하며 도력을 쌓아온 도인道人들을 찾아가 담소를 나누며 영험을 얻기도 했다. 그것이 사업 운을 개척하는 데 정신적으로 많은 도움이 되었기 때문이다. 그래서인지 인재양성에도 영발의 경험을 참고로 말을 앞세우는 것보다 사람의 인성부터 살피고 얼굴에 나타난 사람의 됨됨이를 관찰하는 습관이 생겼다고 한다.

삼성물산 설립 당시 투자자 겸 동업자로 영입한 사람으로는 옛 친구인 함안 부농 출신의 조홍제였다. 훗날 삼성을 떠나 효성그룹을 창업하고 진주 남강 솥바위 전설의 주역이 된 그는 전무이사를 맡아 경영을 책임졌다. 또 한 사람으로 훗날 영진약품을 창업한 전문경영인 김생기를 상무이사로 영입했다. 직원은 20여 명이었고 대구에서 삼성상회를 창업한 지 10년 만이었다.

그 무렵에는 이미 천우사·동아상사·대한물산·화신산업·경향실업 등 쟁쟁한 선발 업체들이 일제 강점기부터 조선총독부의 허가를 받아 무역업과 백화점을 운영해오며 선두다툼을 벌이고 있었다. 이런 상황에서 건국 이후 처음으로 정부의 허가를 받아 사업을 시작했지만, 지방에서 올라온 후발주자인 삼성물산은 이들 선발 경쟁업체들 사이를 비집고 들어설 자리가 없었다.

그러나 선발기업들은 해방정국에서부터 친일파로 몰리고 사업환경이 바뀌어 경영난을 겪고 있었다. 이런 상황에서 당당한 대한민국 제1호 국제 무역 업체로 출범한 삼성물산은 지난 10여 년간 대구에서 쌓아온 특유의 사업수완으로 홍콩·싱가포르·말레이시아 등 화상華商(중국계 상인)들이 상권을 장악하고 있는 동남아에 건어물과 한천寒天(우뭇가사리) 등을 수출하고 면사·동재銅材 등 원자재를 수입하는 것으로 점차 시장을 넓혀가기 시작했다. 취급 품목은 개업한 지 불과 1년 만에 수백 종에 달했다.

무역 상대국도 지인이 많은 일본을 발판으로 미국과 홍콩 등 선진제국으로 넓혀 생필품과 일용잡화 등 자질구레한 생활물자까지 들여와 통관되기 무섭게 팔려나갔다.

6

호사다마好事多魔

삼성물산을 개업한 지 1년쯤 지났을 무렵 깔끔한 마카오 신사복 차림에 중절모를 눌러쓰고 백구두를 신은 한 신사가 찾아와 조홍제 전무와 수인사를 했다. 그가 내민 명함은 선일鮮一무역상사 대표 성시백이었다. 친일파의 거두이던 화신산업 박흥식 사장과 동업으로 "대규모 남북교역사업을 독점하고 있다"고 억양이 강한 서북 사투리로 자신을 소개했다.

남북교역이란 광복 후 해방공간에서 미·소 공동위원회가 군정을 실시하면서 38선으로 막혀버린 남북 간 교역의 물꼬를 트기 위해 1947년 5월부터 38선 접경지역에서 이루어진 물물교환을 가리키는 말이다. 이른바 '38 무역'이다. 그 당시 남북 접경지역의 물물교환 품목은 남쪽에서 페니실린·다이아진 등 의약품과 전기용품·자동차 부속품·모빌유·생고무·면사 등 미국 원조 물품이 북한으로 넘어갔고 북쪽에서는 일본이 남기고 간 비료·시멘트·카바이트 등 공산품과 북어·오징어 등 건어물, 인삼·설탕 등 잡화류가 남한에 반입됐다.

그런 남북교역의 북측 주역이 성시백이었고 남측은 박흥식이 주도한 것으로 무역업계에 소문이 나 있었다. 특히 돈이 되는 일이라면 앞뒤를 가리지 않고 뛰어드는 박흥식은 일제 강점기부터 서울 종로에서 국내 최초의 화신백화점을 운영하며 부를 축적해 왔다.

태평양전쟁 말기에는 제로센零戰 전투기를 헌납한 친일파의 거두였다. 그는 광복 이후 대표적인 친일파로 규탄의 대상에 올랐으나 흔들림 없이 화신백화점과 무역회사 화신산업을 운영하며 신생 대한민국 경제를 주도하고 있었다. 그런 그가 미·소 공동위원회가 주관하는 남북교역을 독점해 왔다니 수완이 이만저만이 아니었다. 이런 얘기를 전해 들은 조홍제는 성시백을 사장실로 안내해 이병철과 마주 앉게 했다. 성시백은 수인사를 나누자마자 소파에 등을 기대며 오만한 투로 먼저 말문을 열었다.

"내래 황해도 평산 태생이오만 관향貫鄕은 원래 경상남도 창녕이외다. 창녕 성씨… 그래설라무네 의령 출신인 리병철 사장과 함안 출신 조홍제 전무를 간접적으로나마 오래전부터 알고 있었시다레."

이 말에 조홍제가 먼저 반색을 했다.

"아, 그렇십니까. 여기 이병철 사장과 저는 어릴 때부터 막역하게 지내온 친구 사이로 보시다시피 사업도 같이 하고 있십더."

"아, 막역한 친구가 또 한 사람 있디 않습네까?"

또 한 사람의 막역한 친구? 둘은 얼른 기억이 떠오르지 않았다. 소파에 등을 가볍게 기대고 침묵을 지키며 은근히 성시백을 바라보는 이병철 대신 조홍제가 눈이 휘둥그레지며 말을 받았다.

"또 한 사람, 누구 말씀이신지…?"

"아, 함안 출신 리순근! 리순근을 벌써 잊었시까?"

"아하, 이순근… 그 친구는 어릴 때 고향 친구제. 동경 유학 시절에는 여기 이병철 사장과 같이 자취하민서 아주 절친하게 지내기도 했고…. 또 귀국해서는 사업도 같이하고… 그런데 그 친구가 한 이태 전에 월북했다 쿠던데 그 친구를 우째 압니까?"

"아, 내래 남북교역을 하디 않았습네까. 그래설라무네 38선 교역장에서 북쪽 사람들을 자주 만나 농산물 교역상담을 하던 중거, 리순근 동무래 공화국 내각의 농림부상이 되었다구 들었디오."

"아, 북한의 농림부상이라 쿠믄 우리 대한민국의 농림부차관격이네. 우린 그 친구가 대구폭동사건에 연루돼 자진 월북한 것으로만 알고 있었는데…."

"내래 서울에서 무역업을 크게 벌이구 있대니까니 리순근 동무래 교역장으로 사람을 보내 무역업에 뛰어들어 고생하는 옛 동무들을 찾아가 좀 도와주라구 부탁하두만. 기래서라무네 오늘 큰맘 먹구서리 찾아온 거외다. 하하."

그러나 이병철은 말 한마디 없이 자리에서 벌떡 일어나 뒷짐을 지고 천천히 창가로 발걸음을 옮기며 행인들로 붐비는 종로 거리를 물끄러미 내다보는 거였다. 그는 평소 상담을 하다가도 별로 관심 없는 일이라면 으레 자리에서 일어나 뒷짐을 지고 종로 거리를 내다보는 것이 습관처럼 몸에 배어 있었다. 그것은 간접적인 거부감의 표현이기도 했다.

성시백이 느닷없이 제안한 것은 우선 남북교역부터 시작해서 중국 칭다오靑島에 본사를 둔 북한의 국제무역업체 조선상사와 중개를 트고 중국과의 무역을 알선해주겠다는 거였다. 그러나 이병철의 냉담한 태도와 성시백의 황당한 속셈을 눈치챈 조홍제는 에둘러 사양했다.

"아이고 뜻은 고맙지만 우린 아직 자리도 제대로 잡지 못한 조그만 영세무역에 불과합니다. 시간을 두고 생각해 보겠심더마는 앞으로 차츰 자리가 잡히고 수출입 품목이 늘어나 시장 개척이 필요할 경우 도움을 요청하겠심더. 걱정해주셔서 정말 고맙심더. 순근이 친구와 연락이 닿으면 보고 싶다고 안부나 전해 주이소."

하지만 이병철은 여전히 뒷짐을 진 채 종로 거리를 내다보며 코대답도 하지 않았다.

"저 사람 저거, 빨갱이 아이가?"

성시백이 떠난 후 이병철은 자리로 돌아와 앉으며 혼잣말처럼 툭, 한마디 던졌다. 영발靈發? 그는 사람 보는 눈이 남달랐다. 성시백과 얼굴을 마주하는 순간 거의 본능적인 영감靈感에서 의심이 갔기 때문이다.

아니나 다를까, 훗날 백일하에 드러난 사실이었지만 성시백은 그가 예측했던 대로 북한에서 남파된 거물 간첩이었다. 서울 한복판에 거점을 확보하고 북한의 교역물자를 대규모로 취급하면서 월남한 무역상으로 행세해왔다.

육지에서는 서울·개성을 오가는 경의선 화물열차나 트럭을 동원해 38선을 넘나들었고 해상에선 동해의 부산·원산, 서해는 인천·남포 간 등 화물선으로 남북을 오가며 대담하게 활동했다. 특히 그는 부패한 군 지휘관들을 포섭해 미 군정사령부에서 흘러나온 타이어와 전선 등 군대 원조품까지 빼돌려 북으로 보냈다.

유엔에 의해 수립된 합법적인 대한민국 정부가 출범한 1948년 8월 15일 남북교역이 중단될 때까지 그는 이런 수법으로 무려 3억2천만 원(현재의 환율로 320억 원 규모)의 어마어마한 수익을 올렸다. 그가 처음 서울에서 사업을 시작할 무렵에는 김일성의 공작금을 종잣돈으로 삼았지만 이후 재운이 따라 특이한 사업수완으로 벌어들인 돈을 공작자금으로 사용했다.

그는 이 막대한 자금을 바탕으로 고려통신사 등 합법적인 언론사를 설립하고 제헌국회인 5·10 총선에도 개입, 좌익 성향의 입후보자들에게 선거자금을 지원하고 남북교역 당시 포섭해둔 군 지휘관들을 통해 군사기밀까지 빼돌렸다. 이 같은 비밀공작으로 수집한 고급정보를 일일이 김일성에게 직보하는 한편 고려통신사를 이용해 남침 준비에 광분하는 북한 공산집단의 거짓 선전을 암암리에 전파하기도 했다. 실로 대담한 공작이었다.

그 당시 대한민국은 피폐한 경제 환경에서 부정부패가 만연해 돈이면 안 되는 것이 없었다. 하여 각계각층에 뿌리내린 그의 세포 망은 군부를 비롯해 정·관·재계에 조직적으로 침투해 이른바 대한민국을 움직이는 중추신경을 대상으로 집요한 공작을 벌였다. 그중 삼성물산 사주 이병철 사장도 성시백이 직접 나선 포섭 대상자였다. 어쩌면 한때 절친한 친구로 삼성상회 창업에 기여한 북한 농림부상 이순근이 성시백에게 내린 지령인지도 몰랐다.

그러나 돈 많은 알부자 이병철은 그렇게 녹록한 인물이 아니었다. 그는 동경 유학 시절부터 해방공간에 이르기까지 이순근과 절친하게 지내면서도 이데올로기에 관한 한 경계심을 한시도 놓치지 않았다. 때문에, 성시백의 제의가 어림 반푼어치도 없는 황당한 소리로 들렸다. 그런 그를 성시백이 우습게 보고 접근해오다니 호락호락 넘어갈 리 만무했다.

그래서 이병철은 성시백과의 첫 대면에서 냉담한 반응을 보인 것이다. 일확천금이 생긴다 해도 이데올로기에 관한 한 철저하게 선을 긋고 있었다. 박상희·황태성·이순근이 주도한 남로당의 대구 10·1 폭동사건을 직접 경험해 봤기 때문이다. 그런데 뜻밖에도 생면 부지의 성시백이 나타나 이미 잊혀진 친구 이순근을 들먹이며 접근해오자 극도의 경계심을 드러내지 않을 수 없었다.

이병철은 그 무렵까지도 친구 이순근이 자신의 간곡한 만류를 뿌리치고 이데올로기의 강을 건너고 말았다는 배신감에 사로잡혀 있었다. 친구 간에 이념이 서로 달라 헤어지면 헤어지는 것으로 아쉬움이 남긴 하지만 이미 북으로 넘어간 이순근이 집요하게 자신을 포섭대상자로 삼고 있다는 사실을 확인한 순간 새삼 분노를 느꼈기 때문이다.

하지만 그런 경험을 겪어보지 못한 조홍제는 성시백의 어마어마한 공작을 전혀 눈치채지 못했다. 다만 그가 이북 출신 무역상으로 남북교역을 하면서 북한 농림부상인 이순근과 가끔 접촉한 것으로만 생각했다. 그 당시 서울에는 월남한 북한 출신 상인들이 탁월한 수완으로 상권을 잡고 있었다. 그런 틈을 노리고 침투해온 거물 간첩 성시백의 영향력은 실로 막강했다.

이후 터지기 시작한 국회 프락치 사건을 비롯해 38선을 방위하고 있던 국군 2개 대대 집단 월북 사건, 6·25 남침 직전의 군 수뇌부 인사와 비상 경계령 해제 등 일련의 석연치 않은 움직임도 국군의 전력을 약화하려는 성시백의 치밀한 공작으로 드러났다.

성시백은 신생 대한민국의 국기를 송두리째 뒤흔든 남파 거물 간첩이었으나 아직도 역사의 베일에 가려져 있는 인물이다. 왜냐하면, 그 당시 국방부장관을 비롯한 군 수뇌부, 정부 고위층 등 성시백과 관련된 자들이 속속 드러났으나 6·25 남침 전쟁이 발발하면서 유야무야 덮어버렸기 때문이다.

이병철은 지나간 일을 돌이켜 보면 파란곡절도 많았다. 창업 이래 10년 동안 큰 수난을 겪지 않고 승승장구해 왔지만, 사업운이 순탄하지만은 않았다. 그 중심에 이미 인연을 끊은 이순근의 그림자가 어른거리고 있다니 기가 막혔다. 자진해서 북으로 넘어가 고위층에 앉아 있다는 그의 속내를 도무지 알 수 없었지만 아마도 전도유망한 삼성물산과 최고경영자인 이병철 자신을 이데올로기의 덫으로 삼으려는 게 분명한 것 같았다.

그는 이미 이순근이 삼성을 떠날 때부터 그런 가능성을 염두에 두고 경계해 왔던 것이었다. 이른바 대우주 삼태성의 영발靈發에서 나온 특유한 총기인지도 모른다. 그래서 그는 생판 처음 만난 성시백을 통해 뜻밖에도 이순근의 소식을 전해 듣는 순간 가슴이 철렁 내려앉았다고 했다. 성시백이 스스로 이병철을 찾아와 삼성물산을 도와주겠다고 나선 것은 어쩌면 북에 있는 이순근의 아이디어인지도 모른다.

그 당시 틈틈이 남침의 기회를 노리고 있는 김일성 집단의 포섭대상에 이순근이 절친한 친구이자 사업동반자이던 자신의 이름 석 자를 올려놨다는 것이 심히 불쾌했다. 그래서 그는 성시백을 만나 수인사를 나누자마자 그런 낌새를 당장 알아보고 말 한마디 없이 뒷짐을 지며 창밖을 내려 다 볼 뿐이었다. 그런 제스처로 일단 거부감을 나타내긴 했으나 왠지 뒤 끝이 찜찜했다.

'순근이 그 사람, 변해도 너무 변했구만.'

그는 탄식처럼 긴 한숨을 삼켰다가 토해내며 자괴감에 빠지기도 했다. 그는 누구보다 공산주의의 생리를 잘 알고 있었다. 성시백을 통한 이순근의 공작이 실패로 돌아갔으나 혹여 어떤 보복이 뒤따를지도 몰랐다. 그래서 그는 한동안 불안한 마음을 가누지 못해 전전긍긍했다. 최악의 경우 자객을 보내 북으로 납치하거나 테러를 가해올 우려도 없지 않았다. 공산주의자들의 생리본능이 그랬다.

그 당시 좌·우익 단체에서 그런 일이 비일비재했다. 보복에는 수단과 방법을 가리지 않았다. 그 어마어마한 대구 10·1 폭동사건을 주도한 사실만 봐도 이순근은 충분히 그러고도 남을 위인이었다. '열 길 물속은 알아도 한 길 사람 속은 알 수 없다'는 말이 있다. 그런 간교한 자를 평생 친구로 생각하면서 같이 사업을 일으키고 의지해 왔다니 새삼 후회막급이었다.

하지만 이병철은 이순근과 동경 유학 시절부터 맺어온 끈끈한 우정을 생각할 때마다 굳이 나쁜 면만 추궁하고 싶지 않았다. 마르크스에 대한 꿈과 이상이 너무 컸던 젊은 시절의 친구가 비록 변질된 공산 이데올로기에 물들었다고 해도 원래 지주계급 출신이 아니었던가 말이다. 그런 이순근이 본질적으로 자본주의 근성이 몸에 밴 친구라는 신념에는 변함이 없었다.

그래서인지 이병철은 삼성상회를 창업하고 7년 동안 이순근과 함께 경영해오면서 그의 남다른 경영수완을 발견하고 감탄한 일도 한두 번이 아니었다. 이순근은 비록 마음속에 빨갱이 사상을 품고 있었을지언정 겉은 멀쩡한 자본주의자였다. 그래서 삼성상회의 발전에 강고한 토대를 마련하는데 거침없이 앞장서 왔던 것이리라.

이병철은 내심 그렇게 자위하면서 대구 10·1 폭동사건 이후 자취를 감춘 이순근이 언젠가 공산주의에 환멸을 느끼고 다시 돌아올 것이라는 막연한 기대를 해보기도 했었다. 그러나 막상 성시백을 만나 들어보니 그는 영영 돌아올 수 없는 강을 건넜고 북한에서 농림부상이라는 내각의 막강한 권력을 행사하는 자리에 앉아 있다는 거였다.

어쨌든 이병철은 떼돈을 벌게 해주겠다는 성시백의 제의를 과감하게 뿌리치고 흔들림 없이 독자적으로 사업을 이끌어 나갔다. 그 결과 무역 거래액은 불과 2년도 안 돼 국내 7위에서 선두로 우뚝 올라서게 된다. 지방에서 서울에 진출해 단기간에 선발기업들을 누르고 성공한 이병철! 그는 사업에 관해서는 두려움을 모르는 타고난 기업인이었다.

그러나 그는 처음 사업에 뛰어든 마산에서의 실패를 언제나 염두에 두고 무모하게 덤비지 않고 분수를 지킬 줄 알았다. 사전에 시장조사부터 하고 기획과 실행에 옮기기 전 반드시 돌다리도 두들겨 보는 치밀성에서 남과 달랐다. 영감에서 나온 제일주의는 그가 지향하는 최고의 경영철학이기도 했다. 물론 사업 운도 따랐지만, 삼성상회 창업 초기부터 시기를 잘 탄 것이다. 2세 경영인 이건희가 세계 초일류기업으로 발전시킨 기회 선점이 이때부터 태동했는지도 모른다.

그 당시 이병철은 타이밍과 인재와 자금 등 삼박자가 완벽하게 갖추어진 상태에서 유동적인 국내외시장의 동향을 정확하게 파악하고 적기에 상품을 공급해 경쟁사들보다 한발 앞서 기회를 선점했다. 이때부터 국내 무역업계에 삼성물산과 사주 이병철의 이름이 널리 알려지게 되었고 경쟁사들이 경이의 눈으로 바라보기 시작했다.

그러나 그 무렵 서울 종로를 무대로 나와바리(지역)를 장악하고 있던 협객 김두환(1918~1972)의 부하들처럼 마카오 양복 차림에 중절모를 푹 눌러쓴 수상한 사내들이 삼성물산 주변을 서성거리며 유심히 동태를 살피곤 했다. 평소 낯이 익은 김두환의 부하들과는 행동거지가 달랐고 서북 사투리가 입에 익은 것으로 봐 북한 출신인 것 같은 낯선 얼굴들이었다. 그 당시 서울 종로 번화가에서도 좌·우익 이념 충돌로 공공연히 테러가 난무하기 일쑤였다.

이병철은 점차 신변에 불안을 느끼던 나머지 삼성물산 개업 당시부터 막역하게 지내던 서북청년단의 협객 시라소니(본명 이성순·1916~1983)의 소개로 종로를 장악하고 있는 두목 김두환에게 신변 보호를 요청했으나 그것으로 안심할 수 없었다. 특히 홀로 출퇴근할 때 누가 미행하는 것 같은 느낌마저 들어 버릇처럼 달리는 차 밖의 주위를 차창을 통하여 살피곤 했다.

그를 김두한에게 소개한 시라소니는 북한에서 월남해 명동파의 보스 이화룡이 이끄는 반공단체 서북청년단에 잠시 몸담고 있었다. 그러나 천성이 자유인이라 이화룡이나 김두환과는 달리 조직도 거느리지 않고 독불장군처럼 홀로 돌아다니는 위인이었다. 그러나 그가 누구와 결투를 할 때는 마치 공중부양하듯 허공을 날아 상대방의 턱을 발길로 일격을 가해 쓰러뜨리는 기술이 뛰어나 이화룡이나 김두한도 두려워할 만큼 감히 상대할 사람이 없었다.

그런 그가 일제 강점기에는 신의주에서 압록강 철교를 건너 만주를 오가는 관동군 열차에 숨어 들어가 밀무역을 하다 몇 차례 죽을 고비도 넘겼다고 했다. 때문에, 남한에 내려와서도 무역업에 관심이 많아 가끔 지나던 길에 삼성물산에 들러 이병철 사장에게 자문하면서 가깝게 지내다가 호형호제하는 관계로 발전한다.

그 당시 시라소니는 이병철보다 여섯 살이나 아래여서 이병철을 깍듯이 큰형님으로 모셨다는 일화가 아직도 일각에서 회자되고 있다. 이병철은 공산 프락치들의 위협에서 벗어나기 위해 시라소니와 각별한 관계를 유지하면서 서북청년단에 운영자금도 아낌없이 지원하고 있었다.

그 무렵 그는 1940년대 초에 출고된 닛산 승용차를 타고 다녔다. 그러나 그 자동차는 전쟁물자가 한창 귀하던 일제 말기에 생산한 것이라, 차체가 약하고 고장이 잦아 걸핏하면 달리다가 멈춰 서곤 했다. 그럴 때마다 그는 좌익계의 거두 여운형이 2년 전 하필이면 자신의 집 근처 혜화동 로터리를 돌아가던 승용차 안에서 괴한의 총탄에 암살당한 기억이 떠올라 안절부절못했다. 그때 여운형이 타고 있던 승용차가 같은 모델인 닛산이었기 때문이다.

당장 차부터 바꿔야겠다고 생각하던 중 마침 주한 미 대사관에서 드럼 라이트 정무 참사관이 타고 다니던 쉐보레 리무진을 공매 처분한다는 소식을 접한 후 지체 없이 응모하여 그 차를 사들였다. 그 당시 쉐보레 리무진은 경무대 이승만 대통령의 방탄 차량밖에 없었다. 아니나 다를까, 미 대사관에서 공매 처분한 쉐보레 리무진 역시 방탄 차량이었다. 민간인으로서 국내 최초로 쉐보레 승용차를 손에 넣은 것이다.

따지고 보면 그것도 일류의 조건이었다. 자신이 타고 다니던 닛산은 전용차도 없이 다쿠시(택시)를 이용하는 조홍제 전무에게 넘겨줬다. 그 무렵 서울 시내 치안 상황은 좌·우익 간에 폭력과 테러가 난무하는 극도의 혼란 속으로 빠져들고 있었다. 제헌국회 부의장 김약수를 비롯한 좌익계 국회의원 13명이 무더기로 검거되는 사태까지 발생했다. 이른바 국회 프락치 사건이었다.

지역구 출신인 그들은 모두 거물 간첩 성시백이 제공한 장치자금으로 국회의원에 당선된 좌익계 인사들이었다. 하여 성시백의 은밀한 지령에 따라 국회 본회의에서 유엔 한국위원단에 주한 미군 철수를 요구하는 진언서進言書를 통과시키기 위해 암약하고 있었다. 그러나 절대다수를 차지하고 있던 우익계 의원들의 반대에 부딪혀 좌절되자 여·야 의원들을 상대로 연판 운동을 벌여 62명을 포섭한 사실이 검찰의 수사 결과 밝혀진 것이다.

그 당시 국내에서 좌·우익의 이념 갈등으로 정치 상황이 극도로 불안하게 전개되고 있는 가운데 전 후복구에 나선 일본 경제계가 한·일 간 경제교류를 위해 미 점령군 총사령관 더글러스 맥

아더 원수 명의의 공식 초청장을 보내왔다. 우리 정부는 이승만 대통령의 완고한 반일감정에 비춰 아직은 시기상조라고 판단했으나 대한민국 정부 수립에 지대한 영향력을 행사해온 맥아더 원수의 공식 초청을 거부할 명분이 없었다.

정경분리 원칙에서도 어차피 현실을 직시해야 했다. 어쩌면 이런 기회에 한·일 국교 정상화의 물꼬를 트고 우리나라 경제발전을 위해서도 민간차원의 경제교류와 협력이 필요하다는 의견이 결집하였다. 그래서 이 같은 정부의 판단에 따라 경제인 15명으로 경제사절단을 구성하였다. 이때 삼성물산공사 이병철 사장도 경제시찰단의 일원으로 일본을 방문하게 된다.

일제 강점기이던 1938년 삼성상회 창업 당시 이토츄상사에 제분기와 제면기를 발주하기 위해 일본에 다녀온 후 11년 만이었다 실로 감개무량했다. 일행과 함께 미 대사관에서 주선해준 군용기 C-46에 탑승해 3시간여 비행 끝에 도쿄 하네다羽田 공항에 내려 일본 경제계의 출영인사들과 수인사를 나누던 중 뜻밖에도 지인을 만나게 된다. 히라타平田와 노타野田라는 사람이었다.

히라타는 그가 고향을 떠나 마산에서 처음으로 사업을 일으켜 정미업과 운수업체를 운영할 무렵 대출을 받기 위해 자주 만나 친교를 가졌던 식산은행(산업은행의 전신) 마산지점장이었다. 또 한 사람 노타는 조선총독부 관료 출신으로 경북도지사를 지낼 때 조선양조장을 인수하면서 양조 양곡 배정 문제로 만나 도움을 받은 인연이 있었다. 너무도 감회 깊은 우연의 만남이었다.

일본 경제인 중 누구보다 우리 경제 실정을 잘 아는 히라타가 자진해서 한국경제사절단의 안내역을 맡아주었다. 그는 한국어도 유창하게 구사할 줄 알았다. 이병철은 이를 계기로 일본에 체류하는 동안 히라타와 노타를 비롯한 일본 경제인들과 어울려 개인적인 친분도 쌓았다. 그로서는 절호의 기회이기도 했다. 훗날 제일제당과 삼성전자 설립에 많은 도움을 받은 인연으로 이어질 수 있었기 때문이다.

도쿄를 비롯한 쿄토·오사카·나고야 등지의 선진기업체를 돌아보며 공식 일정을 마치면 저녁에는 으레 료테이料亭의 주연酒宴에 초대받아 전통적인 헤어스타일과 기모노 차림으로 성장盛裝한 게이샤(기생)들의 시중을 받으며 만찬을 즐겼다. 그는 한국에서도 요정을 자주 드나들며 국악과 가무에 심취했으나 오랜만에 가냘픈 몸매로 북을 치고 현악기를 다루며 춤을 추는 오카미女將(예기)의 가부키歌舞에 빠져들기도 했다.

그는 경제사절단이 공식적으로 거둔 성과 외에도 히라타와 노타를 통해 유수한 일본 기업인들을 두루 소개받고 친분을 쌓았다. 국제 무역에 대한 새로운 정보도 얻고 업무협조도 모색했다. 우리보다 훨씬 앞서가는 일본 기업인들은 대부분 한국경제사절단을 우호적으로 맞아주었다. 강점기 때의 오만이나 우월감, 적대감은 아예 찾아볼 수 없었고 호혜 평등의 원칙에서 상호협력에 적극적이었다. 향후 한·일 국교 정상화가 이루어질 경우, 낙후된 한국의 기술 입국을 위한 차관교섭과 기술지원도 약속했다.

이병철은 어쩌면 오래지 않아 자신이 한국 경제부흥의 전면에 나설 길이 열릴지도 모른다는 기대감에 한껏 부풀어 있었다. 마침내 일본에서의 공식 일정이 끝나고 한 달 만에 귀국하게 된다. 돌아올 때는 일본 측에서 주선한 부정기 노선인 미국 국적기 노스웨스트 항공편을 이용했다. 그 당시만 해도 한·일 간에 정기 노선이 개설되지 않았고 대한민국은 국적기도 한 대 없는 최빈국이었다.

7
배반의 늪

김포공항에 내리고 보니 마침 등록을 마친 쉐보레 리무진이 대기하고 있었다. 그 당시 운전기사는 위대식魏大植이라는 희성稀姓을 가진 20대 중반의 청년이었다. 일제 말기 평양에서 다쿠시(택시)를 운전하다가 해방 후 공산정권이 들어서면서 친일파로 몰려 인민재판에 끌려가던 중 탈출해 훌훌 단신 38선을 넘어 월남했다고 했다.

이병철에게 위대식을 소개한 사람은 협객 시라소니였다. 그는 큰형님으로 모시던 이병철이 신변의 위협을 느끼고 있다는 사실을 알고 닛산 승용차를 타고 다닐 때부터 운전기사 겸 경호원으로 위대식을 추천했다. 애초 이병철이 거물 간첩 성시백을 만난 이후 자신의 신변 보호를 부탁한 종로 협객 김두한과의 인연도 시라소니가 다리를 놔준 덕분이었다. 그러나 김두한과는 그로부터 20년 후 영영 등을 돌리고 만다. 1965년 이병철이 삼성의 사운을 걸고 건설한 한국비료(이하 한비)의 이른바 '사카린(OTSA)밀수사건'이었다.

그 당시 한국독립당을 창당해 6대 국회의원이 된 김두한은 대정부 질문에 나와 평소 존경한다던 말과는 달리 이병철을 밀수꾼으로 매도하며 국무위원석을 향해 오물을 뿌리고 난동을 부렸다. 이 때문에 그는 국회의원직마저 제명당하게 된다. 선하게 맺어진 인연이 결국 악연으로 변한 것이다. 이후 둘은 유명을 달리할 때까지 한 번도 마주친 일이 없었다고 한다. 그러나 시라소니는 눈을 감을 때까지 이병철을 큰형님으로 모신 의리의 협객이었다.

그런 시라소니의 소개로 이병철의 운전기사가 된 위대식은 상전에 대한 충성심이 남달랐다. 월남한 이후 시라소니의 서북청년단에 들어가 좌익 척결의 선봉에 서온 관록만 봐도 운전기사라기보다 상전 이병철의 경호원으로 안성맞춤이었다. 그는 알래스카에 내던져 놔도 살아갈 수 있을 만큼 야무지고 수완도 좋아 패기가 넘쳤다. 6·25 전란 때에는 서울에 갇힌 이병철과 가족들을 살려낸 생명의 은인이기도 했다.

이병철 회장이 평생 자신의 운전기사로 종사하면서 신의를 지키고 충성심으로 일관해온 위대식을 말년에 이사대우까지 승진시켜 줬다는 일화는 아직도 재계의 전설로 남아 있다. 애초 시라소니의 소개로 위대식을 고용할 때 신변 보호가 목적이었으나 훗날 사람 됨됨이를 알아보고 자식처럼 거둬들이게 된다.

그는 서울 종로에 사무실을 마련하고 삼성물산을 시작할 때부터 사업과는 거리가 먼 시라소니를 우연히 만나 친근감을 가지게 되었다. 의협심이 강하고 주먹도 함부로 쓰는 게 아니라 정의를 위해 사용하고 의리 하나만 믿고 살아가는 모습이 어쩌면 셋부쿠(자결)를 신봉하며 신의를 목숨처럼 중시해온 일본 사무라이와 흡사했기 때문이다. 그가 평생 좌우명으로 삼아온 인의예지신仁義禮智信 가운데 신을 가장 중요시한 이유이기도 하다.

이건희 회장도 일본 와세다대학 재학 시절 레슬링을 하면서 야쿠자들과 거리낌 없이 어울렸다고 한다. 신의로 똘똘 뭉친 야쿠자계의 조직 원리에 호기심을 가졌기 때문이라고 했다. 어쩌면 기업경영의 원리와 일맥상통하는지도 모른다.

그는 1970년대 중반 일본 유학 시절부터 절친하게 지냈던 야쿠자계 오사카조직組織 두목을 초청해 국내 삼성 계열사를 두루 시찰시키며 기업경영 원리를 터득하게 한 일도 있었다. 신의라면 물불을 안 가리는 이 야쿠자 두목은 심지어 1993년도 이건희 회장이 도쿄 인프라 교육과 함께 신경영을 선포할 당시 잠시 오쿠라 호텔에서 만나 환담을 나누기도 했었다.

이때 마침 이건희 회장이 오쿠라 호텔 정원에 흐드러지게 핀 연산홍 분재를 보고 큰형(이맹희)이 평소 분재를 좋아한다는 얘기를 지나가는 말로 한마디 툭, 던지고 헤어졌다고 한다. 그런데 그해 추석 무렵 야쿠자 두목이 난데없이 통관도 안 거친 연산홍 분재를 컨테이너째 김해공항으로 보내는 바람에 난관에 부닥친 일도 있었다.

호사다마라 했던가? 경제사절단으로 일본을 방문하고 돌아온 1950년대 초반으로 다시 돌아가면 이병철은 입국장을 빠져나와 위대식이 모는 쉐보레 리무진을 타고 서울 시가지를 한 바퀴 돌았다. 그러나 귀국할 때의 가벼운 마음과는 달리 착잡한 심정을 가눌 수 없었다. 불과 5년 만에 패전의 상흔을 딛고 일어서는 활기찬 일본 도쿄와는 달리 광복 5주년을 맞은 서울은 오가는 사람마다 도무지 활기가 없고 뒤숭숭한 시가지 분위기가 암울하게만 보였다.

아니나 다를까, 그로부터 얼마 지나지 않은 1950년 6월 15일 서울지검 오제도 검사가 지휘하는 대공수사반이 종로 거리를 유유히 활보하던 거물 간첩 성시백을 검거하고 그의 서소문 비트를 압수 수색했다는 소식이 신문에 대문짝만하게 실렸다. 검찰 조사 결과 지난 5·30 총선자금으로 쓰고 남은 미화 1만4800 달러와 정부 고위층의 포섭대상자 명단 등 비밀문건이 보따리째 나왔다는 것이다.

이병철은 신문을 보고 아연실색했다. 설마 했더니 그동안 머릿속에 맴돌았던 우려가 현실로 드러난 것이다. 6·25 남침 전쟁이 발발하기 불과 열흘 전에 밝혀진 사실이었다.

"성시백이가 남파 간첩이라니… 역시 내 추측이 맞았구만."

그는 순간적으로 소스라치며 퍼뜩 옛 친구 이순근을 떠올렸다. 성시백이 종로 거리를 활보하다가 검거되었다면 혹여 자신을 찾아 삼성물산으로 오던 길이 아니었을까, 하는 생각에 미치자 가슴이 철렁 내려앉는 것 같았다.

신문 보도에 따르면 성시백의 비밀문건에는 초대 국무총리를 지낸 이범석 장군과 김홍일 육군보병학교장, 미 군정 시절 요직을 맡았던 송호성 장군 등 광복군 출신 장성들과 신성모 국방부 장관은 물론 채병덕 육군참모총장, 신 장관의 아들인 국방부 정훈국의 서울 분실장 신명구 소령까지 포섭대상자 명단에 올라 있었다. 그러나 불행 중 다행히도 이병철과 조홍제는 그 명단에서 빠져 있었다. 안도의 한숨이 절로 나왔다.

성시백? 그로부터 얼마 지나지 않아 베일에 가려진 그의 정체가 백일하에 드러나 정치권과 군부를 발칵 뒤집어 놓고 만다. 엄청난 충격이었다. 그는 광복 이후 해방공간의 서울에서 합법적인 기업과 언론사를 경영하며 신생 대한민국의 국기를 송두리째 뒤흔든 거물 간첩단의 주역이었던 것이었다. 김일성이 스탈린의 사주를 받아 남침 전쟁 준비에 광분할 무렵이던 1946년 8월 '혁명영웅' 칭호를 받고 극비에 남파돼 암약해온 것으로 드러났다.

1905년 황해도 평산에서 태어난 그는 25세 때인 1930년 중국 상하이로 건너가 코민테른(국제공산당)에 투신하여 자칭 독립운동가로 행세하면서 임시정부 김구 주석에게 공작요원으로 발탁된 노련한 공산주의자였다. 그런 그가 광복 후 북한으로 귀환한 뒤 김일성의 후견인으로 남북협상에 뛰어들어 이른바 통일 전선사업을 주도하다가 서울에 잠입한다. 김일성이 그에게 부여한 공식직

함은 '북로당 남반부 정치위원장'이다. 대구 10·1 폭동사건이 발생하기 불과 2개월 전이었다.

그는 미 군정사령관 존 하지 중장이 공산당의 정치 활동을 공식적으로 허용하자 대담하게 서울 한복판인 서소문에 '북로당 남반부 정치위원회'라는 비트를 설치하고 대한민국 정부 요인들을 대상으로 공공연히 포섭 공작에 나섰다고 했다. 그가 막상 서울에 잠입하고 보니 간첩으로 활동하기엔 땅 짚고 헤엄치기와 다름이 없었다. 엄혹한 북한의 소련 군정과 비교하여 미 군정은 그만큼 느슨하고 허술했기 때문이다.

그는 서울 서소문에 거점을 확보하자마자 북한의 외화벌이 사업체 조선상사의 서울지사 격인 선일상사라는 무역회사를 합법적으로 설립하고 인천에서 중국을 오가는 무역 선박을 두 척이나 사들였다. 그런 다음 중국 칭다오의 조선상사를 근거지로 중국과의 밀무역도 병행하면서 남북을 오가는 간첩선으로 활용한 사실도 검찰 조사 결과 드러났다.

이병철이 일본 경제사절단의 일원으로 출국한 2월에는 여수·순천 반란 사건에 연루된 군지휘관들이 처벌을 두려워하던 나머지 2개 대대 병력을 이끌고 집단월북하는 사태가 벌어지고 38선을 경계 중인 북한군의 국지 도발이 빈발했다. 그런데도 성시백의 검거로 충격을 받은 군 수뇌부는 쉬쉬하며 뭉개고 덮어버리기에만 급급했다.

성시백 간첩 사건 이후 군 수뇌부의 동향도 석연치 않았다. 신성모 국방부장관과 채병덕 육군참모총장은 군 관련 간첩 색출이 한창 진행 중임에도 불구하고 육군본부 참모진과 일선 사단장의 인사이동을 전격 단행한다. 당시 교체된 일선 사단장은, 전체 9개 사단 중 2개 대대 집단 월북 사건에 대한 책임을 지고 참모총장직에서 물러나 5사단장으로 좌천된 후 지리산 공비토벌로 백의종군 중이던 이응준 장군과 서부전선과 동부전선을 지키는 제1사단장 백선엽, 6사단장 김종오 장군을 제외한 5개 사단의 사단장이었다.

여기에다 갓 부임한 일선 사단장들이 지휘권 장악을 위한 업무 파악에 나서고 있던 6월 22일에는 그동안 줄곧 지속해 왔던 비상 경계령마저 해제해 버렸다. 어이없게도 북한 김일성의 6·25 남침 사흘 전에 단행한 조치였다. 비상 경계령이란 적의 도발 징후가 위험한 단계에 와 있는 상황에서 전군이 방어태세에 돌입하는 비상조치가 아닌가 말이다.

북한 공산 집단과 비교하여 우리 군의 방어력이 열세에 놓여 있는 상황에서 비상 경계령을 해제하다니 이럴 수가 있나 싶었다. 석연찮은 일이 한두 가지가 아니었다. 군 수뇌부 깊숙한 곳에서 뭔가 알 수 없는 음모가 서둘러 진행되고 있는 것 같았다. 그 와중에 삼성물산 이병철 사장의 운명은 불행하게도 너무 멀리 비켜나 있었다.

6월 25일 새벽 4시, 소련제 최신 무기로 중무장한 북한 공산집단이 T-34 탱크를 앞세우고 38선 전역에 걸쳐 불법 남침을 감행한 것이다. 6·25 남침전쟁! 아군이 지금까지 겪어왔던 국지적인 도발과는 전혀 다른 전면 남침이었다. 아군이 지키고 있던 방위선은 초전부터 곳곳에서 무너지고 적의 남침 10시간 만에 의정부와 포천이 함락되고 말았다. 지척의 거리를 둔 서울은 그야말로 풍전등화와 다름이 없었다.

그 무렵 성시백과 그 일당은 육군형무소에 수감 돼 있었고 수사가 계속 진행 중이었으나 기소도 안 된 상태에서 서둘러 총살형을 당하고 만다. 육군본부의 명령이라고 했다. 신성모 국방부장관? 채병덕 육군참모총장? 명령권자가 누구인지 정확히 밝혀지지 않았다.

이병철은 평소보다 한 시간 늦은 오전 10시쯤 막 출근하려는데 김생기 상무로부터 전화가 걸려와 북한 공산집단의 남침 소식을 전해 듣고 안절부절 어찌할 바를 몰라 허둥거리며 라디오를 켰다. "아군의 즉각적인 반격으로 황해도 해주로 진격 중"이라는 국방부 발표가 중앙방송(KBS) 긴급 뉴스로 흘러나오고 있었다.

일단 안도하며 출근을 미루고 집에서 사태 추이를 지켜보기로 했다. 그러고는 회사에 전화를 걸어 이미 출근한 임직원들에게도 하루 휴업을 하고 각자 집으로 돌아가 사태 추이에 따라 서로 연락을 취하도록 했다. 국방부는 그동안 중소규모의 국지전이 벌어질 때마다 "북괴군이 남침해 오면 점심은 해주에서, 저녁은 평양에서 먹겠다"며 국민들을 안심시켜 왔다. 이번에도 국방부의 공식 발표가 해주로 진격 중이라니 그 발표를 믿을 수밖에 없지 않은가.

하지만 바깥 동정을 살피고 돌아온 운전기사 위대식이 전하는 얘기는 전혀 딴판이었다. 이른 아침부터 서울 시내 곳곳에는 북괴군이 38선을 뚫고 전면 남침했다는 소식이 파다하게 번지고 오후가 되자 피란민들이 남부여대男負女戴 하고 미아리 고개를 넘어 물밀 듯이 밀려오고 있다는 거였다. 게다가 서울 시내 곳곳에서 통신선이 끊겨 조홍제 전무와 김생기 상무는 물론 직원들과의 연락도 끊기고 말았다.

참으로 답답했다. 안절부절못하고 앉았다, 일어섰다를 반복하며 서성거리기만 하는데 안타깝게 지켜보던 위대식이 결심한 듯 단호한 어조로 말했다.

"사장님! 빨리 결단을 내리셔야 합네다. 내래 니북에서 겪어 봐서 잘 압네다만 아무 대책없이 눌러앉아 있으문 무슨 봉변을 당할지 모른단 말입네다. 어카든 빨리 한강을 건너놓고 봐야 합네다."

위대식이 매달리다시피 간청했으나 이병철은 요지부동이었다. 새카맣게 두 눈을 뜨고 자신만 바라보는 가족을 거느리고 당장 피란봇짐을 싸서 떠나는 것도 보통 일이 아니었다. 그래서 그는 "좀 더 시간을 두고 기다려 보자"며 주저앉아 버렸다. 수시로 바깥에 나갔다가 불길한 소식만 전하는 대식의 말을 반신반의하면서도 국방부의 공식 발표를 전하는 중앙방송 뉴스만 믿고 라디오에 귀를 기울였다.

그렇게 미적거리며 하루가 지나고 이틀이 지나 6월 27일이 되자 오전 6시 "정부가 한강을 건너 수원으로 천도했다"는 첫 뉴스가 흘러나왔다. 순간 가슴이 철렁 내려앉았으나 당장 어찌할 방도가 떠오르지 않았다. '진작 대식이 말을 들을 걸…' 뒤늦게 후회했지만 아무 소용이 없었다. 이승만 대통령은 이미 서울을 떠나 피란길에 올랐다는 소식도 대식이가 전했다. 꼼짝없이 서울 바닥에 갇히고 만 것이다.

수시로 바깥에 나갔다가 돌아온 대식이 전하는 말로는 아침 첫 뉴스가 나간 직후부터 남쪽으로 내려가는 피란민들로 한강 인도교가 미어터진다는 거였다. 대식은 개전 초 중앙방송 긴급 뉴스를 통해 "국군이 반격에 나서 해주까지 진격했다"는 국방부 발표는 '국민을 속이기 위한 가짜 뉴스였다'고 했다.

이병철은 그때에야 대식의 말을 진짜로 받아들였다. 하지만 후회한들 아무 소용이 없었다. 육감적으로 느끼는 그의 영발이 빗나간 탓이었다. 정부 발표를 곧이곧대로 믿은 게 잘못이었다. 하지만 늦어도 너무 늦었다. 우선 가족들을 피란시키기 위해서는 트럭이라도 한 대 필요했지만 속수무책이었다. 시간은 흐르고 상황이 다급해지자 '맨몸이라도 피하고 봐야겠다'며 가족들을 짐짝 싣듯 쉐보레 리무진에 태우고 막 떠나려는데 어디선가 귀청을 찢는 듯한 굉음이 울려왔다. 마치 지진이 난 것처럼, 지축이 흔들렸다. 정확하게 6월 28일 새벽 2시 40분이었다.

집 앞에 차를 세워 놓고 급히 대로변으로 달려나갔던 대식이 고개를 떨군 채 풀죽은 모습으로 돌아왔다. 한강 인도교가 폭파되었다는 것이었다. 되돌아오는 피란민들에 따르면 인도교 북쪽 북한강 파출소 방향에서 느닷없이 벼락이 치는 소리가 울리는 순간 청백색의 거대한 인광燐光이 번쩍이며 열 폭풍이 휘몰아치고 땅이 갈라지듯 지축을 뒤흔들었다고 했다.

그 직후 목격된 상황은 한마디로 아수라장이었다. 마치 태평양 전쟁 말기 원자폭탄이 투하된 일본 히로시마의 참상을 방불케 했다고 한다. 인도교 북쪽 두 번째 아치가 끊기면서 인산인해를 이루던 피란민들이며 군 병력과 트럭, 지프 등 각종 차량이 치솟는 불길 속에서 무더기로 추락해 강물로 사라졌다고 했다. 한마디로 아비규환의 생지옥이었다.

이병철 일가는 결국 그대로 주저앉을 수밖에 별다른 도리가 없었다. 그는 정신을 가다듬고 불안에 떠는 가족들을 다독거리며 다시 집으로 들어갔다. 그때 바깥소식이 궁금한 대식은 또다시 혜화동 로터리로 나가 봤다. 마침 남부여대하고 한강교 쪽으로 밀려갔던 피란민 행렬이 되돌아오고 있었다. 인도교가 끊어져 강을 건널 수 없었기 때문이다. 그는 피란민들을 통해 “인도교를 건너던 수많은 사람이 한강에 빠져 몰죽음을 당했다”는 얘기를 전해 듣고 몸서리쳤다.

그때 경황없이 집에 들어온 이병철은 본 채 뒷마당 왕대나무가 우거진 대숲을 바라보다가 우연히 보일 듯, 말 듯 숨겨진 방공호를 발견했다. 일제 강점기 말에 미군 공습을 피하려고 파놓은 조그만 방공호였으나 이사 온 이후 대숲에 가려진 것을 무심히 봐왔던 것이었다. 어쩌면 이 방공호가 은신처로는 안성맞춤인지도 몰랐다. 그는 대식이와 함께 댓잎이 두엄더미처럼 수북이 쌓인 방공호 안에 나무판자로 바닥을 깔고 이부자리를 폈다. 여차하면 몸을 숨길 요량이었다.

가족 중 장녀 인희(전 한솔그룹 고문)는 이미 결혼해 마산에서 개인병원을 개업 중인 맏사위 조운해(전 삼성병원 초대 원장)와 신접살림 중이었고 그 아래 장남 맹희와 차남 창희는 대구 인교동 본가에서 중학교에 다니고 있었다. 서울에는 올망졸망한 4남매밖에 없었다. 그중 막내아들 건희는 초등학교 2년생인 여덟 살에 불과했다.

그래서 그는 세상이 비록 빨갱이 천지로 변한다고 해도 설마한들 연약한 부녀자와 어린 자녀들은 해코지하지 않을 것이라고 믿고 자기 혼자만 방공호 속에 숨어 있기로 생각한 것이었다. 그때까지만 해도 북괴군은 미아리 방면에서 퇴각 중이던 아군 혼성부대와 치열한 교전을 벌이고 있었고 6월 28일 오후가 되어서야 혜화동 로터리를 돌아 중앙청에 살벌한 모습을 드러낸 것이다.

대한민국 수도 서울이 북괴군에 의해 무참히 유린되고 있는 시점이었다. 북괴군이 서울로 진입하자 지하에 숨어 있던 남로당 프락치들과 용공 분자들이 기다렸다는 듯 빨간 완장을 차고 뛰쳐나와 죽창을 휘두르며 서울 시가지를 누비고 다녔다. 어제까지만 해도 사회 밑바닥에서 끼니 걱정을 하던 평범한 소시민들도 하루 아침에 빨간 색깔로 변신해 용공 분자들과 한통속이 되었다.

저들은 마치 대단한 벼슬이나 차지한 것처럼 경쟁하듯 빨간 완장을 만들어 차고 몽둥이나 죽창을 들고 홰를 치며 약탈에 나서고 있었다. 자칭 혁명 전사들이었다. 도심지 거리 곳곳에는 인공기를 비롯한 빨간 깃발이 나부끼고 스탈린과 김일성 또는 침략군 조선 인민군대를 찬양하는 플래카드까지 내걸렸다. 서울 시가지는 그야말로 빨간 물결이 춤추는 적색 도시로 변해가고 있었다.

게다가 주택가 곳곳에도 죽창과 몽둥이를 든 빨간 완장들의 가택수색이 벌어지고 미처 피란을 떠나지 못하고 주저앉아버린 주민들을 연행해다 인민재판을 열고 가차 없이 처단하는 끔찍한 학살을 자행하고 있었다. 인민재판은 광화문 네거리를 비롯해 서울 시청 앞 광장, 동숭동 서울 문리대교정, 명동 국립극장 앞, 돈화문 앞 등 도심지 곳곳에서 열리고 있었다.

특히 인민재판에 회부 된 사람들은 미처 서울을 빠져나가지 못한 정부 관리들이나 대학교수, 기업인 등 사회지도층 인사들이 대부분이었다. 이들은 인민재판에서 사형 판결이 나기 무섭게 빨간 완장들에게 끌려가 무자비한 철퇴를 맞거나 죽창에 찔리고 몽둥이로 매타작을 당하다가 결국 숨지고 말았다. 심지어 저들은 매타작으로 선혈이 낭자한 인사들을 숨질 때까지 개 끌 듯 질질 끌고 다니는 잔혹한 학살극도 연출했다. 염탐하기 위해 변장을 하고 돌아다니던 대식이가 돌아와 상전 이병철에게 전한 얘기다.

대한민국 수도 서울이 북한 공산집단에 의해 함락된 지 이틀이 지난 6월 30일 아침, 혜화동 일대 부유층의 주택가는 쥐죽은 듯 무거운 침묵만 흐르고 있었다. 대부분 피란을 떠나고 텅 빈 집이 많았다. 이때 말끔한 인민복 차림에 왼쪽 팔 자락에 빨간 완장을 두르고 개똥모자(레닌모)를 눌러쓴 중년 사내가 느닷없이 소련제 치스 지프를 타고 이병철의 본가에 들이닥쳤다.

그의 뒤로는 권총을 차고 따발총을 멘 호위 군관과 인민군 전사 10여 명이 따르고 있었다. 뜻밖에도 이순근이었다. 절친한 친구 이병철과 헤어진 지 5년 만에 살 떨리는 모습으로 나타난 것이다. 그는 마침 대문 앞에서 쉐보레 리무진을 닦고 있던 위대식과 마주쳤다.

"야, 동무! 너희 상전 어데 있나? 빨리 나오라고 해!"

어째 이순근의 말투가 예전 같지 않았다. 분명 경남 사투리 억양인데 서북 말투와 함경도 말투가 뒤섞여 어색하게 들렸다. 순간 대식은 가슴이 벌렁거렸으나 태연한 척 어리둥절한 표정으로 말했다.

"상전이라니오. 누굴 말씀하십네까?"

"아, 리병철이 말이야. 리병철이 나오라고 해. 여기 반가운 동무가 찾아왔다구서리…."

이순근은 짤막한 지휘봉을 흔들며 버럭 고함을 질렀다.

"아, 예 사장님이래 지금 일본에 가 계십네다. 무역 관계로다 출장을 떠난 지 벌써 한 달이 다 돼 갑니다."

대식이는 시치미를 뚝 떼고 얼렁뚱땅 임기응변으로 능청을 떨었다.

"뭐? 일본에…?"

"네, 그렇습네다. 올해 들어서 벌써 두 번째인데 이번에는 경제 사절단으로 일본에 갔단 말입네다."

"그럴 리가…."

이순근은 고개를 갸웃거리며 아예 대식의 말을 믿지 않았다. 이상야릇한 미소를 머금으며 바로 옆에 서 있던 호위 군관을 향해 눈짓을 보내는 거였다. 순간 권총을 빼든 호위 군관을 필두로 전사들이 일제히 집안으로 들이닥쳐 본채와 사랑채, 행랑채 등 곳곳을 다 뒤졌으나 끝내 이병철의 모습을 찾지 못했다. 다만 내실에는 부인 박두을 여사와 어린 자녀들이 공포에 질려 와들와들 떨고 있을 뿐이었다.

수색을 마치고 나온 호위 군관이 이순근에게 부동자세를 취하며 이렇게 보고했다.

"에미네(부인)와 아새끼들밖에 없습네다."

"그래에…? 한 발 늦었구만. 동무들! 수고했소."

이순근은 다소 실망한 표정으로 고개를 끄덕이며 대식을 똑바로 바라보며 말머리를 돌렸다.

"내래 누군고 하니 네 상전 리병철의 옛 동무 리순근이란 사람이야."

"아, 네네, 그렇습네까?"

"혹, 네 상전과 연락이 닿으문 걱정 말구서리 나를 찾아오라구 전해. 내래 중앙청 농림성 사무실에 있을 테니까니. 리순근이라문 당장 알 끼야."

"네네, 잘 알갔습네다. 사장님께서도 리순근 동지께서 찾아오셨다면 반가워 하실 겝니다."

그 당시 서울에 내려온 이순근은 북괴군 군정의 내각청사로 사용하고 있는 중앙청에 머물며 남한 점령지에 대한 토지개혁을 단행하는 혁명화 사업을 주도하고 있었다.

"그리구 말이야. 내래 내무성이나 인민위원회에 단단히 당부해 둘 테니까니 가족들은 아무 걱정말구서리 안심하구 지내라구 전해."

"네네, 고맙습네다. 리순근 동지!"

대식은 의식적으로 두 손을 싹싹 비비며 연방 굽신거렸다. 이순근은 아쉬운 표정으로 돌아서려다 말고 뭔가 생각난 듯 집 앞에 세워둔 쉐보레 리무진 쪽으로 발길을 돌리며 다시 대식이를 불러 세웠다.

"이 자동차래 병철이 차야?"

"네, 그렇습네다."

"거, 참 멋있구먼. 열쇠 어데 있네?"

"네, 제가 갖구 있습네마만…."

"야, 차 열쇠 내놔."

"전 운전기사입네다. 사장님 허락 없이는 제 맘대로 차 열쇠를 드릴 수 없습네다."

"뭐라구? 이 새끼래 군말이 많구만 기래."

이순근이 갑자기 불쾌한 표정으로 버럭 고함을 질렀다. 하지만 대식의 태도는 단호했다.

"아, 이것만은 절대 안 됩네다. 차라리 절 죽여주시구래."

"이 새끼래 이거 반동이구만."

이순근의 옆에 서 있던 호위 군관이 눈을 부라리며 허리춤에서 권총을 뽑아 대식의 배를 쿡쿡 찌르는 거였다.

대식은 새파랗게 질리면서도 절대 물러서지 않았다. 자칫하다간 개죽음을 당할지도 몰랐다. 하지만 그는 공산주의자들의 생리를 누구보다 잘 알고 있었다. 달리 피할 방법이 없었다. 마지 못해 바지 호주머니에서 쉐보레 리무진의 키를 내줬다.

"야, 넌 내가 누군지 모르겠지만 내래 리병철의 둘도 없는 옛 동무란 말이야. 내래 리병철 동무와 가족들을 건지기 위해설라무네 공화국 이름으로 징발하는 거니까니 기렇게 알라우."

이순근이 이 말을 남기고 직접 시동을 걸자마자 그대로 몰고 사라졌다. 그 뒤를 호위 군관이 탄 치스 지프와 전사들이 따랐다. 대식이는 사라지는 저들을 멍하니 바라보다가 그만 땅바닥에 털썩 주저앉으며 대성통곡했다.

8 적색 도시

위대식은 장안에 단 한 대밖에 없는 쉐보레 리무진을 어이없게 빼앗기고 한참 넋을 잃고 있다가 마침내 상전이 숨어 있는 방공호로 찾아가 눈물을 펑펑 쏟으며 "이순근에게 차를 빼앗겼다"며 사실을 자초지종 고했다. 이병철은 충격을 받기는커녕 오히려 쓴웃음을 지으며 "잘했다. 빨갱이 천지에서 살아남는 기 문제지 차가 무슨 소용이 있노. 대식아! 고마 잊아뿌리거래이. 차는 또 사믄 안 되나." 하고 위로해 주었다.

그러고 나서 그는 혼잣말처럼 중얼거렸다. "지(이순근)가 우리 삼성에서 7년 동안이나 일하고 퇴직금 한 푼 안 받고 나갔는데 이번에 퇴직금 준 요량하믄 맘이 편하다"고 말이다. 이후 그가 숨어 사는 혜화동 집에는 이순근이 약속한 대로 내무성이나 인민위원회는 물론 부잣집을 상대로 약탈과 살인을 일삼던 공산 프락치들이 얼씬도 하지 않았다.

이병철은 과거 절친했던 친구 이순근을 생각할수록 도무지 그 정체를 알 다가 모를 것 같았다. 우거진 대나무숲의 방공호에 숨어 지내면서도 그는 그런 상념에 잠길 때마다 자신도 모르게 소스라치곤 했다. 대구 10·1 폭동사건 때 본의 아니게 이순근의 신세를 졌지만, 적치인 서울에서도 또 그의 신세를 지다니 도무지 이해할 수 없었다. 소문만 들었던 잔혹한 빨갱이와는 전혀 다른 모습이었기 때문이다. 아무리 생각해 봐도 골수 빨갱이는 아닌 것 같았지만 어쨌든 이순근이 자진 월북한 것만은 분명하다고 생각했다.

그는 작고하기 1년여 전인 1986년 간행한 회고록『湖巖自傳』에서도 이순근과의 우정을 간략하게 소개했었다.

〈동경 유학 시절 만난 함안 출신의 친구 이순근은 후에 대구에서 삼성 사업에도 참여하게 되지만 청년다운 정열의 활동가였다. 그에게서 자주 사상운동에 참여하라는 권유를 받았으나 나는 별로 흥미를 느끼지 못 하였다. 삼성상회 개업 당시에는 그를 지배인으로 맞이하여 단기간에 급성장할 수 있었던 이면에는 두터운 우정으로 보답해 준 그의 힘이 컸다고 나는 믿는다.

그는 7년 동안 나와 함께 삼성상회를 경영하다가 8·15 광복을 계기로 헤어졌고 본격적인 좌익운동에 투신했다. 월북하여 농림성 부상이 되었다는 소문도 있었으나 확실한 소식은 듣지 못했다. 이상주의자로 남달리 정의감이 강한 사람이었으므로 북의 현

실에는 결국 환멸을 느꼈을 것이다.〉

그런 이순근이 다녀간 뒤 이병철의 집은 비교적 평온했으나 이웃 주민들은 사흘이 멀다며 약탈당하고 반동으로 몰려 엄청난 수난을 겪었다. 남로당 인민위원회와 청년동맹·여성동맹·농민동맹·직업동맹 등 무수한 공산당 산하 단체들이 경쟁적으로 '반동몰이' 인민재판을 주도하고 있었기 때문이다.

훗날 우리 정보 당국에서 확인한 사실이지만 그의 쉐보레 리무진을 징발해간 이순근은 남로당 당수이자 북한의 내각 부수상 겸 외무상이던 박헌영에게 상납했다고 한다. 그 당시 점령지 서울에 내려와 있던 박헌영은 한동안 이 승용차를 타고 다니다가 유엔군과 국군의 9·28 수복 때 자취를 감췄다고 했다.

그러나 박헌영과 이순근은 1953년 휴전협정 이후 김일성이 주도한 이념투쟁에 휘말려 6·25 남침 전쟁에 실패한 책임을 뒤집어쓰고 숙청의 희생양으로 사라지고 만다. 동경 유학 시절부터 이른바 신사상에 물들어 맹목적으로 공산주의를 추종하던 삼성 창업 공신 제1호 이순근의 허무한 일생이었다.

이병철은 대나무숲이 하늘을 가린 듯 우거진 방공호에 영락없이 갇혀 마치 외딴 무인도에 유폐된 로빈슨 크루소와 같은 생활을 감수하지 않을 수 없었다. 대식이가 주위의 눈치를 살피며 조석으로 갖다 주는 주먹밥으로 허기를 채우고 한밤중 도둑처럼 기어 나와 대숲에서 생리현상을 처리하는 원시생활 그 자체였다.

평소 하루도 빠지지 않고 즐기던 히노키 목욕은커녕 면도도 한 번 하지 않았다.

때문에, 콧수염과 턱수염은 자랄 대로 자라 온 얼굴을 뒤덮었다. 그가 굴지의 삼성물산공사 이병철 사장이라고 알아볼 수 있는 사람은 오직 운전기사 위대식 밖에 없었다. 심지어 깊은 밤중에 가끔 들여다보는 내당 박두을 여사도 수염으로 뒤덮인 남편의 얼굴을 마주 보는 순간 기겁을 하며 소스라치기 일쑤였다.

그런데도 그는 용케 버텼다. 태어나 반생을 일류만 생각하며 호사스럽게 살아왔으나 운명적인 환경의 지배를 결코 피해 갈 수 없었던 것이었다. 사방이 가로막혀 오지도 가지도 못하고 고립돼 버린 가족들도 예외가 아니었다. 적 치하에서 우선 금융 유통이 되지 않아 돈이 있어도 쌀 한 톨 구할 수 없었다. 다만 남대문 암시장에서 미국 화폐인 달러만 통용이 되었다. 지금의 북한 장마당 실정과 흡사했다. 새삼 느끼는 일이지만 전쟁 중에도 달러의 위력은 참으로 대단했다.

하지만 이병철의 수중엔 단 1달러도 없었다. 지난번 일본 여행에서 쓰고 남은 얼마간의 엔화가 남아 있긴 했으나 역시 통용이 되지 않아 쓸모가 없었다. 쌀 뒤주는 이미 바닥을 드러내고 있었으나 한 번도 험한 세파에 시달려보지 못한 내당 박두을 여사는 위대식의 얼굴만 바라볼 뿐 속수무책이었다. 그런데도 철부지 건희는 밥반찬으로 김만 먹겠다고 보챘다. 그는 유달리 김을 좋아했다. 김도 그냥 김이 아니라 어머니가 기름소금을 발라 화롯불에 구워주는 것만 먹었다.

대식은 그런 아이를 바라보며 막연하게 앉아 있을 수만 없어 궁리 끝에 창고 속에 처박아 두었던 후지 자전거를 끄집어내 끌고 나갔다. 삼성상회 창업 초기 이병철이 대구에서 타고 다니던 10년 이상 된 낡은 고물 자전거였다. 그는 한달음에 페달을 밟아 용산에 있는 보세창고로 달려갔다. 그곳에는 삼성물산이 통관을 마친 각종 수입품이 산더미처럼 쌓여 있었기 때문이다. 궁하면 통한다고 했다. 대식의 뇌리에 순간적으로 그런 생각이 스쳤다.

그러나 막상 도착하고 보니 창고 문은 훤히 열려 있었고 창고 안에 쌓여 있어야 할 각종 수입상품이 감쪽같이 사라져버린 것이다. 텅 빈 창고에서 썰렁한 냉기만 감돌았다. 지푸라기라도 줍고 싶은 생각으로 샅샅이 뒤진 결과 금속제품 원자재인 주석괴朱錫塊(일명 신추)와 동강제괴銅鋼材塊는 이미 남의 손을 탔지만 기리빠시(조각)가 곳곳에 흩어져 있었다. 기리빠시도 일종의 금속원자재로 암시장에 넘기면 제법 좋은 값으로 계산해주었다. 그중에서도 신추(주석조각)가 가장 값이 나가는 것이었다.

대식이는 이 기리빠시를 한 소쿠리 모아 자전거에 싣고 남대문 암시장에 넘겨 10달러를 벌었다. 이 돈으로 쌀 대두大斗 두 말(20kg)을 살 수 있었다. 당분간 양식 걱정은 하지 않아도 될 것 같았다. 쌀만 있으면 간장·된장에 비벼 먹어도 굶어 죽을 염려는 없었다. 대식이는 그야말로 곤궁에 처한 이 씨네의 충직한 살림꾼이었다.

그의 보세창고 탐방은 그것으로 그치지 않았다. 용산 창고가 이미 약탈당해 텅 비어 있더라는 보고를 받은 이병철은 아무 말도 없이 고개를 끄덕이다가 뭔가 생각난 듯 말문을 돌렸다.

"대식아! 니, 짬이 나믄 인천에 한 번 댕겨 오이라. 거리가 너무 멀어서 힘이 들겠지만…."

"아, 아닙네다. 사장님께서 명령만 하시문 대깍 다녀오갔습네다."

"니, 인천 부두의 우리 보세창고 알제?"

"네, 알구 말굽쇼."

"거(거기)도 다 털렸을끼라. 그래도 그 꼬라지가 어떤지 궁금하다 쿠이. 천지가 도둑놈 세상으로 바뀌어 재산을 다 날려도 억울하다는 말 한마디 몬하는 세상이지만 그런 꼬라지를 우리 눈으로 확인은 해봐야 안 되겠나."

"네, 그러문요. 가능한 한 빨리 다녀 오갔습네다."

"내가 그칸다꼬 너무 서둘지 말거래이. 오가다가 빨갱이들한테 봉패를 당하지 말고…."

"네, 사장님! 너무 걱정하지 마시라요. 내래 알아서 다녀오갔습네다."

하여 대식이는 이병철이 건네준 인천 보세창고 열쇠를 받아들고 이른 새벽에 자전거를 타고 인천으로 행보를 놨다.

도심을 벗어나 마포 나루터를 건널 때까지 곳곳에 인민군 검문소와 순찰대가 눈에 띄었으나 용케 피해갔다. 한나절이 걸려 마침내 도착한 곳이 인천항 제1 부두의 보세창고. 그곳엔 삼성물산의 수출입 상품만 쌓여 있다고 했다. 다행히도 창고 문은 큰 자물쇠로 굳게 잠겨 있었다. 그는 다급하게 자물쇠를 따고 육중한 창고 문을 열었다. 다행히도 창고 안은 약탈의 흔적 없이 멀쩡했다. 긴 한숨을 삼키며 일단 안도한 대식은 우선 값나가는 금속원자재 수입품부터 골라 하나, 둘씩 빼내 인천 차이나타운의 암시장에서 처분하고 달러를 챙겨 서울로 돌아오곤 했다. 그는 그럴 때마다 이병철 사장에게 보세창고에서 무엇무엇을 얼마나 빼내 처분했다는 식으로 일일이 보고했다. 그러나 수출입 상품이 워낙 많이 쌓여 있어 눈짐작으로 파악하기도 어려웠다. 그가 빼낸 상품은 마치 한강에 배 지나간 듯 언제 봐도 그 자리 그 상태였다.

그 무렵 서울과 인천 상공에는 미 공군의 전폭기 편대가 잇달아 날아와 융단폭격으로 화약 연기가 하늘을 뒤덮었고 공습이 지나간 자리에는 으레 불바다로 변하기 마련이었다. 대식은 그런 위험을 무릅쓰고 암시장 거간꾼으로 인천을 드나들며 달러를 벌어들였다. 위대식은 시라소니의 말마따나 알래스카에 던져 놔도 살아날 만큼 과연 위대했다. 이병철 일가는 그 덕분에 인공 치하에서도 굶지 않고 비교적 여유롭게 버틸 수 있었다.

한여름 8월 초순부터 9월 초입에 들기까지 거의 한 달 동안 서울 상공에는 미 공군의 B-29 폭격기가 연일 새까맣게 하늘을 뒤덮었고 공습경보가 끊일 날이 없었다. 대대적인 융단폭격으로 이미 전 시가지가 잿더미로 변해버리고 시민들은 공습을 피해 거의 시골로 피란을 떠나 도심은 텅텅 비었는데도 열탄 투하는 그칠 줄 몰랐다.

"낙동강에서 거대한 불바람이 불어오고 있다."

두더지처럼 숨어서 공습을 피하고 있던 인민위원회 공산 프락치들이 공공연히 한마디씩 내뱉으며 불안한 표정을 감추지 못했다. 낙동강까지 쳐내려 갔던 인민군대가 한·미 연합군의 반격에 쫓겨 후퇴하고 있다는 소문도 파다하게 번졌다. 그러나 저들은 조만간 서해안에서 인천으로 불어닥칠 어마어마한 불 폭풍을 전혀 눈치채지 못하고 있었다. 9월 15일 새벽에 단행된 유엔군의 역사적인 인천상륙작전인 것이다.

위대식은 미 공군의 공습이 워낙 심해 낮에는 꼼짝하지 못하고 대숲에 숨어 있다가 밤만 되면 뛰쳐나가 염탐꾼처럼 바깥 동정을 살피곤 했다. 위험을 피하지 않고 동분서주하며 상전 일가의 수발을 들던 중 마침내 9월 28일 서울 수복을 맞이했다. 지긋지긋한 적치 3개월 만이었다.

이병철은 "서울이 수복되었다"는 대식의 말을 전해 듣고 그 좁은 방공호에서 나와 심호흡으로 바깥 공기를 맘껏 들이켰다. 그는 한밤중 유엔군이 쏘아올린 남산 성공의 조명탄을 바라보며 비로소 자유를 만끽했다. 내당으로 돌아와 거울을 바라보니 엉뚱한 얼굴이 비쳤다. 하얗게 변한 머리카락이 어깻죽지를 뒤덮고 수염이 덥수룩해 소스라쳤지만 아랑곳하지 않았다. 오랜만에 히노키 목욕도 즐겼으나 내당과 어린 자녀들의 간청에도 불구하고 끝내 머리카락과 수염을 깎지 않았다.

"가마이 두고 보거래이. 내가 수염을 안 깎는 거, 그거 다 그럴 만한 이유가 있능기라. 이기 다 내도 살고 우리 가족들도 사는 길이라 쿠이."

그는 가족들을 바라보며 의미심장하게 미소를 띠었으나 내당은 그 깊은 뜻을 헤아릴 줄 몰랐다.

한편 대구에서는 9·28 수복으로 길이 뚫리자 그동안 삼성가의 소식을 몰라 노심초사하던 이창업 대표가 급히 박윤갑을 불렀다. 이병철 사주가 서울로 떠난 후에도 대주주의 이익배당금을 고스란히 은행에 예치해두고 있었고 대형금고에도 전시비상금으로 현찰을 가득 채워 놨다. 그는 이 돈의 일부를 세어볼 여유도 없이 가마니에 한가득 쓸어 넣었다. 그 당시 볏짚으로 짠 80kg들이 쌀가마니 외에는 거액의 현찰을 담을 것이 없었다. 인공 치하에서 한국 은행권의 유통이 일절 금지되었으나 서울 수복 직후부터 다시 유통되고 있다는 소식을 전해 들었기 때문이다.

박윤갑은 돈가마니를 지프에 싣자마자 지체 없이 서울로 향했다. 그 지프는 삼성상회 시절 미 군정청에서 중고품을 불하한 것을 이창업이 사들여 까만 색깔로 도색 해 업무용으로 사용하던 차량이었다. 윤갑은 그 지프를 타고 국도를 밤새도록 달려 이튿날 새벽에 폐허로 변해 버린 서울에 도착했다.

비록 초췌한 모습들이었으나 상전 네 가족은 다행히도 모두 건강하게 살아 있었다. 그는 먼저 상전 내외에게 엎드려 큰절을 올리고 몰라보게 수염이 덥수룩한 상전을 쳐다보며 그만 울음을 터뜨리고 말았다.

"야아야, 윤갭아! 내가 이래 살아 있다 아이가. 이 좋은 날에 울긴 와 우노."

"아이고 어르신 하고 마님께서 큰 고생하셨네예. 두 어른을 뵈이께 자꾸 눈물밖에 안 나옵니더예,"

평소 깔끔하고 절제된 모습으로 근엄한 자세를 흩트리지 않았던 상전 이병철도 인간적인 감동에 젖어 마침내 눈시울 붉혔다. 내당 박두을 여사는 흐느끼는 윤갑의 손을 맞잡고 애타는 표정으로 대구에 있는 자식들의 안부부터 물었다.

"야아야! 우리 맹희, 창희는 모두 무탈하나?"

"예, 마님! 걱정하지 마이소. 도련님들은 학교 잘 댕기고 있심더만도 부모님과 형제들 걱정에 사는 기 말이 아입니더,"

"아이고 마, 그래 잘 있으이 다행이다. 윤갭이, 니가 애써준 덕이다."

주종 간에 모처럼 살가운 대화가 오갔다. 이병철은 윤갑이가 싣고 온 돈가마니를 어루만지며 말머리를 돌렸다.

"윤갭아! 내 재산 다 날렸다 쿠는 걸 우에 알고 돈을 가지고 왔노?"

"예, 안 그래도 빨갱이 천지에 갇힌 어르신이 큰 욕 보고 계실

끼라꼬 이창업 대표가 돈가마니를 챙겨주믄서 빨리 올라가라 캐서 밤새 달려왔심더."

"오이야, 그래 욕 봤다. 내 걱정일랑 말고 어여 내려가거래이. 안 그래도 빈 껍데기만 남은 삼성물산 저거, 빨리 정리하고 내도 대구로 내려갈라 쿤다."

그는 윤갑이 떠나자 다급하게 위대식을 불렀다. 대식에게 돈가마니를 떠넘기며 말했다.

"대식아! 니, 이 돈 가지고 우선 찌푸차 한 대 구해 보거래이. 용산 창고는 다 털렸다 캐도 인천 창고가 우에 됐는지 내 눈으로 한 번 둘러봐야 되겠다."

그는 대식이 어렵사리 구해온 낡은 재생 지프를 타고 은둔생활 3개월 만에 폐허로 변한 바깥나들이에 나섰다. 재생 지프란 하동환 자동차(쌍용차의 전신)가 미군정시절부터 미군 부대에서 흘러나온 폐차를 수집해 재생한 차량을 가리키는 말이다. 이병철은 이 고물 지프를 타고 조바심 나게 경인가도를 달려 인천 보세창고에 당도 해보니 이게 웬일인가. 그 큰 자물쇠가 부서진 채 창고 문은 훤히 열려 있었고 텅 빈 창고 안은 냉기만 서렸다. 을씨년스런 정경에 놀라 나자빠진 사람은 정작 위대식이었다.

"아아, 이럴 수가… 불과 며칠 전까지만 해도 창고가 멀쩡했는데…."

새파랗게 질린 대식은 어안이 벙벙해 말을 제대로 잇지 못하고 부들부들 떨다가 털썩 주저앉으면서 땅을 치고 통곡했다.

그러나 이병철은 전혀 놀란 기색도 없이 무표정한 얼굴로 텅 빈 창고 안에 눈길 한번 안 주고 되돌아서는 거였다. 그러고는 긴 한숨을 삼켰다가 토해내며 혼잣말처럼 중얼거렸다.

"으음, 빨갱이들 짓은 아일 끼고 유엔군이 인천에 상륙했을 때 누가 손을 댔구만. 간 큰 도둑이 손을 댄 거 같다 쿠이."

그는 땅바닥에 주저앉아 눈물만 펑펑 쏟고 있는 대식을 일으켜 세우며 다시 말문을 이었다.

"대식아! 고마 잊어뿌리거래이. 우에 내 재산이 안 될라 쿠모 세상 일이 다 그렇게 돌아가능기라. 마, 괜찮다. 일찍 포기하고 맘 편하게 생각하는 게 낫대이."

그는 몸둘 바를 모르고 전전긍긍하는 대식이를 다독거리며 발길을 돌렸다. 서울로 돌아오자 뜻밖에도 대문 앞에서 조홍제 전무와 김생기 상무가 마치 로빈슨 크루소처럼 추레한 모습으로 나타난 그를 맞이하는 거였다. 6·25 개전 초기 통신두절로 소식이 끊겼지만 두 사람도 역시 적치 3개월 동안 숨어 지내다가 극적으로 살아남은 것이다.

"아이고, 이게 누고?"

이 말 한마디로 셋은 와락 끌어안고 덥수룩한 수염을 서로 맞대며 한없이 흐느꼈다.

"인천에는 어제 제가 다녀왔습니다. 그걸 보고드리려고 찾아왔더니만 사장님께서 벌써 인천으로 떠나셨다기에 이렇게 기다리고 있는 중입니다."

김생기 상무가 안타까운 표정으로 말문을 열었다.

"용산 창고가 다 털렸다 쿠는 건 진즉에 알고 있었지만 인천은 그 꼬라지가 우에 되었는가 싶어서 그냥 한 번 가본기라."

이병철은 쓴웃음을 지으며 잠시 시선을 허공으로 보냈다.

한발 앞서 인천에 다녀온 김생기에 따르면 역시 예상했던 대로 북괴군의 약탈이 아니라 9·28 수복 직전 수도권의 치안을 담당하고 있던 자치치안대가 후방경계 중이던 헌병대와 짜고 보세창고 물품을 통째로 군 트럭으로 실어날랐다는 것이었다.

이 소식을 들은 이병철은 아예 포기했으나 김생기는 "그럴 수 없다"며 "전시상황에서도 약탈자들을 상대로 소송을 제기해 환수할 수 있다"고 주장하며 고집을 꺾지 않았다. 하지만 전시사법권 행사는 도둑 떼와 한 패거리인 헌병대가 행사하고 있었다. 게다가 물적 증거도 이미 사라져버려 결국 흐지부지되고 말았다.

9
재기再起를 위한 몸부림

인공 치하 3개월 동안 서울에 갇혀 온갖 고초를 겪었던 서울시민들은 유엔군과 국군이 서울로 입성하자 태극기와 성조기를 흔들며 포연이 자욱한 거리로 뛰쳐나왔다. 모두 하나같이 헐벗고 굶주린 탓에 뼈만 앙상한 몰골로 거리를 누비며 그나마도 다시 자유를 찾은 감격의 눈물을 삼켰다.

그러나 서울 수복의 기쁨도 잠시 스쳐 가는 바람결에 불과했다. 임시수도 부산에서 환도한 피란 정부가 이번에는 헌병대와 경찰을 동원해 적치 서울에 남아 있던 시민들을 상대로 일일이 대면조사에 나섰다. 전쟁 초기 “아군이 황해도 해주까지 진격했다”며 서울 사수를 외치던 국방부의 거짓 발표만 믿고 피란도 가지 못한 채 눌러앉은 시민들을 상대로 북한 공산집단에 대한 부역 여부를 가리겠다는 거였다.

특히 정치권과 사회지도층 사이에서 이른바 도강파渡江派와 잔류파殘溜派로 갈려 심각한 이념 갈등까지 나타나고 있었다. 도강파란 북괴군에 서울이 함락되기 직전 한강을 건너 피란을 떠난 사람들을 가리키는 말이고 잔류파는 정부와 군 당국의 거짓 발표만 믿고 남아 있다가 한강의 인도교가 폭파되는 바람에 적 치하에 갇혀버린 절대 다수시민들을 말한다. 그런 의미에서 이병철과 조홍제, 김생기 등 삼성물산 경영진은 모두 잔류파로 내몰리는 수모까지 겪어야 했다.

갈등의 불씨는 서울 수복 후 피란길에서 돌아온 도강파가 자신들은 유엔군을 따라 서울을 수복하는 데 일조했으나, "잔류파는 북한 공산집단에 협조한 부역자들"이라고 일방적으로 매도한 데서 비롯되었다. 대체 누가 누굴 단죄한단 말인가? 생사의 갈림길에서 살아남은 잔류파는 발끈한 나머지 "정부가 서울을 사수하겠다며 시민들을 안심시켜 놓고 비열하게 자기들만 몰래 달아나면서 한강교까지 폭파했다"고 극렬하게 반발했다.

잔류파 지도층은 "서울에 잔류한 시민들이 억울하게 목숨을 앗기고 납북되는 등 온갖 고초를 겪은 적치 3개월의 수난을 무엇으로 보상하겠느냐"며 정부를 향해 규탄성명까지 발표했다. 이병철을 비롯한 삼성물산 경영진의 입장도 마찬가지였다. 자랄 대로 자란 더벅머리와 덥수룩한 수염이 백 마디 말이 필요 없는 참담한 도피 생활을 증명해주고도 남았다. 그런 의미에 비춰 본다면 무턱대고 애먼 사람들을 부역자로 몰아 처단하려는 것 자체가 적반하장이 아닐 수 없었다.

위대식은 그때 비로소 이병철 사장이 고집스럽게 머리와 수염을 깎지 않고 버텨온 이유를 깨달았다. 가족들의 간청을 뿌리치고 "두고 보거래이. 이 머리와 수염이 내도 살고 우리 가족 모두 살리는기라" 하고 더부룩한 머리와 수염을 깎지 않고 버틴 것은 어쩌면 영발靈發에서 나온 결단인지도 모른다. 인공 치하에서 온갖 고초를 겪고 살아남았다는 객관적인 증거가 없는 데다 누구 하나 나서서 증인이 되어 줄 사람도 없었기 때문이다.

자칫 이 씨네 가족들보다 더 심한 고초를 겪은 이웃에서 색안경을 끼고 이순근이 다녀간 사실을 고발이라도 한다면 달리 변명할 여지도 없고 문제만 복잡하게 키울 수도 있었다. 그는 그동안 비좁은 방공호 속에 갇혀 지내면서도 신통하게 이런 일을 예견하고 있었다. 아니나 다를까, 마침내 그가 예상했던 대로 서울시경 사찰계 수사관들이 집으로 들이닥쳤다. 그들도 역시 도강파들이었다.

이병철은 위대식과 함께 엄중한 조사를 받았다. 사찰계 형사들은 단순히 참고인 조사라고 말했으나 어쩐지 뒤끝이 개운치 않아 그동안 숨어 지냈던 대나무숲 방공호도 보여주고 이순근에게 쉐보레 리무진을 징발당한 과정도 소상히 밝혔다. 하지만 경찰에서는 그대로 덮어둘 수 없는 사안이라고 했다. 자의든 타의든 서울에 남아 있던 사람들을 상대로 일제히 조사를 벌여 부역여부를 일일이 가려내는 것이 목적이라고 했다.

그 결과 인공 치하에서 발생한 부역자가 자그마치 6만여 명에 달했다. 그중 인민재판을 주도하거나 공산집단에 적극적으로 가담한 친공 및 용공 분자들은 모두 정식재판에 넘겨 징역형이나 최고 사형선고까지 받게 하고 비교적 죄질이 가벼운 단순부역자들은 정상을 참작해 방면하는 것으로 일단 수습했다. 그러나 잔류파는 도강파를 오히려 반역자로 규탄하며 쉽사리 승복하지 않았다.

"제대로 싸워보지도 않고 지레 겁을 먹고 달아났던 사람들이 무슨 염치로 적치에서 천신만고 끝에 살아남은 사람들을 부역자로 몰아 단죄하느냐"며 반발하는 바람에 한동안 도강파와 잔류파로 갈려 그 후유증이 심각했었다. 북한 공산집단의 총칼 앞에서 온갖 위협과 탄압을 받으며 살아남기 위해 노력 동원에 나섰던 소시민들까지도 친공 분자로 몰려 중형을 선고받은 일도 허다했다. 하여 이 문제는 두고두고 반공 아니면 친공이라는 극단적인 이념 갈등으로 확산하는 불씨를 남겼다.

게다가 수복지구 곳곳에서 법치를 무시한 또 다른 피바람이 휘몰아치고 있었다. 국군 특무대(방첩대)나 헌병대는 물론 서북청년단·대한반공청년단·자치치안대 등 과격한 반공단체들이 자율적으로 좌익분자 색출에 혈안이 돼 있었다. 그들은 적 치하에서 미쳐서 날뛴 친공분자로 몰아 처단했다. 전시상황이라는 이유로 정상적인 사법절차도 거치지 않았고 법정에서의 사실 심리도 없었다.

그래서 전시사법권을 행사하는 특무대나 헌병대는 그들의 재량권에 따라 훈방 아니면 즉결처분이라는 이분법으로 처형하기 마련이었다. 극단적인 이데올로기로 인해 희생된 사람 중에는 오로지 살아남기 위해 북괴군을 보고 인공기를 흔들어준 죄밖에 없는 평범한 소시민들도 많았다. 때문에, 훈방대상자인 단순부역자가 엉뚱하게 친공분자로 몰려 즉결처분을 당하고, 즉결처분을 받아야 마땅한 친공분자들이나 용공분자들이 버젓이 훈방으로 풀려나는 일도 허다했다.

심지어 무고한 양민이 평소의 개인감정에 의한 무고로 붙잡혀가 처형당해도 어디 억울함을 호소할 데가 없었다. 그야말로 무법천지였다. 여기에 뒷돈이 오가기 일쑤였다. 사람의 목숨을 두고 뇌물거래까지 하다니 청부살인과 다름이 없었다. 이런 광풍 속에서 다행히도 위대식은 한때 서북청년단에서 활동했던 경력을 인정받아 자신은 물론 상전일가까지 반공단체의 무자비한 위협과 탄압에서 무사히 피해갈 수 있었다.

이병철은 서울시경 사찰계의 조사까지 받고 도강파에 의한 부역 혐의에서 벗어나긴 했으나 삼성물산의 재기再起가 막막했다. 달랑 집 한 채만 남겨놓고 모든 재산이 허공으로 날아가 버렸다. 종로 사무실마저 잿더미로 변해 폐허로 변했다. 참담한 심경에 사로잡혀 재기하려고 해도 재기할 엄두가 나지 않았다. 그렇다고 당장 이삿짐을 꾸려 대구로 내려갈 수도 없었다.

그러던 때에 유엔군과 국군이 38선을 돌파하여 파죽지세로 북진 중이라는 소식이 들려와 한 가닥 희망이 보였다. 어떻게 하든 잿더미에서 다시 일어서고야 말겠다는 결심이 점차 굳어지기 시작했다. 잿더미 위에 천막을 치더라도 삼성물산의 간판부터 내걸어야 했기 때문이다. 그래서 김생기 상무를 불러, 흩어진 직원들을 다시 부르도록 했다. 그러나 이게 또 웬 날벼락인가?

북진 중이던 백선엽 장군의 국군 제1사단 선발대가 압록강까지 진격해 남북통일을 눈앞에 두고 있을 무렵 한만韓滿 접경지 만주에서 중공군이 얼어붙은 압록강을 건너 새카맣게 몰려오고 있다는 소문이 서울 시내에 파다하게 번지기 시작했다. 그리고 얼마 안 있어 만주에 집결 중이던 중공군 30만 병력이 인해전술로 쳐들어와 유엔군과 국군의 진격을 차단하는 바람에 전세가 역전되고 있다는 거였다.

인해전술이란 파도처럼 밀려드는 인간 폭탄을 가리키는 말이다. 국공내전에서 장제스蔣介石의 국부군을 대만으로 몰아내고 중국 대륙을 천하 통일한 마오쩌둥毛澤東의 전략 전술이라고 했다. 중국 공산당이 자랑하는 것은 상주인구 6억5천만의 거대한 인간 폭탄밖에 없다고 했다. 아무리 죽여도 그 숫자가 줄어들지 않는다고 했다.

또 며칠이 지난 후 압록강을 건너 남하 중인 중공군 병력이 100만을 돌파하고 긴박한 상황에 몰리자 유엔군과 국군이 전면 후퇴작전에 돌입해 남쪽으로 철수하고 있다는 소식도 들렸다. 이번에는 정부에서도 일찌감치 서울시민들에게 소개령을 내리고 또 다시 부산으로 천도를 했다.

잿더미를 딛고 재기하려던 이병철은 좌절감에 빠졌으나 머뭇거릴 여유가 없었다. 판단 착오는 6개월 전 서울 함락 전야에 겪었던 경험으로 충분했다. 중공군의 인해전술은 이미 중일전쟁 때 똑똑히 지켜봤다. 그 무서운 집단에 대해 그는 남달리 민감했다. 중일전쟁 초기 삼성상회 창업을 앞두고 중국 대륙을 둘러보며 체득한 경험이었다.

원자폭탄을 개발하고 일본을 굴복시킨 미국의 현대무기가 아무리 위력이 강하다고 해도 인간 폭탄이 국지전이나 게릴라전으로 침투해오는 것을 일일이 막을 수 없다고 판단했다. 전쟁의 양상이 완전히 일변하고 있었다. 아마도 이 전쟁은 쉽게 끝나지 않을 것만 같았다. 중공군의 인해전술에 밀려나 또다시 서울을 내준다면 언제 수복될지도 몰랐다. 북괴군이 쳐들어올 때보다 전쟁 상황이 너무도 다르게 전개되고 있었기 때문이다.

그래서 그는 지체 없이 빈 껍데기만 남은 삼성물산과 고래등 같은 혜화동 집을 헐값으로 처분하고 피란 준비를 서둘렀다. 그러고는 어렵사리 닛산 트럭 5대를 빌렸다. 삼성물산공사는 설립한 지 불과 2년 만에 투자자본을 한 푼도 못 건지고 완전 제로(0) 상태로 돌아갔다. 1950년 12월 초순, 1·4 후퇴 한 달 전이었다.

그는 사전에 연락을 받고 피란봇짐을 챙겨 나타난 김생기 상무 등 임직원들과 가족들을 모두 트럭 5대에 나눠 태우고 결빙이 시작되는 한강 부교를 건너 서울을 떠났다. 조홍제 전무는 가족들과 먼저 서울을 떠났다. 고향 함안으로 내려가 당분간 농사나 지으며 쉬고 싶다고 했다. 씁쓸한 귀향길이었다.

왕복 4차선에 불과한 경부국도는 자갈투성이의 비포장도로이었고 오고 가는 군용 차량에 길을 비켜주느라고 민간 차량은 가다서다를 반복하기 일쑤였다. 때문에, 삼성 가족들을 태운 닛산 트럭도 30km 이상 속도를 내지 못하고 꼬박 하루 걸려 대구에 도착했다. 트럭 5대가 한꺼번에 삼성상회 앞 대로변에 도착했으나 주차할 곳이 없었다. 우마차와 자전거가 빼곡히 들어서 있는데다 피란민을 포함한 대구시민들이 새카맣게 몰려와 별표 국수를 사기 위해 장사진을 치고 있었기 때문이다.

이병철은 삼성상회가 전란 중에도 성업 중인 것을 보고 내심 반가웠으나 한편으로 생각하면 이 많은 대가족을 수용할 곳이 마땅치 않아 난감했다. 마침 이창업 대표와 김재소 대표, 김재명 공장장 등 경영진이 장남 맹희, 차남 창희 형제와 함께 마중 나와 있었다. 그는 반갑게 인사를 나누기 바쁘게 아들 두 형제를 앞세우고 인교동 본가로 갔다.

트럭에 실려 있는 짐을 모두 풀고 삼성 가족들을 수용하고 보니 대궐 같았던 집이 마치 비좁은 피란민 수용소를 방불케 했다. 더러 대구·경북 출신 직원들은 연고지를 찾아 떠났으나 당분간은 그렇게 지낼 수밖에 없었다. 20여 명의 직원은 우선 삼성상회와 조선·동인 양조장에 재취업시키면 먹고 사는 걱정은 하지 않아도 될 것이다.

이렇게 생각한 그는 다소 홀가분한 마음으로 김생기 상무와 함께 다시 모기업인 삼성상회를 찾았다. 기다리고 있던 경영진을 마주하고 앉아 즉석 임원 회의를 열었다.

"서울에 올라가서 크게 성공하겠다꼬 약속하고 떠났는데 보시다시피 빈손으로 돌아왔심더. 당분간 여러분의 신세를 좀 질라캅니더."

경영진을 대표한 이창업의 화답은 전혀 뜻밖이었다.

"사장님! 너무 걱정하지 마이소. 그동안 사업이 잘 돼 가지고 사장님 명의로 비축해 둔 이익배당금이 3억 원(현재 화폐가치로 약 300억 원)이나 됩니더. 이 자금으로 다시 시작하이소."

이 말을 듣는 순간 그는 너무도 감격하여 말을 잇지 못한 채 고개만 끄덕이다가 그만 눈시울 붉히고 말았다.

그는 창업 초기부터 전문경영인을 영입하고 일을 맡기면서 인감까지 넘겨주고 서류상의 보고도 받지 않았다. 삼성물산을 설립해 서울로 올라갈 때에도 그런 식으로 대구사업체를 넘겨주었기 때문에 도대체 이익을 얼마나 보고 손해를 얼마나 봤는지 알 수 없었고 아예 잊고 지냈다.

그런데 현상 유지도 아니고 자신도 모르는 사이에 엄청난 돈을 이익배당금으로 챙겨두었다니 처음엔 반신반의했다. 게다가 전란으로 민심이 흉흉해진 상황에서 경영에 많은 어려움이 따랐을 텐데도 뜻밖의 이익배당이라니 그는 새삼 익자삼우益者三友라는 말이 떠올랐다. 정직한 사람을 벗으로 하고, 미더운 사람을 벗으로 하고, 견문이 넓은 사람을 벗으로 함이 인생에 이익이 된다는 고사성어다. 이들 창업 공신들과는 달리 먼 훗날 그는 손자삼우損者三友를 만나 막대한 재산을 날리고 배신감에 사로잡히기도 했지만….

1·4 후퇴 이후 전쟁상황은 그야말로 한 치 앞을 내다볼 수 없을 만큼 긴박하게 돌아가고 있었다. 유엔군과 국군은 전 전선에 걸쳐 치열한 접전을 벌이면서 퇴각작전으로 후퇴를 거듭하던 끝에 북위 37도 선까지 밀려났다. 1951년 1월 중순 수원·원주 선까지 퇴각한 유엔군 사령부는 최후의 방어선을 구축하고 강력한 전력을 집결시켰다.

그러나 100만 중공군은 기다렸다는 듯 무려 5개 군단을 전진 배치하여 인해전술로 역 반격에 나서 유엔군 2개 사단을 단숨에 섬멸해 버렸다. 한국군이 대부분이었으나 일부 프랑스군과 필리핀 및 룩셈부르크군도 포함된 유엔군 혼성부대였다. 이 같은 전황이 전해지자 모두 6개월 전 낙동강까지 밀려나 백척간두에 섰던 전쟁 초기 상황을 떠올리며 수많은 사람이 어수선하게 들썩이기 시작했다.

이병철은 대구도 결코 안전지대가 못 된다는 판단에 따라 이창업에게서 받은 3억 원의 자금을 들고 다시 임시수도 부산으로 옮겨 삼성물산을 재건하기로 결심했다. 그동안 전문경영인들이 사업체를 잘 이끌어 왔는데 자신이 대구에 계속 눌러앉아 있으면 오히려 짐이 될 수밖에 없다는 판단도 했다.

이렇게 생각을 정리한 그는 지체 없이 부산으로 내려가 우선 도심지의 연안부두가 가까운 대교동에 100여 평 규모의 사무실을 마련하고 인근 부평동에도 일본식으로 지어진 30평 남짓한 가옥을 한 채 사들여 가족들의 이사부터 서둘렀다. 무엇보다 가족들의 안위가 중요했기 때문이다. 뿔뿔이 흩어졌던 가족들이 모처럼 한군데 모여 오순도순 사람이 사는 냄새를 풍기며 살아도 같이 살고 죽어도 같이 죽어야 이산의 아픔을 겪지 않는다는 심산이었다.

그는 적치 3개월 동안 서울 혜화동 방공호 유폐 생활을 통해 가족의 소중함을 절실히 깨달았다. 그래서인지 부산에서 삼성물산을 재건하기 전에 가족부터 먼저 안전하게 옮겨야겠다고 생각한 것이다. 그 당시 슬하에는 이미 3남 5녀 등 8남매가 있었다. 그중 장녀 인희는 마산에서 신접살이 생활을 하고 있었지만, 대가족이 아닐 수 없었다.

그런데 아니나 다를까, 이사 준비를 위해 대구로 올라오자마자 학교에서 돌아온 장남 맹희가 느닷없이 부모님 앞에 무릎을 꿇고 결연한 표정으로 긴한 말씀을 드리겠다는 거였다. 그는 벌써 중학교 6학년으로 졸업을 앞두고 있었고 나이도 만 20세, 성년을 맞았다. 그가 부모님께 긴히 말씀드리겠다는 것은 뜻밖에도 군에 입대하겠다는 얘기였다.

이병철 내외는 아들이 평소의 활달하던 모습과는 달리 진지한 모습으로 "군에 입대하겠다"며 결연한 의지를 나타내자 날벼락을 맞은 듯 소스라치며 멍하니 벌어진 입을 다물지 못했다. 무릎을 꿇고 앉아 있는 자식을 물끄러미 바라보던 아버지가 이윽고 무거운 입을 뗐다.

"맹희! 니, 방금 뭐라 캤노?"

"예, 아부지! 아부지는 평소 저한테 인의예지신仁義禮智信의 오상五常 중에 신信과 의義를 중히 여기라고 하시지 않았습니까. 전학련(전국학생총연합) 간부를 맡고있는 제 입장에서는 전란에 휩쓸린 나라를 구하겠다고 학도병으로 자원입대하는 친구들을 빤히 쳐다보면서 신의를 저버릴 수 없어 군에 입대를 결심했심더."

"아이고, 안 된다. 이놈아! 내가 니를 우에 키웠는데…."

가까스로 정신을 가다듬은 어머니 박두을 여사는 자식의 군 입대 결심을 확인하고 가슴을 치며 울먹였다. 집안이 발칵 뒤집히자 기가 막혀 침묵을 지키고 있던 아버지 이병철은 "명색이 집안의 장손이란 놈이 부모 영을 거역하다이, 니는 내 자식이 아이다." 이 말 한마디를 남기고 벌떡 일어나 밖으로 나가 버렸다. 자식의 뜻에 단호히 거부감을 나타낸 것이다.

맹희는 해방공간에서부터 수업을 팽개치고 각목을 휘두르던 이른바 우익운동권 학생이었다. 그래서 그는 걸핏하면 아버지에게 손을 내밀고 어머니의 쌈짓돈까지 뜯어내는 것도 모자라 사무실 금고에 손을 대고 공장 창고에 쌓아둔 국수 상자까지 빼돌려 운동자금으로 쓰기도 했다.

아버지는 한때 그런 아들을 대견하게 생각하고 눈감아 줬으나

10·1 폭동사건 이후 극단적인 이념에 물드는 것을 경계했다. 그런 면에서 본다면 둘째 창희는 고집이 좀 셌으나 미션 계통의 학교에 다녀서 그런지 정서적으로는 비교적 차분한 편이었다. 그래서 창희는 재학 시절 별다른 말썽을 부리지 않고 부모 속도 썩이지 않았다. 하지만 맹희는 불같은 성격에다 남에게 지기 싫어하고 앞에 나서기를 좋아했다.

그 당시 대구 시내 학생운동의 중심세력은 대부분 연대하여 혈서로 서명하고 학도병으로 출전했다. 그러나 맹희는 리더 그룹에 속해 있으면서도 이 대열에서 이탈해 결국 군에 입대하지 않고 만다. 적장자는 가통家統과 가업을 이어가야 한다는 엄중한 유가적 가훈家訓 때문이었다. 누대에 걸쳐 이어온 고루한 가문의 법도로 적장자의 존재가 그만큼 무거웠다.

하지만 주변에 이런 가문의 내력을 알아주는 친구는 별반 없었다. 그 당시 학도병으로 입대한 친구 중 4년제로 신설된 육군사관학교(정규 11기)에 진학한 친구들도 더러 있었다. 훗날 12·12 군사쿠데타로 5공 정권을 세운 전두환·노태우·김복동·정호용 등이다.

그러나 친구 중 대부분은 군번 없는 학도병으로 포항전투와 영덕·장사지구 전투에 투입되었다가 조국의 수호신으로 산화하고 말았다.

맹희는 이런 소식을 접할 때마다 양심의 가책을 느끼고 가슴 아파했다. 그래서 뒤늦게나마 먼저 간 친구들의 뒤를 따라 군에 입대를 결심하게 된 것이다. 하지만 부모님의 반응은 싸늘할 뿐 바늘 하나 꽂을 틈을 보이지 않았다. 그러면서 가풍의 덕목인 부자유친父子有親에도 서서히 금이 가게 된다.

10

부도옹不倒翁

이맹희는 아버지의 영을 끝내 피해갈 수 없었다. 아버지는 엇나간 자식한테 말 한마디 주지 않고 일방적으로 이삿짐을 꾸렸다. 동생 창희를 시켜 맹희의 교과서며 참고서 등 각종 서적도 이삿짐 보따리에 넣었다. 아무 말 말고 따라오라는 무언의 영이었다. 평소에도 그랬지만 아버지는 자식들에게도 꼭 필요한 한 두 마디 외에는 말을 아꼈다.

원래 성품이 그렇고 가풍家風이 그랬지만 이병철은 동경 유학 시절 마르크스·엥겔스를 탐독하고 친구 이순근의 집요한 포섭 공작에도 넘어가지 않았던 철저한 보수주의자였다. 그래서 대구 명문 경북중학교에 다니는 장남 맹희가 좌·우익 이념 갈등에 휩쓸려 "우익보강! 좌익척결!"이라는 슬로건을 내걸고 학생운동에 뛰어들 때까지만 해도 마음속으로는 아들을 대견하게 지켜봤다. 그래서 한때 그런 아들이 태산처럼 보였고 기대도 컸었다.

그러나 전쟁이 터지고 서울에 갇혀 갖은 고초를 겪고 보니 무엇보다 적장자 맹희의 안위를 걱정하지 않을 수 없었다. 물론 백척간두에 선 조국을 지키기 위해 남들처럼 자식을 군에 보내는 것이 당연한 국민의 도리이긴 했으나 젊은 혈기만 믿고 부화뇌동하는 자식을, 우선 안전한 곳으로 피신시켜 놓고 봐야 했다.

하여 그는 서둘러 부산으로 이사한 다음 가정이 점차 안정을 되찾자 대구에서 피란살이를 하고 있던 김생기 상무를 비롯한 임직원들을 모두 불러들여 삼성물산 재건사업에 나선다. 새로 설립한 회사명은 종전의 삼성물산공사가 아닌 '삼성물산주식회사'였다. 삼성물산공사는 이미 6·25 전란으로 허공에 뜬 까마귀밥처럼 오유烏有가 되었으므로 완전 제로 상태에서 새로 출범한다는 뜻이 담긴 고유명사 〈三星〉에다 물산주식회사를 덧붙인 것이다. 1·4 후퇴 당시 경남 함안으로 낙향했던 조홍제 전무도 돌아와 부사장으로 경영일선에 나서게 된다. 1951년 1월 10일이었다.

이맹희는 아버지의 영을 거역할 수 없어서 본의 아니게 군 입대를 포기하고 부산으로 내려와 진로 문제를 두고 벙어리가 냉가슴 앓듯 고민하다가 마침내 꿍심을 품고 누이 인희를 찾아 마산으로 간다. 대구의대(현 경북의대) 출신인 매형 조운해는, 군의관으로 출정해 제1 야전병원에서 근무 중이었고 마산에는 누이 혼자 집을 지키고 있었다. 그가 마산으로 간 것은 일본으로 밀항하여 대학에 진학하고 싶었기 때문이었다.

그것도 평소 아버지가 구상하던 농업근대화를 위해 일본의 선진 과학영농과 농업경영학을 전공하고 싶었다고 했다. 이는 어쩌면 부농의 후손으로서 어릴 때부터 농업근대화에 관심을 가져왔던 터라 '농자천하지대본農者天下之大本'이라는 누대에 걸친 천석지기 가문의 유훈을 받드는 일이기도 했다. 그래야만 아버지에게 잃어버린 신뢰를 되찾고 부자유친의 관계도 복원할 수 있을 것 같았다.

게다가 전쟁터에서 살아남은 친구들을 만나도 나름대로 변명의 여지를 남겨둬야 했다. 훗날 그가 용인자연농원(현 에버랜드)을 개발하는 데 주도적인 역할을 했던 것도 도쿄농대에서 전공한 농업경영학을 현실에 접목하는 계기가 되었다. 하지만 그 당시는 전란 중인 데다 한일국교 정상화가 이루어지지 않아 현해탄을 건너 일본으로 들어갈 합법적인 방법은 모두 막혀 있었다.

그래서 생각해낸 것이 밀항이었다. 밀항 밖에 달리 길이 보이지 않았다. 부잣집 도련님이라 돈 걱정은 할 필요가 없었으나 밀항선을 구하는 것이 문제였다. 들려오는 소문에 의하면 부산보다 감시가 덜한 마산이 밀항의 최적지로 꼽히고 있었다. 마산항이 우마야마깽이라는 일본식 이름으로 통하던 시절이었다.

그는 마침내 밀항을 결심하고 우선 갑자기 자취를 감추게 된 연유를 어머니에게 알려드리지 않은 것이 마음에 걸려 인희 누이에게만은 속내를 털어놨다. 그러고는 마산항 부둣가에서 수소문 끝에 일면식도 없는 브로커의 소개로 밀항선 선주를 만나 3만 원(현재의 화폐가치로 300만 원)을 건네고 밀항선에 오른다. 그러나 애초 단 4명만 태운다던 작은 통통배 선창에 이미 20여 명이 빼곡히 타고 있었다.

캄캄한 밤에 앉지도 서지도 못하고 짐짝처럼 실려 뱃멀미에 시달리며 대여섯 시간 항해 끝에 도착한 곳은 일본 본토가 아닌 쓰시마對馬島의 이즈하라 항구의 으슥한 바닷가였다. 브로커와 밀항선 선주가 짜고 사기친 것이다. 하지만 따지고 보면 쓰시마도 일본 땅이 아닌가. 애초 목적지도 정하지 않고 무조건 일본까지 태워다 주는 조건으로 밀항선에 오른 것이 잘못이었다.

그 당시 부산에서는 고관대작들이나 부유층이 여차하면 일본으로 달아나기 위해 밀항선을 대기시켜 놓고 있다는 소문도 나돌았다. 이 때문에 부산에서 밀항선을 구하기 어려워진 사람들이 이른바 우마야마깽으로 몰려들었다고 했다. 더러 사기꾼에 속아 한밤중에 밀항선을 타고 캄캄한 바다를 헤매다가 도착한 곳이 일본 쓰시마도 아닌 우마야마깽으로 되돌아온 해프닝이 벌어지기도 했다.

맹희가 탄 밀항선이 그나마 우마야마깽이 아닌 쓰시마에까지 데려다준 것만도 천만다행이었다. 게다가 부산·쓰시마 간 밀수로 유명한 이즈하라에서도 일본 본토까지 밀항시켜 주는 일본인 브로커들이 버젓이 활개를 치고 있었다. 그의 품속에는 다행히도 부산 국제시장의 암달러상에서 교환한 일화日貨 1만 엔이 들어있었다. 이 중 3,000엔을 주고 극적으로 도쿄까지 건너갈 수 있었다.

그 당시 일본 해상보안청은 한국에서 몰려오는 밀항자들을 단속해 쓰시마에서 가장 가까운 나가사키현長崎縣 오무라만大村灣에 대규모의 수용소를 설치하고 밀항자들을 집단수용했다. 그러나 맹희는 운 좋게도 이 같은 단속망을 벗어나 무사히 도쿄만에 도착하자마자 미리 준비해온 말끔한 가다마이(양복 정장) 차림으로 부유한 여행객처럼 고급 료칸에 투숙했다. 부전자전이라 했던가. 아버지를 닮아 밀항자 신분에 곧 죽어도 고급만 찾았다. 그것도 어쩌면 일류의 조건인지도 모른다.

그는 여장을 풀자마자 즉각 국제전화로 마산의 인희 누이에게 무사히 도착했다는 소식부터 전했다. 국제전화를 지급으로 신청해 놓고 지겹도록 기다리다가 두 시간여 만에 이루어진 통화였다. 그 당시 일본에서도 통신 사정이 그만큼 열악했다. 그러고 나서 한 이틀이 지났나, 웬 낯선 일본인 중년 신사가 찾아왔다. 처음엔 밀항 단속원인 줄 알고 가슴이 철렁 내려앉았으나 아버지뻘 되는 사람으로 초면인데도 반색을 하며 손을 내미는 것으로 보아 단속원은 아닌 것 같았다.

그 중년 신사는 아버지의 연락을 받고 찾아온 사람이라고 자기소개부터 하며 맹희를 안심시켰다. 일제 강점기 식산은행 마산지점장을 지낸 하라타상平田氏이었다. 도쿄에서 변호사로 활동하고 있다고 했다. 국교가 없는 상태에서도 아버지의 영향력이 일본에까지 미치고 있다는 사실에 새삼 감탄한 맹희는 비로소 안심하며 히라타의 주선으로 숙소를 옮겼다. 히라타가 그의 법률대리인이 되어 모든 법적 절차를 밟을 때까지 당분간 머물게 될 안전가옥이라고 했다.

이후 맹희는 히라타 변호사의 신원보증으로 외국인 임시 거류자 증명서를 발급받고 자유의 몸이 되었다. 별로 어렵지 않게 도쿄 농과대학 농업경영학과에 입학했다. 하라타 변호사가 학비 일체와 넉넉한 용돈까지 챙겨주었다. 그 무렵 아버지는 한국 경제인 중 유일하게 일본 재계에 알려져 있었고 특히 하라타와는 국제 무역에 따른 삼성물산의 고문변호사 역할 외에도 개인적으로 아버지와는 형제처럼 절친하게 지내는 사이라고 했다. 그런 그가 맹희에게도 법률대리인으로 든든한 버팀목이 돼 준 것이다.

한 해가 가고 그 이듬해인 1952년에는 역시 군대에 가지 않은 동생 창희도 일본 유학길에 오른다. 이번에는 아버지의 뜻이라고 했다. 아버지가 관계 요로에 손을 썼는지 어땠는지 알 수 없으나 전란 중에도 유학길이 열려 있었다. 창희는 명색이 정부가 시행한 해외 유학생 제1호로 선발되어 떳떳하게 부관 페리를 타고 현해탄을 건넜다. 아버지는 전화戰火의 소용돌이 속에서도 자식들의 안위를 먼저 생각하며 수단과 방법을 가리지 않고 아들 둘을 안전한 일본으로 유학을 보낸 것이다.

천재일우千載一遇라는 말이 있다. 그 무렵 부산에서 재기한 삼성물산은 사업이 날로 번창하여 대구에서 들고 온 3억 원의 출자금이 불과 1년 만에 20배나 불어나 60억 원에 달하는 엄청난 사업의 성과를 이루었다. 실로 대단한 성취가 아닐 수 없었다. 일본에

도착한 창희가 형 맹희에게 전한 소식이다. 그러니 '둘은 무탈하게 공부만 잘하면 된다'는 것이 어머니의 당부라고 했다.

창희는 아버지의 권유에 따라 와세다대학 경영학부에 입학했다. 와세다대는 일제 강점기 시대라서 비록 졸업은 하지 못했지만, 아버지가 유학한 모교이기도 했다. 이번에도 히라타 변호사가 그의 입학절차 일체를 진행해 주었다. 맹희는 한동안 혼자 쓸쓸하게 지내오다 동생 창희를 만나자 틈만 나면 둘이서 도쿄시가지를 돌아다니며 노는 데 정신이 팔렸다. 호주머니 사정은 풍족했다. 먹고 싶은 대로 사 먹고 즐기고 싶은 대로 즐겼다. 아버지가 매월 정기적으로 보내주는 학비와 용돈 외에도 창희가 올 때 어머니가 넉넉한 용돈을 보내줬기 때문이다.

이병철은 부산에서 재건한 삼성물산이 본궤도에 오르고 돈방석에 앉게 되자 또 다른 사업을 구상하게 된다. 제당업이었다. 삼성물산 재건 2년여 만이었다. 삼성물산은 계속 번창했으나 수출보다 수입이 주종을 이루는 데다 대부분 소비재여서 점차 국제무역업에 한계를 느끼고 있던 중이었다. 기술력이 열악한 우리 경제가 그만큼 후진성을 벗어나지 못하고 있었다.

그가 제당업을 새로운 사업으로 선택하게 된 것도 국내 소비재 중 전량 수입에 의존하는 설탕의 수요가 기하급수적으로 늘어나고 있었기 때문이다. 수입 대체산업으로 제조업에 투자해 국민생활과 직결된 경제부흥에 이바지해야겠다는 각오로 제당업부터 일으키게 된 것이다. 삼성물산의 주요 수입품목이 설탕이다 보니 변동이 심한 설탕의 국제시세도 잘 알고 있었다. 그 당시 국내 설탕값은 세계시장 가격의 3배 이상 뛰고 있어 수입 대체산업으로의 전환이 시급했다. 남들은 손가락질하였지만, 삼성의 '사업보국事業報國'은 이렇게 태동한 것이다.

그러나 사업 주체가 되어야 할 삼성물산 경영진의 시각은 부정적이었다. 삼성물산의 수입품목 중 설탕이 차지하는 비중이 높고 이익 창출에도 큰 몫을 해내고 있었기 때문이다. 휴전협정의 향방에 따른 전시상황도 예측할 수 없었다. 악성 인플레 속에서 막대한 자금조달도 문제였다. 게다가 제당업은 먼저 부지를 확보하고 공장을 건설한 다음 각종 제조시설을 갖춰야 하는 장기투자사업이었다.

투자자본의 회수 기간도 예측할 수 없는 데다 어렵사리 생산시설을 갖추고 공장을 가동한다고 해도 기술축적의 노하우도 없이 운영이 제대로 될지도 의문이었다. 무엇보다 제품의 질이 선진국에 비해 크게 떨어질 경우, 판로 개척과 손익분기점의 유지관리도 걱정하지 않을 수 없었다. 인·허가 문제를 두고 정부 쪽에서도 시기상조라며 부정적인 견해를 나타내고 있었다.

그러나 오너 이병철의 생각은 달랐다. 당장 눈에 보이는 이익만 추구할 게 아니라 먼 장래를 내다봤기 때문이다. 주위에서 모두 반대했지만, 눈앞의 현실에 안주하기보다 미래를 점치는 영발경영에 심취한 그의 결심은 요지부동이었다. 그는 한·일 국교가 막혀 있는 전시상황에서 미 대사관을 통해 어렵사리 비자를 발급받아 일본으로 건너갔다. 국내의 부정적인 시각을 불식시키고 제당업을 일으키기 위해서는 우리보다 훨씬 앞선 일본 재계의 도움이 필요했기 때문이다.

일제 강점기부터 그가 자세히 살펴본 일본 경제는 적어도 한국보다 반세기(50년) 이상 앞서 있었다. 부정기 항공편도 변변찮아 김해공항에서 일본 도쿄를 오가는 미 군용기에 편승해 일본에 도착하자마자 세계적인 플랜트 수출업 기업 미츠이三井물산을 찾았다. 그곳에서 제당 공장 건설 플랜트를 발주하고 생산설비는 미츠이 측의 소개로 다나카田中기계에 주문했다. 그러고는 그동안 국제 무역을 통해 직간접적으로 끈끈한 관계를 유지해온 재계 인사들을 만나 차관교섭도 병행했다. 차관교섭에는 절친한 친구 하라타 변호사의 도움이 큰 역할을 했다.

미츠이물산과 다나카기계의 종합적인 플랜트 기획이 발주한 지 3개월 만에 나왔다. 핵심 생산설비인 원심분리기 4기基와 결정관結晶館(설탕정제기)의 플랜트 가격은 15만 달러, 플랜트 도입에 따른 제반 경비 3만 달러 등 모두 18만 달러(현재의 환율로 3600만 달러)였다. 그 당시 한국은행의 외환보유고와 견주어 볼 때 엄청난 금액이 아닐 수 없었다.

일본 측에서 상업차관을 알선하겠다고 제의해 왔으나 국내 외환관리법상 불가능했다. 애초 정부에서도 난색을 표명했지만 결국 외환 배정을 받을 수 있었고 운영자금으로 신청한 국내 시중은행의 융자 2천만 원(현재 화폐시세로 20억 원)도 어렵지 않게 해결되었다. 그는 지체 없이 삼성물산 사무실에서 실무팀을 구성하고 회사 설립 준비작업에 들어가 불과 한 달여 만에 마스터플랜을 마련했다. 회사명은 '제일제당공업주식회사'이다.

그가 대구에서 삼성상회를 창업하기 전 묵었던 '제일관'의 상호를 보고 내내 마음에 새겨왔던 '제일주의'의 첫걸음이었다. 바로 일류의 조건이다. 하지만 그는 속내를 내비치지 않았다. 다만 알기 쉽고 부르기 쉬운 뜻과 함께 "광복 이후 우리나라에서 제일 먼저 건설하는 현대식 설탕 제조업체라는 점에서 경제부흥의 제1주자가 되자"는 큰 뜻을 회사명에 담았다.

대구에서 삼성상회와 조선양조, 동인양조장 등 기업체를 정리하고 내려온 이창업 대표와 김재소 대표, 김재명 공장장도 모두 제일제당 경영진으로 참여했다. 그때부터 박윤갑은 자기 명의로 등기된 삼성상회 건물을 삼성물산과 제일제당의 중간창고로 관리하며 독자적인 사업을 시작한다.

제일제당 건설은 부산시 전포동에 1500평 규모의 부지를 확보하고 일사천리로 진행되었다. 착공에 들어간 지 불과 6개월 만에 공장 건물을 완공한 것이다. 연건평 800평에 하루 생산량은 25톤으로, 사주 이병철이 건설현장에서 불철주야 독려한 결과 예정보다 공기를 2개월이나 앞당긴 것이다. 그 당시만 해도 부산에서 규모가 가장 큰 랜드마크 시설이었다.

시제품으로 순백의 정제당精製糖 6300kg을 생산해 붙인 상표는

'백설표'였다. 휴전 직후인 1953년 11월 5일, 제일제당(현 CJ그룹)은 이날을 창사 기념일로 정했다. 그 당시 우리나라의 설탕 수입량은 연간 2만4000~2만5000톤 규모였고 삼성물산을 통해 들여오는 톤당 수입가격이 35 달러였으니 외화 낭비가 100만 달러(현재의 환율로 2억 달러)에 달했다고 한다.

그러나 국산 백설표 설탕의 첫 시판은 예상보다 저조했다. 품질면에서 외국산에 조금도 뒤지지 않은 순도 99.9%에 색도色度 또한 외국산과 손색이 없었으나 시판 가격은 외국산과 비교해 3분의 1 정도인 600g당 100원에 불과했다. 그러나 소비자들의 관심을 끌지 못했다. 비싸더라도 외국산을 선호하고 외국산의 입맛에 익숙해진 탓이었다. 때문에, 국산이라면 무조건 질 나쁜 싸구려 제품으로 보고 외면하는 불신 풍조가 만연해 있었다.

하지만 시간이 흐르면서 국산 백설표 설탕이 외국산과 조금도 손색이 없고 값도 싸다는 입소문이 돌며 불티나게 팔려나가기 시작했다. 주문량이 밀려 증산을 거듭했으나 도저히 수요를 따라가지 못했다. 가동에 들어간 지 2년 만에 하루 생산량을 25톤에서 50톤으로 두 배나 늘렸는데도 수요를 감당할 수 없었다. 정부에서도 설탕의 수입대체 효과가 눈에 띄게 나타나자 제일제당에 원당 도입을 위한 외환 배정을 대폭 늘려주었다. 상업자본을 산업자본으로 대체할 국가 차원의 지원책이었다.

100% 수입에만 의존했던 설탕은 제일제당의 가동 이듬해에 51%나 수입이 줄어들고 2년 만에 27%, 3년 만에 완전히 국산화

에 성공한다. 날이면 날마다 전국의 대리점을 통해 들어오는 판매대금은 고스란히 현금으로 쌓이기 시작했다. 삼성상회 창업 당시 별표 국수가 불티나게 팔리던 양상과는 천양지차였다. 그야말로 돈방석이 따로 없었다. 문자 그대로 노다지를 캐내듯 공전의 호황을 누렸다.

이병철은 새로운 사업을 모색할 때마다 주위에서는 미래를 내다보지 못하고 현실에 안주하면서 반대하고 만류했으나 그럴수록 고집스럽게 밀어붙여 결국 성공하고 마는 집념이 유달리 강했다. 경영진은 그런 그를 경이의 눈으로 바라보며 미래를 예측하는 특출한 영발경영이라고 찬사를 보냈다.

이후 제일제당의 백설표 설탕이 황금알을 낳는 거위로 둔갑하자 제조업에서 삼성보다 한발 앞선 국내 굴지의 기업들이 너도나도 제당업에 뛰어들어 7개 업체가 난립하게 된다. 때문에, 연간 생산량도 수요량 5만 톤의 3배가 늘어난 15만 톤에 달해 덤핑사태까지 일어났다. 이른바 제당 전국시대라 해도 지나친 말이 아니었다.

그러나 경쟁업체들이 노하우나 품질면에서 훨씬 앞선 선발기업 제일제당을 따라잡지 못했다. 기회를 선점한 제일제당이 국내시장 점유율을 70% 이상 차지하고 있었기 때문이다. 여기에다 제일제당은 삼성상회의 제분업을 롤모델로 부산에서 제일 큰 규모의 제분공장을 세우고 제분업에도 본격 진출하게 된다. 이를 계기로 설탕·밀가루 등 기본제품 외에도 조미료·식용유·육가공

품에서 배합사료·유기질 비료에 이르기까지 30여 종의 다양한 연관제품을 대량생산하는 종합식품회사로 발전한다. 제일제당은 그야말로 타의 추종을 불허하는 거대기업으로 도약한 것이다.

이병철은 부산에서 삼성물산 재건에 이어 제일제당 설립으로 일약 거부의 반열에 올랐으나 결코, 그것으로 만족하지 않았다. 그의 제일주의 경영철학은 숨 고를 틈도 없이 또다시 새로운 사업을 모색하게 된다. 제당업에 뛰어든 지 1년 만에 일으킨 모직업毛織業이었다. 그 당시 우리 국민은 가장 기본적인 의식주를 제대로 누리지 못하고 대부분 달동네에 모여 살며 하루 벌어 하루 먹고 살아가는 고단한 삶을 이어가고 있었다. 몸에 걸친 옷이라곤 전통의 바지저고리와 두루마기, 미군 부대에서 흘러나온 군복을 염색한 작업복이 고작이었다.

일제 강점기 일본인들이 가동하다가 남기고 간 구식기계를 돌려 수공업 형태로 생산한 화섬과 모직 류로 만든 옷이 가끔 시중 양복점에 내걸리기도 했으나 제대로 된 복식服飾, 즉 의衣생활은 아예 꿈도 꿀 수 없었다. 특히 모직물은 값이 비싼 데다 질이 나빠 양복 지로서의 가치가 떨어져 밀수입된 마카오 복지가 부유층이나 중산층을 상대로 터무니없이 비싼 가격에 암거래되고 있었다. 이른바 '마카오 신사'가 유행을 타던 시절이다.

그래서 그는 설탕과 밀가루 생산으로 먹는 문제는 어느 정도 해결했으나 보통사람들도 누구나 부담 없이 양복을 맞춰 입을 수 있는 수입 대체산업으로 모직 업을 일으키는 것이 제당 못지않게 중요하다고 생각했다. 의식주 중 먹는 것과 입는 문제만은 삼성이 선도해야 한다는 명분이었다.

그러나 경영진에서는 제일제당 설립 때처럼 회의적인 반응부터 나타냈다. 자본조달도 문제지만 기술력과 시장 면에서도 한계성이 있고 어느 모로 보나 위험부담이 크기 때문이었다. 게다가 재계에서도 삼성의 이런 움직임에 대해 제일제당 설립 때 보인 견해와는 달리 냉랭했다. 400여 년의 전통을 가진 모방의 본고장 영국 런던 텍스와 경쟁하겠다는 발상 자체가 어리석다는 여론은 거의 냉소에 가까웠다.

심지어 '이병철이 요행히 제당업으로 돈방석에 앉더니 세상만사 눈에 보이는 게 없이 너무 쉽게 생각한다'는 혹평도 뒤따랐다. 이 같은 여론을 의식한 삼성의 경영진은 굳이 모직을 택할 바에는 전량 수입에 의존하는 양모羊毛를 원료로 하는 것보다, 우리나라에서 많이 생산하는 목면을 이용한 면방綿紡이 안전하다는 의견을 제시하기에 이른다. 일제 강점기부터 대구에 밀집해 있는 중소섬유류 업체들도 삼성이 모직 업을 일으킨다는 소문을 듣고 "대기업이 영세업체들의 밥줄까지 끊는다"며 아우성을 쳤다.

그러나 모두 하나는 알고 둘은 모르는 소리였다. 그의 원대한 구상과는 완전히 빗나간 얘기였다. 대구의 중소섬유업계와는 제직 분야가 전혀 다른 국제규모의 모직 업이었다. 그래서 이번에도 그는 주위의 만류를 뿌리치고 혼자서 결단을 내리게 된다. 그가 만들겠다는 모직 류는 경제사절단의 일원으로 일본을 방문했을 때 도쿄에서 런던텍스로 만든 '세빌로(Savile Row)' 양복을 맞춰 입고 이미 돌다리를 두들겨 봤다.

'세빌로'란 세계적으로 유명한 영국 런던의 고급 수제 양복점 거리를 가리키는 이름이다. 주요 고객은 영국 왕실 귀족을 비롯한 정치지도자, 기업인 등 세계적인 유명 인사들이었다고 했다. 하지만 그 당시 세계적으로 유명한 고급 양복 지 '런던 텍스'가 일본에서도 패전의 잿더미를 딛고 시중 양복점에서 보편화 돼가고 있었다. 우리라고 언제나 후진국에 머물러 있으란 법도 없었다. 한 발이라도 선진국을 따라가지 않으면 영원히 뒤처질지도 모른다고 생각했다.

그래서 그는 미래의 대한민국에 희망을 걸었다. 우리도 머지않아 그런 시대가 올 것으로 보고 경영진이 건의하는 면 방을 뿌리치고 과감하게 모방을 선택했다. 그래야만 중소섬유류 업체들도 업 권 침해를 받지 않고 살아남을 수 있다. 만약 경영진의 의견대로 면 방을 선택할 경우 농촌에서 대량생산되는 값싼 목면을 자체조달할 수는 있겠지만 아무리 최신 시설을 갖춘다고 해도 기술력에서 낙후된 수공업 형태를 벗어날 수 없었다. 그래서 주업종으로 세계 일류와 어깨를 겨룰 모방을 과감히 선택한 것이다.

일종의 영발경영인가? 내면에서 용광로처럼 끓어오르는 창조와 혁신의 도전정신은 마치 귀신에 홀린 듯 거칠 것이 없었다. 1954년 9월 15일, 마침내 대구에서 '제일모직공업주식회사'를 설립하게 된다. 삼성상회의 창업정신 '제일주의'를 표방한 창조적 영발경영의 도약이었다.

이병철은 덜컥 제일모직 간판부터 내걸었으나 손에 쥔 것은 주한 호주대사관과 협약한 양모 수입권 외에 아무것도 없었다. 독일이나 이탈리아에 발주할 생산시설부터 고민하기 시작했다. 제일주의! 국내에서 국제규모의 제일 큰 공장을 건설해야 하는데 경영진에서는 그때까지만 해도 일종의 기우에서 벗어나지 못하고 있었다. 만일의 경우 실패를 염두에 두고 안정성을 고려해 신설되는 공장 규모를 중소기업 형태로 출발해 사업 진도에 따라 증축하는 방안을 또다시 건의하는 거였다.

그러나 그의 경영철학에 '실패'란 단어는 아예 존재하지 않았다. 마산에서의 첫 사업에 실패한 것도 방만한 경영에서 빚어진 것이 아니라 중일전쟁이라는 뜻밖의 시대 상황 때문이었다. 그런 외적 영향이 아니라면 실패란 있을 수 없다고 생각했다. 더욱이 휴전 이후의 국내 경영환경은 전쟁의 폐허를 딛고 일어서려는 국가 경제의 부흥기를 맞아 그 어느 때보다 여건이 좋았다.

국내 최초의 모직공장인 만큼 국제경쟁에서도 손색이 없는 최신·최고 시설의 대규모 공장을 건설하지 않으면 안 된다는 것이 그의 일관된 소신이었다. 그래야만 생산 원가를 낮출 수 있고 품질 좋은 제품을 보다 싸게 공급할 수 있을 것이라고 생각했다. 그래서 신설되는 제일모직은 삼성의 창업지 대구에서 물 좋고 땅 넓은 신천新川 주변에 터를 잡기로 한 것이다.

신천은 대구시가지를 남북으로 가로질러 흐르는 대구시민의 젖줄인 데다 동서로 흘러드는 금호강을 끼고 낙동강 본류와 합류하는 이른바 내성천內城川이다. 농업용수와 공업용수를 풍부하게 공급하는 대구 유일의 수자원이다. 때문에, 비록 영세성을 벗어나지 못하고 있지만, 대구는 일제 강점기부터 섬유 도시로 발전해 왔고 큰 장(현 서문시장)은 전국에서도 유명한 섬유류 도매상이 밀집해 있었다.

특히 염색가공이 필수공정인 모직류의 특성상 물은 절대량을 확보하지 않으면 안 된다고 한다. 그래서 그는 파이프를 꽂아 맑은 물을 무제한 끌어들일 수 있는 신천 주변 침산동의 논밭 7만여 평을 공장부지로 확보했다. 그 당시에는 엄청난 규모였다. 이렇게 결정하고 보니 무엇보다 선진기술 도입이 절실해졌다.

애초 제일제당 플랜트를 발주했던 일본 미츠이와 다나카의 기술도입을 탐색해 봤으나 정부의 인·허가 과정에서 뜻밖에도 "정부가 추진해오다 외환 사정으로 일시중단한 독일 플랜트를 도입하는 것이 발주가격 면에서 외화를 절약하고 기술이전에도 훨씬 유리하다"는 당시 부흥부(현 산업통상자원부)와 외자청外資廳의 강력한 권유가 있었다.

이때 비로소 알게 된 사실이지만 정부가 제일모직에 앞서 소모방적梳毛紡績의 국산화를 위해 독일 스핀바우사社의 방적기 5천 추錐를 발주했으나 외환사정이 어려워 차일피일 미루고 있다는 거였다. 게다가 대 미對美 원조 달러에 의존하고 있는 경제 상황에서 "자칫 수입 대체산업을 정부가 주도한다면 미국의 원조 달러가 삭감될 우려가 있다"는 외자 청의 반대에 부딪혀 일시중단하고 있다는 사실도 알게 되었다.

절호의 기회가 아닐 수 없었다. 그는 지체 없이 정부의 권유대로 이미 발주해둔 방적기 5천 추를 인수하는 조건으로 제일모직 설립 인·허가를 받아냈다. 그러나 스핀바우사가 보내온 공장 설계를 받아보니 입지와 기상, 수질 조건 등 24가지 항목이 우리 실정에 맞지 않았다. 현지 실정도 모르고 일방적으로 결정하는 관료주의에 젖은 폐습이 원인이었다. 기업은 기업인에게 맡겨야 한다는 말이 그래서 생긴 것이다. 예나 지금이나 정부가 권력의 힘으로 기업경영에 간섭한다면 될 일도 안 되기 마련이다.

이병철은 고심 끝에 후진국 기업의 처지에서 언감생심이지만 과감한 결단을 내린다. 스핀바우사의 기본 설계를 우리 실정에 맞게 수정하여 메인 플랜트는 독일에 발주하되 각종 부속설비는 영국·프랑스·이탈리아 등 선진국 최고 플랜트를 골라 별도 도입하기로 한 것이다. 왜냐하면, 산업혁명 이후 100년 역사를 가진 유럽 선진제국에서는 제사製絲·염색·가공·직포織布 등 공정별로 전문화·분업화되어 있으나 국내 산업 구조상 제일모직은 이를 하나로 묶어 일괄공정으로 생산체제를 갖춰야 했기 때문이다.

정부가 담보하는 미국의 대외 원조FOA 자금은 100만 달러였다. 정부 발주량 5천 추에 국한된 도입자금이었다. 그러나 이병철은 추가로 5천 추를 더 늘려 도합 1만 추의 기계 설비를 스핀바우사에 발주하고 국내 기업 최초의 대독 L/C(신용장)도 개설했다. 동양인의 체질상 타고난 체구도 비교적 작았고 체력도 약하게 보였으나 정신력 하나만은 서양인 빰칠 정도로 강인했고 배포도 컸다. 그와 한 번 만나 대화를 나눠본 선진국 사업가들은 그의 배포와 선견지명에 혀를 내둘렀다고 했다.

이러한 절차를 거쳐 플랜트 설비는 독일 기술진에 의해 추진되었고 나머지 토목공사는 전적으로 국내 기술진을 동원해 건설했다. 그 당시에는 정부 당국도 국내 기술진에 의한 토목공사는 불가능하다고 판단할 때였으나 삼성은 이미 제일제당을 건설한 노하우가 축적되어 있었다. 훗날 최첨단 건설공법을 개발한 삼성건설(현 삼성물산 건설부문)의 토대가 되기도 했다.

처음 착공한 제일모직 건물은 2층 규모의 건설본부 겸 본사 종합사무실이었다. 이 건물은 제일모직의 상징적인 건물이 되었지만, 애초 준공할 때 1층 메인 홀은 종합사무실로 사용하고 2층은 사장 집무실과 숙소로 만들었다. 숙소 규모도 일본 도쿄의 데이고쿠帝國 호텔 스위트 룸처럼 히노키 욕조를 갖춘 초호화시설이었다.

이병철 사장은 건설 초기부터 아예 이 숙소에 기거했다. 이 무렵부터 건설현장에 붙어 있으며 밤낮없이 공사현장을 지키며 지휘 감독하고 숙식도 현장에서 해결했다. 그 당시 2층에 마련된 숙소는 이후 거대기업군으로 발전한 후에도 이병철 회장이 대구를 방문할 때마다 호텔에 묵지 않고 평생 숙소로 사용하였다. 제일모직에 대한 애착이 그만큼 강했다.

제일모직 건물 건설공사 기간을 1년으로 예정했으나 소모梳毛 공장이 불과 6개월 만에 완공된 데 이어 이듬해인 1956년 초까지 방모紡毛 · 직포織布 · 염색가공 공장이 차례차례 완공되었다. 실로 경이적이었다. 여기에다 1천여 명(이후 2천여 명을 증원해 총 3천여 명)으로 예정한 여공들의 기숙사며 조경 시설까지 갖추다 보니 시설용지가 절대적으로 부족했다.

점차 인근 농경지를 사들여 공장부지를 웬만한 공단 규모인 20만 평으로 확장했으나 연이은 증설로 이 부지마저 부족할 정도였다. 이렇게 국내는 물론 세계적인 규모의 모직공장 일괄공정 시설을 완공하고 플랜트 발주처인 독일과 모방의 본고장 영국을 비롯하여 프랑스, 이탈리아 등지에 보냈던 기술 및 디자인 연수생들을 모두 귀국시켜 가동준비를 서둘렀다.

연수생들은 원모(原毛) 염색 · 가공 · 방직 · 기계 등 분야별로 6개월간에 걸쳐 선진기술을 연마하고 돌아온 것이다. 제일모직을 설립한 지 1년 8개월 만인 1956년 5월 2일 마침내 역사적인 시 운전에 들어갔다, 이때 순수한 우리 기술진으로 생산한 시제품이 이름하여 '골덴텍스'이다. 이후 골덴텍스는 양산체제에 들어간 지 5년 만인 1961년 7월 소모사梳毛絲 3천 파운드를 홍콩으로 처녀 수출한 데 이어 정부로부터 종합무역상사 제1호로 지정받아 해외 수출시장을 개척하기 시작한다.

그 결과 1980년대 초엔 100번수番手 '월드베스트'를 개발해 모직물 원조국元祖國인 영국으로 수출할 만큼 품질의 우수성을 국제적으로 인정받게 된다. 골덴텍스는 이때부터 글로벌 수출시장에서 "한국의 골덴텍스가 월드베스트를 개발해 런던텍스로 세계를 석권하던 모직물 원조 유니언 잭 고지(영국)에 태극기를 꽂았다"는 말까지 나돌 정도로 인기가 높았다. 그 무렵 바이어들의 평판은 한국 제일모직의 100번수 월드베스트가 세계 최고급 모직물 비큐나 캐시미어, 개버딘보다 우수한 제품으로 알려지기 시작한 것이다.

11 격동기의 명암明暗

6·25 전쟁 3년 동안의 상흔이 도처에 폐허로 남아 있는 가운데 정전협정이 조인되고 전란 중 맹위를 떨치던 악성 인플레가 서서히 진정돼 가던 1956~57년, 삼성물산과 제일제당, 제일모직 등 삼성의 3대 주력기업이 마침내 삼태성의 상징처럼 삼위일체를 이루며 황금알을 낳는 거위로 번창하기 시작했다.

불굴의 창업정신으로 제일주의를 외치며 우뚝 선 오너 이병철은, 이제 대한민국의 경제를 좌지우지할 정도로 재계의 기린아가 되었다. 하지만 '이웃사촌이 논을 사면 배가 아프다'는 격으로 재계의 눈총은 부러움과 질시로 엇갈렸다. 국민 정서도 긍정적인 시각보다 부정적인 시각이 높았다. 터무니없는 여론에 편승해 부패한 재벌로 매도했다. 그저 자력으로 앞만 보고 달려왔을 뿐인데 무엇이 부패했다는 건가?

그 무렵 이승만 대통령은 전후복구와 경제부흥책의 하나로 자본시장을 활성화하기 위해 정부에 귀속돼 있던 금융권과 공기업의 정부 소유 주식에 대한 공매 불하를 단행한다. 이른바 국영기업의 민영화다. 이때 시중은행의 최고 예금주이던 이병철은 공개입찰에 참여해 흥업은행과 조흥은행, 상업은행 등 정부 소유 시중은행의 주식을 절반 이상 사들여 명실상부한 금융계의 대주주로 부상한다. 바야흐로 국제 무역, 제조업, 금융업 등 국내 중추산업을 아우르는 삼성의 중흥기를 맞이한 것이다.

게다가 그 당시 정부가 투자한 호남비료, 한국타이어, 삼척시멘트 등 공기업의 주식도 50% 이상 사들여 경영권을 장악했다. 그 무렵 시중에서는 흔히 돈을 많이 벌어 벼락부자가 된 사람을 가리켜 한국 제일의 재벌 이병철을 빗대 '돈병철'이라는 말이 회자되기도 했다. 그러나 과유불급過猶不及이라 했던가, 그 정도로 만족했어야 했는데, 비료! 그 비료사업에 욕심을 부리다가 결국 화근이 돼 엄청난 손실을 보게 된다.

그는 애초 호남비료를 인수해 놓고 보니 도무지 성에 차지 않았다. 그 당시 비료는 식량의 자급자족과 직결되는 국가정책의 주요품목이었다. 때문에, 정부가 미국의 전후 복구자금으로 무상지원 해주는 원조 불을 투입해 건설한 충주비료공장은 그 무렵 완공단계에 있었고 호남비료공장은 독일에 플랜트를 발주한 상태였다. 하지만 이들 두 공장이 신설돼 모두 가동되더라도 연간 생산량은 6만 톤에 불과했다.

이에 비해 수요는 해마다 크게 늘어나 1960년대에는 수요량이 연간 30만 톤을 돌파할 것으로 예상하고 있었다. 그만큼 식량 증산이 시급했지만, 비료는 거의 수입에만 의존하고 있었다. 그 당시 국내 경제 상황으론 전체 원조자금 2억5000만 달러 중 비료 도입에만 1억 달러를 투입하고 있는 실정이었다. 게다가 외환 조달이 늦어져 비료 도입 시기를 놓치는 바람에 식량 증산에 차질을 빚는 경우도 허다했다.

이런 현실을 훤히 꿰뚫어 보고 있던 이병철은 호남비료의 대주주가 되면서 마침내 또 한차례 도약의 발판을 마련할 꿈이 부풀어 오르기 시작한다. 국제 규모의 대단위 비료공장 건설이다. 적어도 국내 수요를 충족시키고 수출길도 열 수 있는 연산 35만 톤 이상의 비료공장을 건설해야 국제경쟁력도 갖게 될 것이라는 판단을 했다. 기초자료를 수집한 결과 1차로 5,000만 달러의 자금을 확보해야 엄두라도 낼 것 같았다. 요즘의 외환시세로 5,000만 달러라면 별 것 아니지만 그 당시에는 국가 경제를 좌우할 만큼 엄청난 자금이었다. 일개 기업이 감당하기엔 여간 힘겨운 일이 아닐 수 없었다.

그러나 그는 포기하지 않았다. 해외로 나가 교섭하면 선진국의 개발원조자금을 장기저리로 융통할 수 있을 것 같았다. 이태 전(1958년) 정부가 착공한 호남 비료공장의 플랜트를 독일에 발주했다는 사실에 주목하고 우선 헤르츠 주한 독일대사를 만나 국제규모의 비료공장 건설에 관한 의견을 교환했다. 그 결과 헤르츠 대사의 소개로 독일 정부의 에르하르트 경제상을 만날 약속까지 받아냈다.

그 당시 일본의 외환 보유고는 10억 달러 정도였으나 독일은 2차 세계대전의 같은 패전국이면서도 80억 달러 이상을 보유하고 있었다. 지체 없이 독일로 날아간 그는 에르하르트 경제 상을 만나 150년의 역사를 이어온 알프레드 쿠르프 재벌을 소개받고 민간 베이스의 상업차관에 대한 약속을 받아냈다. 그것도 우리 정부의 지불보증이 아닌 국내 시중은행의 지불보증으로 충분하다고 했다. 국내 시중은행의 대주주는 바로 이병철 자신이 아닌가.

이어 이탈리아로 건너간 그는 비료·화학·발전소·광산 개발 등 100여 계열기업을 거느린 몬테카티니 재벌을 찾아갔다. 몬테카티니는 일제 강점기에 북한의 흥남 비료공장 건설 플랜트를 수출한 관록을 자랑하며 차관교섭에도 적극적이었다. 마침내 이탈리아에서도 독일처럼 민간차원의 상업차관을 약속했다. 그렇게도 어렵다던 민간 베이스의 차관교섭이 한 군데도 아닌 두 군데에서 성사시킨 것이다.

비록 남의 나라에 빚을 내는 일이지만 맨주먹으로 국제규모의 비료공장을 건설하는 것과 마찬가지였다. 제일주의! 끊임없이 추구해온 일류의 조건이기도 했다. 그가 평소 생활신조로 삼아온 '인의예지신仁義禮智信' 가운데 신信, 즉 신뢰를 중히 여기는 이유다. 국내 최초의 민간 차관으로 삼성의 사운을 건 국제규모의 비료공장만 건설할 수 있다면 더 이상을 바랄 게 없었다.

그러나 성취감에 도취하여 귀국길에 올랐던 그는 한국에 도착하기 직전 비료공장 건설을 포기하고 만다. 귀국행 비행기 안에서 임시 뉴스로 전해진 4·19의거 소식을 들었기 때문이다. 순간 좌절감에 빠졌으나 모든 것을 운명으로 돌릴 수밖에 없었다. 더욱이 그가 4·19 의거를 주도한 학생들의 일방적인 주장에 따라 부정축재자로 몰리고 있는 상황이었다.

뭘 부정 축재했다는 것인가? 이병철은 억울했다. 일제 강점기 조선총독부의 눈총을 받아가며 연 수年收 300석의 민족자본을 밑천으로 사업을 일으켰고 삼성상회 창업 이후 먹는 문제와 입는 문제를 해결하기 위해 제일제당·제일모직을 수입 대체산업으로 키웠다. 그리고 절대빈곤에 허덕이는 농민들의 식량 증산에 기여하기 위해 비료공장 건설에 앞장서고 있는 시점에서 부정축재자라니 기가 막혔다.

그는 부정축재자로 매도당하고 있는 처지에 경영에 참여할 수도 없었다. '사촌이 논을 사면 배가 아프다'는 속담이 생각났다. 자본주의 국가에서 기업경영이란 자선사업도 아니고 이윤추구가 목적이 아닌가. 가능하면 많은 사업을 일으켜 이윤을 남기고 임직원들에게 넉넉한 임금을 지급하는 것이 자본주의의 상식이다. 그리고 남는 자산으로 다시 사업을 일으켜 납세 보국하는 것인데 세상 민심은 그런 경영이념을 전혀 이해하지 못하고 그를 무조건 '돈병철'이라고 질시하며 비판 대상으로 삼았다.

삼성상회를 창업한 이후 20여 년 동안 쉼 없는 성취욕으로 제일주의를 외치며 앞만 보고 달려온 죄밖에 없었다. 그런데도 민심은 너무도 야박했다. 부정축재자라는 터무니없는 표적이 된 그는 무조건 분노한 민심에 한발 물러서 일단 경영에서 손을 뗐다. 그러고는 1·4 후퇴 당시 빈털터리로 대구에 내려왔던 일을 상기시키며 집에만 틀어박혀 있었다. 오히려 그동안 소홀했던 가정사로 눈을 돌려보니 한결 마음이 편했다.

그는 4·19의거가 일어나기 3년 전인 1957년 일본에서 유학 중이던 장남 맹희를 국내로 불러들였다. 맹희가 도쿄농대 대학원 석사과정을 마칠 무렵이었다. 일찌감치 점 찍어둔 규수와 혼례를 치르기 위해서였다. 그런 것도 모르고 귀국한 맹희는 뜻밖의 일에 다소 난감했으나 감히 엄부의 영을 거역할 수 없었다. 그 당시에는 으레 부모가 정해준 배필과 혼사를 치르는 것이 유가적 전통이었다.

그러나 동생 창희는 달랐다. 그 무렵 그는 일본 유학 생활에서 알게 된 일본인 규수와 한창 열애 중이었다. 일본 황실 귀족의 후예인 나카네 히로미中根裕美이다. 창희가 부르는 애칭은 에이코英子다. 그녀의 할아버지는 일본 황실의 공작公爵이었고 아버지는 자작子爵이었으나 2차 세계대전 패전 후 평민으로 신분이 바뀌면서 국록을 받지 못해 창희를 처음 만났을 때 가정형편이 매우 어려웠다고 했다.

그 때문인지 이병철 회장은 처음부터 둘째 아들 창희의 결혼을 극구 반대했다. 그런저런 사연도 있었겠지만 원래 집안 어른들의 주선으로 중매결혼을 선호하는 것이 가풍이었다. 그런데 뜻밖에도 둘째 아들이 일본 여자와 열애 중이라니 어머니 박두을 여사의 속앓이도 이만저만이 아니었다. 명색이 양반가 삼성의 며느리로 맞아들여야 할 혼례인데 그 당시의 시대 상황으로는 남의 눈치가 보여 도저히 용납될 수 없는 일이기도 했다. 하지만 창희는 끝까지 고집을 꺾지 않았다.

특히 충효 의절을 생명처럼 여기며 가풍을 지켜온 어머니 박두을 여사는 한동안 "가문의 수치"라며 말문을 닫고 지냈다고 했다. 아버지 역시 창희한테 "니는 인제부터 내 자식이 아이다. 두 번 다시 내 앞에 나타나지 말거래이." 하고 부자간의 인연을 끊겠다며 최후통첩을 내렸다. 그러고는 가족들에게도 창희 문제의 언급을 금기시하며 입도 벙끗하지 말도록 엄명을 내렸다.

그러나 자식 이기는 부모가 없다고 했다. 6년을 버티며 집요하게 결혼 승낙을 요구하던 창희는 결국 부모님을 비롯한 가족들의 축복도 받지 못한 채 아버지가 일본으로 출장 갈 때마다 단골로 투숙했던 도쿄의 데이고쿠帝國 호텔에서 니카네 히로미를 아내로 맞아 조촐한 결혼식을 올렸다. 이 때문에 삼성가의 분위기도 한동안 냉랭해져 부자간, 형제간에도 인연을 끊는 상태에까지 갔고 창희의 결혼 문제는 아예 입에 담지도 않았다.

그런 와중에 장남 맹희는 무엇이든지 아버지의 뜻대로 고분고분했고 신혼의 단꿈에서 채 깨어나기도 전에 부인 손복남과 함께 미국 유학길에 오른다. 도쿄농대의 전공과는 달리 공업 경영학을 전공하기 위한 유학길이었다. 장남에게 해외 견문도 넓히고 경영학을 전공해 돌아오면 삼성의 오너 경영을 맡기겠다는 아버지의 속 깊은 뜻이 담겨 있었다.

하여 맹희는 미국 미시간주립대학의 대학원 박사과정을 거쳐 어렵사리 공업 경영학 박사학위를 취득하게 된다. 그는 박사학위를 따자마자 또다시 아버지의 부름을 받고 서둘러 귀국한다. 엄부의 깊은 뜻을 헤아릴 수 없었으나 무조건 그 영에 따라야 했다. 고국을 떠난 지 4년만인 1961년 초봄, 4·19 의거 1주년을 앞둔 시점이었다. 그 당시 국내 정세는 한 치 앞을 내다보기 어려울 정도로 극도의 혼란 상태에 빠져들고 있었다. 학생·시민 할 것 없이 이익집단을 이루어 데모와 농성으로 날밤을 지새우는 등 매우 불안한 상황이 되풀이되고 있었다.

이 때문에 맹희는 아버지가 자신의 조기 귀국을 재촉했던 것으로 지레짐작했다. 그러나 아버지는 서둘러 귀국한 아들에게 느닷없이 한일은행의 말단 행원으로 들어가 창구업무부터 보라고 했다. 그 당시에는 보기 드물게 미국에서 박사학위까지 취득하고 돌아온 자식에게 은행 창구직이라니 도무지 이해가 되지 않았지만 그래도 그는 장차 삼성의 오너 경영인이 된다는 꿈을 키우며 묵묵히 말석에 앉아 은행 창구를 지켰다. 그때 나이 만 31세. 창구를 지키기엔 너무 많은 나이였다.

하지만, 그로부터 얼마 지나지 않아 또다시 격변의 시대가 도래하고 만다. 5·16 군사쿠데타! 4·19 학생 의거 이후 지난 1년여간 사회를 극도의 혼란 속으로 몰아넣었던 과격한 시민·학생 단체가 자초한 사태였다. 저들의 표적 대상이 되었던 이병철에겐 이번에도 부정축재자라는 멍에가 덧씌워졌다. 인간만사 새옹지마塞翁之馬라지만, 부도옹 이병철이 겪어야 할 간난艱難은 도무지 끝이 보이지 않았다.

그는 마침 일본 출장길에서 5·16 소식을 전해 듣고 자신이 군사 혁명정부에 의해 부정축재자 제1호로 낙인찍혀 수배령이 내려지자 "전 재산을 국가에 헌납하겠다"며 자진 귀국했다. 그러나 냉혹한 카리스마로 알려진 혁명지도자 박정희 장군은 국가재건최고회의 집무실에서 그와 독대하며 뜻밖에도 화기和氣 넘치는 친절을 베풀었다. 그는 주로 피폐해진 국가 경제를 재건하기 위해 이병철의 의견을 청취하다가 한결 부드러운 분위기가 무르익어가자 여담으로 유명을 달리한 자신의 친형 박상희의 생전 얘기까지 떠올렸다.

"그 당시 내가 대구사범을 나와 문경에서 보통학교(초등학교) 훈도(교사)로 있을 때 가끔 전해 듣기로는 그 양반이 독립운동한다면서 이병철 사장의 도움을 많이 받았다고 합디다. 원래 순수한 애국심으로 독립운동에 투신했지만, 급진적인 사상에 휩쓸려 비참하게 생을 마쳤지요. 그 때문에 군에 몸담고 있던 나도 큰 곤욕을 치렀습니다."

이병철은 박정희와의 첫 대면에서 군사정부에 적극적으로 협조하여 경제개발에 앞장서겠다는 약속으로 무사히 풀려나 전국경제인협회(현 전국경제인연합회)를 조직해 견인차 역할을 자임하게 된다. 어쩌면 박정희의 특별한 배려인지도 몰랐다. 하지만 그런 배려는 오랫동안 이어지지 못했다. 이후 군사정권과의 갖가지 악연으로 연결되었기 때문이다.

군사정부는 "헐벗고 굶주린 민생고를 시급히 해결하겠다"며 국정방침을 일면 건설, 일면 국방에 두고 특히 경제개발에 주력하기로 결정했다. 제1차 경제개발 5개년계획이었다. 그 무렵 이병철은 정부 정책에 적극적으로 동조하면서 무엇보다 국가 경제를 일으키기 위해서는 대규모의 산업시설이 필요하다고 판단했다.

그래서 그는 전력과 공업용수, 육지와 해상의 물류 수송능력, 노동력 확보 등이 용이한 지역에 대규모의 공업단지를 조성하는 일이 시급하다는 결론을 내린다. 대한민국 최초의 산업단지를 조성하는 국가적 사업, 일본통인 그의 아이디어는 전후 일본의 눈부신 경제발전에 기여한 인프라 구축을 모델로 삼았다. 부정축재자 제1호에서 경제개발 1호로 운명이 180도 뒤바뀌게 된 것이다. 군사정부가 경제개발사업을 민간주도형으로 추진하면서 전적으로 경제인들에게 맡기고 정부 차원의 지원을 대폭 강화했기 때문이다.

경제인협회를 이끌며 국가경제사업을 주도하다 보니 삼성의 오너 경영에는 일일이 신경 쓸 여유가 없었다. 전문경영인들이 잘해 나가고 있었지만 그래도 최고 결정에는 오너의 책임이 뒤따랐다. 하여 그는 마침내 경영수업 중이던 장남 맹희에게 오너 경영에 참여할 기회를 열어 주기로 결심하게 된다. 삼성은 이미 거대한 기업집단으로 발전했으나 아직도 정부의 눈치를 살피며 그룹 회장제를 실시하지 못하고 있었다.

맹희의 부인 손복남은 원래 남동생 손경식(현 경총회장)과 함께 안국화재(현 삼성화재) 오너 경영에 참여하고 있었다. 안국화재는 경기도지사를 지낸 선친 손영기가 설립한 손해보험 회사였다. 그러던 것이 맹희가 아버지를 대신해 제일제당과 제일모직 등 주력 기업의 경영을 도맡게 되면서 삼성 계열사로 합병한다.

이후 맹희는 마침내 17개 계열사를 총괄하는 삼성그룹 부사장(현재의 그룹 부회장)으로 본격적인 오너 경영에 참여하며 후계체제를 굳히게 된다. 아버지 이병철 회장이 계열사 사장단 회의 때마다 "앞으로 삼성의 전반적인 경영을 맹희한테 맡기겠다"며 "아직 경험도 부족하고 나이가 젊지만 여러분의 경륜으로 많이 도와주기 바란다"고 당부해 왔기 때문이다.

전문경영인들도 모두 맹희를 명색이 일본과 미국 유학파에다 경영학 박사학위까지 취득한 인재로 공인하고 있었다. 그 당시 그의 나이 32세였다. 이병철회장은 그동안 정치적 격변에 시달려 오면서 권력 실세와의 갈등과 재산 헌납 등 맺힌 한이 너무 많아 더는 오너 경영을 고집할 수도 없었다. 하여 경영 일선에서 물러나길 원했던 것이다. 그런 아버지로부터 경영 대권을 물려받은 맹희는 적장자로서 당연한 권리라고 생각했다.

그는 아버지가 국가 경제개발에 적극적으로 참여하면서 흔들린 경영 대권을 바로 세우고 그야말로 제일주의를 완성하고 싶은 야망을 품고 있었다. 하지만 마음과 뜻대로 되지 않았다. 오너 경영에 나서면서 과욕에 휩싸인 나머지 나이가 지긋한 창업 공신들이나 경륜이 높은 임원들에게 쓴소리를 내뱉는 일도 잦아졌다. 그런 오만한 경영 태도가 외부의 고자질에 의해 아버지에게 알려지게되고 경영일선에서 물러나서 후견인 역할을 자임하던 아버지와도 갈등이 싹트기 시작했다.

이병철 회장은 기업을 일으킨 이후 정치 권력과 항상 거리를 두고 불가근불가원不可近不可遠의 원칙을 지켜 왔으나 군사정부의 경제개발 5개년 계획에 참여하면서 서서히 정경유착의 늪에 빠져들게 된다. 어쩌면 결코 피해갈 수 없는 운명이었는지도 모른다. 4·19의거 이후 당할 만큼 당하고 난 뒤 처음으로 군사 권력과 손을 잡고 보니 모든 일이 군대식으로 명령일하에 일사천리로 진행되어 갔다.

1963년 박정희 대통령의 제3공화국 출범에 때맞춰 마침내 울산공단 조성사업이 완공되고 기업들은 정부의 투자계획에 따라 공단에 입주할 고유업종 신청에 들어갔다. 삼성은 군사정부의 주체세력과 의기투합해 4·19로 중단했던 국제규모의 비료공장 건설을 신청했고, 선착순으로 정부의 투자승인까지 받아냈다. 이병철 회장의 개인적인 야망이자 삼성의 숙원사업이었다. 이름하여 국책사업을 상징하는 '한국비료공업주식회사'(이하 한비)였다.

따지고 보면 비료공장 건설은 이미 이승만 정권 말기 정부 차원에서 삼성보다 먼저 구상해왔으나 미국의 원조 달러 확보가 어려워 삼성이 뛰어들게 되었다. 그 당시 이 회장은 유럽으로 건너가 독일의 쿠르프, 이탈리아의 몬테카티니 재벌 등과 민간차관 교섭까지 성사시켰으나 4·19로 인해 좌절되고 말았다.

그러던 것이 3년 만에 다시 시작하게 되었으니 이 회장으로서는 감회가 남달랐다. 그 당시만 해도 농업인구가 절대적인 상황이었고 농민들을 위해 값싼 비료를 공급할 대규모의 비료공장 건설이 무엇보다 절실했다. 하지만 군사정부가 민정 이양에 따른 정치 일정에 쫓기면서 삼성이 신청한 비료공장 건설은 우여곡절을 겪으며 연기를 거듭하다가 3공화국 출범 직후 박정희 대통령의 재가가 떨어진 것이다. 삼성으로서는 공기가 늦어 이만저만한 손실이 아닐 수 없었다.

훗날 밝혀진 사실이지만, 정부에서는 4년 후 박 대통령의 연임을 염두에 두고 당선에 절대적인 농민들의 표를 의식한 타이밍이 필요한 것이었다. 표와 직결된 정책조율이었다. 요즘 홍수처럼 남발하는 일종의 정치 쇼와 다름이 없었다. 그래서인지 박 대통령이 한비의 건설을 재가하면서 이 회장을 불러 “67년 대선 전에 반드시 완공할 것”을 전제조건으로 달았다고 했다.

이에 이 회장도 건설자금의 일부인 10억 원의 대출과 인·허가 업무의 신속한 처리를 건의했다. 하지만 중요한 국책사업임에도 불구하고 대출은커녕 정부의 인·허가도 지지부진한 상태에서 또

한 해를 허송하고 65년 9월에 가서야 겨우 착공에 들어갈 수 있었다. 그 당시 행정체계가 속전속결이 몸에 밴 군사 문화와는 달리 그렇게도 느슨하고 시간만 끌기 일쑤였다.

이런 가운데 삼성은 한비 건설로 인해 또다시 엄청난 회오리바람에 휩쓸리고 만다. 이른바 오티사OTSA(일명 사카린) 밀수사건이었다. 삼성이 전적으로 덤터기를 썼지만 부정부패를 일소하겠다는 슬로건을 내걸고 국정을 이끌었던 정치 권력이 앞장서 기업에 손을 내밀고 막대한 정치자금에다 떡고물까지 챙기려 들었기 때문에 벌어진 사태였다.

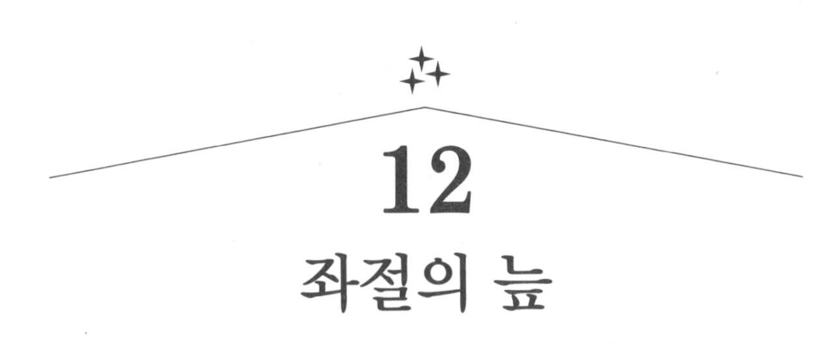

12 좌절의 늪

한비의 건설사업에 박 대통령과 약속한 공기를 맞추기 위해 불철주야 총력을 기울이고 있을 무렵 정·관계에 마당발로 알려진 아무개 제일모직 사장이 한비의 사장으로 자리를 옮기게 된다. 이병철 회장의 결단에 의한 인사조치였다. 가신그룹 중 한 사람인 그는 이 회장이 제일모직을 설립할 당시 전문경영인으로 영입돼 주로 수출입 인·허가 업무를 전담하면서 정·관계에 발을 넓혀 왔다. 사실상 삼성의 로비스트라고 해도 과언이 아니었다.

그는 특히 정·관계 실세들에게 이른바 로비를 잘하는 사람으로 정평이 나 있었다. 그래서 이 회장은 그가 요구하는 대로 많은 로비자금을 마련해 줬으나 깨진 독에 물붓기식일 뿐 한비의 건설에 따른 정부의 대출 지원과 인·허가 업무 등 눈앞에 닥친 시급한 일은 별다른 진전도 없이 차일피일 세월만 죽이고 있었다.

이병철 회장은 정부의 조치를 기다리다 지친 나머지 결국 일본으로 건너가 일본 굴지의 기업인 미츠이 물산과 차관교섭부터 벌였다. 이미 5년 전 독일의 쿠르프, 이탈리아의 몬테카티니 그룹과 맺은 민간 차관은 그동안 시일이 너무 흘러 없었던 일이 되고 말았기 때문이다. 다른 방법을 모색할 수 없었던 그는 제일제당 건설 당시 프로젝트를 발주했던 인연으로 또다시 미츠이를 찾게 된 것이다.

그 결과 우리 정부의 지불보증도 없이 연리 5.5%에 2년 거치, 8년 균분 상환 조건으로 그 당시의 외환 가치로는 어마어마한 4천300만 달러의 외자를 유치하게 된다. 이로써 마침내 울산공단 35만 평 부지에 연산 33만 톤 규모의 비료공장 건설을 착수한다. 단일 비료공장으로서는 세계 최대규모였다. 이때 삼성은 비로소 세계적인 기업으로 우뚝 서는 발판을 마련한 것이다.

그러나 이후 그는 울산 쪽으로는 고개도 돌리고 싶지 않게 된다. '울산'이라는 말만 들어도 이후락 청와대 비서실장과 김형욱 중앙정보부장 등 권력실세의 얼굴이 떠오르고 귀청을 찢는 듯한 그 두 사람의 목소리가 환청으로 들려 소름이 돋기까지 했다. 그 어려운 난관을 뚫고 국책사업으로 한비를 건설해 놓고 제대로 가동도 해보지 못한 채 고스란히 국가에 헌납하고 말았기 때문이다. 이른바 사카린OTSA 밀수사건의 후유증이었다.

권력 실세를 업고 진행한 일이었으나 독배는 고스란히 이병철 회장과 삼성이 마셔야 했기 때문이다. 거대한 토네이도처럼 휘몰아치는 후폭풍을 피할 길이 없었다. 그 이면에는 정치자금이라는 검은돈이 발목을 잡고 있었고 기업이 정권의 돈주머니 역할을 하려다가 국제적인 망신살만 뻗치고 말았다. 운명의 장난치고 너무도 가혹했다. 창업 이래 30년 만에 겪어보는 엄청난 시련이었다.

문제의 발단은 애초 상업차관을 제공한 일본 미츠이 측에서 기계 설비 등 플랜트를 한비에 수출하는 조건으로 "100만 달러의 리베이트를 제공하겠다"고 제의해 온 데서 시작되었다. 이 리베이트는 국제 무역의 통상적인 관례이기도 했다. 삼성물산도 규모는 작았지만 그런 관례에 익숙해 있었다. 수출입 무역 관행상 거래업체 간 사례금으로 주고받는 커미션의 일종이었다. 때문에 미츠이나 삼성에서 입만 닫고 있으면 아무도 알지 못하는 검은 거래나 다름 아니었다.

그러나 이병철 회장은 정부에 보고하기로 마음을 먹었다. 지금 같으면 정부나 기업 차원에서 볼 때 푼돈에 불과하지만 외환보유고가 바닥난 그 당시 국가재정 상황에서 100만 달러라면 욕심낼 만한 거액이 아닐 수 없었다. 이 회장이 이 리베이트에 관한 사실을 정부에 보고하기로 결심한 것에는 회장의 정직함도 한몫했지만, 정부의 환심을 사 자금난을 덜어보자는 속셈도 있었다. 한비의 건설 과정에서 대일對日 차관 외에 많은 자금이 쓰였고 삼성의 계열기업 전체가 자금난에 봉착해 있었기 때문이다.

당시 정부가 지원해주기로 했던 10억 원의 대출이 자꾸 지연되고 있었다. 그는 이를 타개할 목적으로 박정희 대통령을 만나 "미츠이 측에서 음성적인 사례비로 100만 달러의 리베이트를 제공하기로 했다"고 보고한 것이다. 이밖에도 그는 한비의 준공 이후 울산공단에 우후죽순처럼 들어서게 될 각종 기업의 플랜트를 삼성물산이 맡아 추진해야겠다는 야망도 품고 있었다. 그런 의미에서 우선 박 대통령의 환심을 사는 일이 시급했다.

그 당시 기계류나 건설장비 등 선진국의 플랜트를 들여오지 않고 국내 기술진만으로 공장을 건설하기 어려웠다. 하지만 삼성은 이미 제일제당과 제일모직의 기계 설비 중 대부분 선진국의 최신 플랜트를 들여왔고 일부 국내 기술도 노하우를 축적하고 있었다. 게다가 한비의 건설에 투입된 기계류는 줄잡아 30만 종으로 총중량 18만 톤에 달했다.

그러나 문제는 100만 달러의 리베이트를 어떻게 들여오느냐에 달려 있었다. 그 당시에는 한·일 국교 정상화가 이루어지지 않아 정부 차원에서도 거액의 외화를 국내에 반입하기가 쉽지 않았다. 게다가 리베이트는 합법적인 자금이 아닌 불법적인 비자금이 아닌가. 돈 냄새를 맡고 후끈 달아오른 청와대의 이후락 비서실장과 김형욱 중앙정보부장이 팔을 걷고 나섰다. 그들은 경제기획원(현 기획재정부) 장기영 부총리와 국회 김성곤 재경위원장까지 동원해 이 검은돈을 국내에 들여오는 대책을 논의하게 된다.

이 리베이트를 일본 정부 모르게 일단 미츠이 본사에서 뉴욕지사로 보내 다시 서울의 삼성물산으로 반입하는 이른바 돈세탁을 모색했으나 별 뾰족한 방법이 떠오르지 않았다. 정권 핵심부에서 고심 끝에 내놓은 아이디어가 "현금 반입이 어려우면 차라리 법적으로 문제가 없는 수입 물량을 국내로 들여와 시중에 내다 팔면 자연스럽게 원화로 교환도 되고 꿩 먹고 알 먹는 격이 아니냐"는 거였다.

이런 방식으로 국내에서 고가의 수입 물량을 처분하면 100만 달러를 원화로 교환하는 것보다 적어도 3배 이상 많은 이익을 남길 수 있다는 계산도 나왔다. 그들에겐 무엇보다 67년 대선을 앞두고 정치자금 확보가 시급해 물불을 가리지 않았다. 그래서 그 일이 삼성에 맡겨진 것이다. 그 당시 각종 수입품의 시중 가격이 천정부지로 치솟을 무렵이었다.

잘만 하면 원화로 엄청난 수익을 올릴 수 있다는 시장조사 결과도 나왔다. 그 당시 국내 경제 규모로 볼 때 피부에 와 닿는 감각으론 실로 어마어마한 거액이 아닐 수 없었다. 삼성 측에서도 상당한 이익을 남길 수 있을 것 같았다. 하여 이 검은돈 가운데 100만 달러의 원화 교환액과 맞먹는 3분의 1은 정치자금으로, 또 다른 3분의 1은 부족한 한비의 건설자금으로 충당하고 나머지 3분의 1은 한비의 준공 이후 운영자금으로 사용한다는 계획까지 세워 놓았었다.

한마디로 꿩 먹고 알 먹는 격이었다. 그야말로 미츠이의 리베이트를 판돈으로 걸고 권력 실세와 삼성이 벌인 짜고 치는 고스톱이나 다름이 없었다. 전형적인 정경유착이었고, 이른바 삼성의 사카린 밀수사건은 이렇게 싹이 트기 시작한 것이다. 한·일 국교 정상화 2년 전이었다.

정부의 묵인하에 이루어진 삼성 밀수 팀은 이병철 회장의 둘째 아들 창희의 진두지휘로 일본 시장에 밝은 삼성물산 이일섭 상무와 손영희 과장이 실무를 맡았다. 창희가 사실상의 밀수 총책이었다. 그는 국제결혼으로 한때 아버지의 눈 밖에 나 가족들과도 소원했으나 기회 있을 때마다 부모님 앞에 무릎 꿇고 용서를 구했다. 그 결과 일본에서 유학하고 돌아온 그를 일본 사정에도 밝다는 이유로 삼성물산 이사로 선임한 것이었다.

사실상 삼성의 오너인 장남 맹희는 정부 측과 유기적으로 연락을 취하며 밀수사업 전체를 진두지휘하는 컨트롤타워 역할을 맡고 있었다. 그러면서도 그는 밀수(?)라는 범죄사실을 전혀 의식하지 않았다. 정부에서 눈감아 주기로 약조한 이상 아무 거리낌이 없었다. 터놓고 건설자재며 기계류를 마구잡이로 들여왔다. 사실 삼성에서는 시중에 내다 팔 소비재보다 건설 기자재와 각종 기계류에 더 눈독을 들이고 있었다. 기업 측면에서 볼 때 앞으로 울산공단에서 건설 붐이 일어나면 엄청난 이익을 창출할 수 있다는 기대감 때문이었다.

그 당시 울산항에는 중앙정보부를 비롯한 세관·경찰·국세청·해운항만청 등 정부 권력기관의 지부와 분소가 각각 설치돼 있었다. 이들 기관은 정부 차원에서 한비의 건설은 물론 울산공단에 입주한 기업들의 자재 수입 등 공장 건설을 지원하는 임무를 띠고 있었다. 특히 중앙정보부나 세관, 항만청에서는 상부의 엄격한 지시에 따라, 한비의 수입품목에 대해서는 아예 눈을 감고 있었다. 세관에서는 무엇이든 삼성이 들여온다면 품목도 확인하지 않고 그대로 통관스탬프를 쿡쿡 눌러주었다.

그래서 건설장비와 기계류는 말할 것도 없고 심지어 양변기와 냉장고·에어컨·고급전화기·스테인리스판 등 암시장에서 불티나게 팔리는 품목들을 무더기로 들여왔다. 그러나 뜻밖에도 외국의 차관까지 끌어다 사운을 걸고 건설한 한비는 준공 직전 치명적인 덫에 걸리고 만다. 공교롭게도 밀수품목 가운데 금수품목인 사카린의 원료 오티사OTSA가 들어있었기 때문이다.

권력 핵심부의 정치자금 마련을 명분으로 돈이 되는 것이라면 앞뒤 가리지 않고 무엇이든지 닥치는 대로 들여온 것이 크나큰 실수였다. 그 당시 시중 제빵·제과업체에서는 설탕값이 워낙 비싸다 보니 사카린으로 빵이나 과자의 단맛을 냈다. 그래서 사카린은 주요한 공산품이었고, 일반 서민층에서도 흔히 값싼 사카린을 사용하고 있었다.

그러나 정부에서도 감쪽같이 비밀에 부쳤던 사카린 원료 오티사 밀수가 그 당시 삼성의 계열사로, 창간한 지 1년 남짓한 신생 언론사 중앙일보와 라이벌 관계에 있던 동아일보에 의해 '사카린 밀수'로 폭로되고 만다. 동아일보의 취재원은 집권 여당인 공화당 소식통이었다. 한마디로 날벼락이었다.

정부와 짜고 친 고스톱을 왜 하필이면 여당에서 까발렸을까?

문제의 핵심은 역시 정치자금이었고 권력투쟁에 있었다. 동아일보가 특종으로 대서특필하자 여·야 가릴 것 없이 정치권에서 들고 일어나 국회에서 연일 한비의 밀수사건을 성토하는 등 일대 소동을 벌이는 바람에 삼성은 A급 태풍이 할퀴고 간 듯 안팎 곱사등이가 되고 말았다.

그 무렵 청와대와 중앙정보부는 은밀히 삼선개헌을 추진하고 있었고 개헌을 반대해온 JP(김종필)를 비롯한 공화당 지도부는 박 대통령으로부터 완전히 소외당하고 있었다. JP가 누구인가. 박 대통령의 조카사위이자 자타가 공인하는 5·16 혁명동지이자 정권의 제2인자였다. 그러나 제2인자를 용인하지 않는 정치 권력의 속성은 냉혹했다. 결국, JP는 모든 공직을 내려놓았고, 공화당 지도부는 이후락 비서실장과 김형욱 중앙정보부장 등 권력 실세들과 포스트 박정희의 후계 구도를 둘러싸고 권력투쟁까지 벌이고 있었다.

박 대통령의 정치자금과 한비의 밀수를 촉매로 이후락, 김형욱 등과 밀접한 관계를 유지하고 있던 이병철은 JP 측의 터무니없는 정치자금 요구를 거절하다가 예기치 않은 함정에 빠지고 만 것이다. 저들의 칼날은 기습적으로 삼성의 폐부를 찔렀다. 무서운 권력 집단이 아닐 수 없었다. 신문·방송 등 매스컴에서 연일 여론재판으로 몰아가자 시중 민심도 돌아섰다. “한국 제일의 재벌이 비료공장 건설을 핑계로 사카린 밀수까지 해 밀수 왕국이 되었다”는 비난 여론이 하늘을 찔렀다. 삼성제품 불매운동까지 일어났다.

오티사 밀수사건이 터진 후 재무부 관세국(현 관세청) 소관이라는 이유로 줄곧 뒷전에서 거리를 두고 있던 검찰이 마침내 칼을 빼 들었다. 전면 수사에 나선 것이다. 검찰의 칼날이 번득이자 이병철 회장은 박 대통령에게 일말의 배신감을 느꼈다. 애초 한비의 건설 플랜트 수입 조건으로 일본 미츠이 물산이 제공한 100만 달러의 리베이트 처리를 두고 밀수 아이디어를 낸 주인공은 이후락과 김형욱 등 권력 실세였기 때문이다.

더욱이 그들은 삼선개헌과 관련, 정치자금을 마련하기 위한 목적으로 삼성을 내세워 막무가내로 밀수를 조장했다. 박 대통령도 이런 상황을 알고 사전승인까지 했다는데 막상 일이 터지자 등을 돌리고 침묵으로 일관했다. 비정한 권력의 속성이 아닐 수 없었다.

“정치하는 사람들 믿으면 안 된다. 너무 약고 의리가 없는기라.”

혼잣말처럼 넋두리는 이병철의 독백이었다. 그는 정치 권력과 연결돼 무슨 일을 추진한다는 것이 얼마나 위험하고 허망한가를 뒤늦게 깨달았다. 어쨌든 자신을 보호해주리라 믿었던 권력 실세들이 돌아선 이상 아무런 대책도 마련할 수 없었다. 그 시점에 삼성은 경영권 전체가 흔들리고 사면초가에 내몰리고 있었다.

심지어 정부에서는 궁지에서 벗어나기 위해 이병철 회장과 법인 삼성을 국사범으로 몰아 단죄하겠다고 나섰다. 일종의 도마뱀

꼬리 자르기 식이었다. 삼성으로서는 일방적으로 당할 수밖에 별 다른 방도가 없었다. 검찰은 이창희와 이일섭, 손영희 등 관련자 3명을 특정외래품관리법 위반(밀수)혐의로 구속하여 기소하는 선에서 수사를 마무리했다.

한비 사장 아무개도 당연히 책임에서 벗어날 수 없었으나 그는 처음부터 수사대상에서 빠져 있었다. 게다가 회사가 비상상황인데도 평소 자랑하던 마당발과는 달리 사태수습을 위해 나설 생각도 않고 소파에 몸을 파묻은 채 숨을 죽이고 있었다. 그것이 수상쩍게 보였다.

'천 리 둑도 개미구멍 하나 때문에 무너진다'는 말이 있다. 그 개미구멍이 아무개란 말인가? 수족 같은 임직원과 아들까지 감옥에 보낸 이병철의 심정은 한마디로 참담했다. 이 판국에 마무리 단계에 들어선 한비의 건설공사를 강행한다는 것도 무리였다. 그러던 차에 정부에서 느닷없이 한비를 국가에 헌납할 것을 강요해 왔다. 이런 최악의 상황에서는 더 이상을 견디기 힘들었던 이병철 회장은 지체 없이 자신이 보유하고 있는 한비의 주식 51%를 헌납하기로 결심한다.

그는 기자회견을 통해 이를 공식발표하면서 "정부가 한비를 인수하여 마무리 공사를 진행해 달라"고 요청했다. 그리고 자신은 "그동안 경제개발에 앞장서 왔던 경제인협회장직을 내려놓고 삼성의 경영에서도 손을 떼고 재계 은퇴를 선언했다. 1966년 10월 22일, 목소리가 떨리고 얼굴은 비장감이 서려 있었다. 이것이야말로 최악의 상황에서 벗어나는 최선의 선택일 것이라고 판단했기 때문이다.

그 당시 그의 나이 만 56세, 한창 기업을 일으키고 성장시키는데 열정을 쏟을 만큼 연부역강한 시점이었다. 하지만 그는 세월의 한계를 실감했다. 세상인심이 야박할 대로 야박해진 데다 평소 우호적이던 경제인들도 정권의 눈치가 보여 아예 발길을 끊고 있었다. 통제경제의 전형이랄까, 기업경영에 절대적인 영향력을 행사하고 있던 정부에서 각종 규제와 간섭으로 사사건건 위협을 가해 왔다. 목이 옥죄어들수록 권력의 힘이 얼마나 무서운가를 새삼 실감했다.

삼성의 사운을 걸고 5년 동안 집념을 쏟은 끝에 건설한 한비의 준공도 보지 못한 채 국가에 헌납하겠다고 공식 발표한 그는 착잡한 심정을 가누지 못했으나 결국 양날의 칼을 피하는 극약처방으로 위기를 돌파하려 했다. 하지만 이마저 뜻대로 되지 않았다. 엉뚱한 데서 일이 묘하게 꼬여 들고 있었기 때문이다. 그가 쓰라린 심정으로 국가헌납에 대한 법적 절차를 밟으려 하자 그동안 시치미를 떼고 있던 청와대 이후락 비서실장이 느닷없이 메시지를 보내온 것이다.

그는 당시 박 대통령의 복심 중 복심이었다. 박 대통령의 절대적인 신임을 받고 있었고 사실상의 제2인자로 막강한 권력을 행사하고 있었다. 그러기 때문에 그의 말 한마디가 바로 박 대통령의 말이었고 그의 뜻이 박 대통령의 뜻이라고 해도 과언이 아니었다.

"한비를 국가에 헌납하는 것보다 사주만 경영일선에서 물러나고 아무개 사장을 비롯한 전문경영인 체제로 가는 것이 어떻겠는가?"

이후락이 보낸 메시지 내용이다. 간단히 말해 한비를 헌납하지 말고 아무개에게 경영권을 넘기라는 뜻이었다. 물론 이후에 발생하는 모든 문제는 정부가 전적으로 책임진다는 단서조항도 포함돼 있었다. 이병철 회장은 그때에야 비로소 장탄식을 하며 혀를 내둘렀다.

"아하! 그러고 보이께 그기 바로 손자삼우損者三友였구만. 아첨하는 자를 벗으로 하고, 성실치 못한 자를 벗으로 하고, 말만 앞세우는 자를 벗으로 한다쿠는 말… 그런 걸 내가 까맣게 모르고 있었다 아이가. 아무개 일당! 그 자들이 내를 배신했다 쿠는 걸…."

딥 스로트deep throat(내부고발자)! 이 회장은 오티사 밀수사건이 터졌을 때 부총수인 장남 맹희를 통해 아무개와 전직 비서실장 등 이른바 가신그룹을 자처하던 3인방의 동향이 수상하다는 귀띔을 몇 차례 받았으나 한낱 기우라고 생각했던 것이 현실이 되자 장탄식이 절로 나왔다. 철석같이 믿었던 아무개가 그동안 오너를 대신해 회사 비자금과 공금을 제멋대로 주무르고 뇌물을 뿌리며 자기 정치를 해온 사실이 낱낱이 드러났다.

그것이 결국 삼성의 기업활동을 보호하는 것이 아니라 자신의 부귀영달을 위한 행동이었다는 사실에 치가 떨리고 분노가 치밀어 올랐다. 그러나 이미 때를 놓치고 만 것이다. 설령 맹희 말을 듣고 미리 손을 썼더라도 배신하고 돌아선 그들의 마음을 돌리기 어려웠을 것이다. 왜냐하면, 그들은 이미 이후락과 김형욱 등 최고 권력 실세들과 짜고 한비 경영권을 빼앗을 음모를 진행하고 있었기 때문이다. 의인물용 용인물의疑人勿用 用人勿疑! 인재양성의 신조로 삼아왔던 그의 경영이념이 일시에 무너지는 느낌이었다. 한 마디로 사람을 잘못 쓴 것이다.

의심이 가는 사람을 제대로 가려보지도 않고 똑똑하고 경륜이 높다고 소문난 그들을 영입해 무조건 믿고 막중한 일을 맡긴 것이 실수였다. 창업 공신 1호인 이순근은 비록 이념성향은 달랐지만, 오늘날 삼성의 토대를 굳건히 다져놓고 퇴직금마저 사양한 채 홀연히 바람처럼 사라졌다. 이후 이념 때문에 악연으로 점철되긴 했지만, 이순근은 적어도 기업경영의 도덕성만은 지키려고 노력했던 인물이었다.

이병철 회장은 이후락의 메시지를 접하고 아무개의 배신행위에 치를 떨었다. 그래서 "이미 국민을 상대로 국가헌납을 공언한 이상 돌이킬 수 없다"며 단호히 거부했다. 게다가 아무개를 즉각 한비 사장직에서 해임해 버렸다. 명분은 국가헌납과 함께 자신을 비롯한 경영진의 동반 퇴진이었다. 그는 그 무렵까지만 해도 그런 권한을 놓지 않고 있었다. 아직도 법적으로 처리할 절차가 남아 있었기 때문이다.

하루아침에 한비 사장직에서 물러난 아무개는 삼성을 떠나면서 총수 이병철과 마지막 독대한 자리에서 구차한 변명으로 일관했다.

"국민감정이 극한 상황에서 어차피 삼성그룹 전체가 공중분해될 위기라면 사운을 걸고 건설한 한비만은 살려야겠다는 충정으로 일단 내가 맡아 운영하려 했던 것인데…."

그러나 이병철은 그 말을 코웃음으로 받아넘겼다. 삼성의 사운이 걸린 그런 중대한 문제를 사전에 오너와 의논 한마디 없이 권력 실세들과 만나 혼자서 북치고, 장구치고 처리하려 했다니 그게 말이 되는 소리인가. 가당찮은 말장난에 불과하다고 생각했다. 이런 자를 철석같이 믿고 중책을 맡겼다니… 참담한 심정이 이루 말할 수 없었다.

그는 자신을 배신하고 돌아선 아무개의 마지막 작별 인사도 받아주지 않았다. 그런 일이 일어난 후 아무개는 권력 실세들과 어울리며 이병철 회장과 삼성을 두고두고 괴롭혔다. 그 무렵 아무개는 삼성이 곧 망할 것으로 보고 일종의 과대망상에 빠져 있었다. 조만간에 이병철과 삼성의 시대는 가고, 나는 새도 떨어뜨린다는 권력 실세를 업고 있는 자신의 시대가 열릴 것으로 기대하고 있었던 것이었다.

그래서 그는 삼성을 거대기업군으로 키운 자신의 공로를 인정해서라도 "한비 경영권뿐만 아니라 삼성 자산의 절반은 양도해야 할 것"이라고 호언장담했다. 그러나 이병철은 코대답도 하지 않았다. 물러난 아무개가 자신의 퇴직금을 부풀리기 위한 수작이라고 판단했기 때문이다. 그의 평소 행실로 봐서 충분히 그러고도 남을 위인이었다.

이병철 회장은 '천 리 둑도 개미구멍 하나로 무너진다'는 말이 생각날 때마다 마치 경기 들린 듯 온몸을 부르르 떨며 어금니를 깨물었다. 사운을 걸고 10년에 걸친 숙원사업을 이루려던 꿈은 산산 조각나고 말았지만, 그는 절대 절망하지 않았다. 미련 없이, 한비를 국가에 헌납하고 비로소 한숨을 돌리며 장남 맹희를 불렀다.

그 무렵 맹희는 집무실을 중앙일보사에 두고 한창 용인자연농원(현 에버랜드) 개발에 나서고 있었다. "자연을 활용해 수익과 직결되는 거대한 농원을 만들고 싶다"는 아버지의 평소 소원을 도쿄농대에서 전공한 농업경영학으로 실현하기 위해 개발팀을 구성하고 직접 자연농원 개발에 뛰어든 것이다. 이병철 회장은 그런 아들을 앉혀 놓고 결심한 듯 운을 뗐다.

"맹희야!"

"예, 아부지!"

"니는 인자(이제) 내가 없어도 우리 삼성을 지금보다 백 배 이상 키울 자신 있제?"

그동안 심사숙고해 오던 이병철 회장이 마침내 삼성의 경영 대권을 2세 맹희에게 완전히 넘겨주고 자신은 일체 경영에서 손을 떼야 한다고 결심한 순간이었다. 하지만 맹희는 아버지가 느닷없이 한마디 툭, 던지는 아버지의 말에 어리둥절할 수밖에 없었다. 그가 대답을 못 하고 머뭇거리자 이 회장이 다시 목청을 가다듬으며 말문을 이었다.

"아, 아부지가 없어도 니 혼자 삼성을 잘 운영해서 세계 일류 삼성으로 키울 자신이 있나, 이 말이다."

그때서야 맹희는 정신을 가다듬었다.

"예, 아부지! 열심히 하겠심더."

비록 짧은 기간이었지만 맹희는 그동안 격동의 소용돌이 속에서 아버지와 영욕을 함께 해왔고 앞으로도 그럴 것이다. 그것은 엄연한 현실이기도 했다. 누가 뭐래도 맹희는 삼성의 경영 대권을 이어받을 적장자가 아닌가 말이다.

아무개가 퇴진한 이상 앞으로 삼성의 대외업무도 모두 이맹희의 몫으로 돌아왔다. 비록 아버지는 청와대와 불편한 관계였지만 맹희는 그런 일을 충분히 해낼 능력이 있었고 주위에 지연·학연으로 얽힌 정·관계 인사들도 많았다. 그것이 그에게 큰 힘이 될 것이라고 믿고 있었다.

이병철 회장은 아들 맹희에게 경영 대권을 물려주면서 단단히 충고하는 것도 잊지 않았다.

"맹희야! 정치하는 사람들 믿지 말거레이. 불가근불가원不可近不可遠이다. 무슨 말인지 알겠제?"

"예, 아부지! 명심하겠심더."

"내는 이번에 한비 사건으로 큰 경험을 했다 아이가. 니는 앞으로 절대 그런 유혹에 빠지믄 안 된다."

"예, 아부지! 잘 알겠심더."

이병철 회장이 기업을 일으키고 성장시키는 과정에서 철저하게 지켜온 것이 있다면 정치권과 가까이도, 멀리도 하지 않는 불가근불가원의 원칙이었다. 그러면서도 그는 시대 상황에 떠밀려 믿는 도끼에 발등 찍히는 격으로 불가피하게 정치 권력과 손잡았다가 낭패를 보고 단단히 덴 일이 한두 번이 아니었다. 그런 과거사를 뼈저리게 느끼며 회한에 젖기도 했다. 경제계 은퇴 성명을 발표하기 직전이었다.

그는 그로부터 며칠이 지나 삼성 사장단 회의에서 일전에 선언한 재계 은퇴를 재확인하고 앞으로 자신을 대신해 삼성을 이끌어 갈 총수로 장남 맹희를 지명했다. 2세 승계 절차였다.

"내는 당분간 삼성의 일을 모두 맹희 부사장한테 맡기고 경영 일선에서 떠나 있을라 캅니더. 맹희 부사장이 아직 젊고 경륜도 일천하지만 여러분들이 옆에서 잘 좀 도와 주이소. 내도 출근은 계속하겠지만 예전처럼 일을 챙기는 것은 모두 맹희 부사장이 알아서 할 깁니더. 실질적인 경영 문제는 매사 맹희 부사장과 의논해 주기 바랍니더."

당시 그 자리에는 쟁쟁한 창업 공신과 원로 경영인들이 모두 참석해 있었다. 실로 삼성의 역사적인 순간이었다. 그러나 이맹희를 정점으로 한 2세의 오너 경영은 오래 지속되지 못했다. 맹희의 독선적인 경영이 파열음을 일으켰고, 반기를 든 가신그룹이 무서운 음모를 진행하고 있었기 때문이다. 게다가 외풍도 만만찮게 불어왔다.

한국 제일의 재벌기업 삼성이 2세 경영체제로 들어가자 세간에서는 한동안 화젯거리가 되기도 했으나 재계 원로들은 충격으로 받아들였다. 그 당시만 해도 국내 굴지의 기업들은 노회한 창업주들이 경영일선에서 물러나는 일이 극히 드물었기 때문이다. 게다가 보수적인 오너들이 2세들에게 경영권을 선불리 물려준다는 것 자체를 금기시하여 왔다. 고루한 유가적 관습이 2세들을 단순히 경험이 일천한 철부지로 봐온 탓이기도 했다.

당시 이병철 회장의 나이 58세, 연부역강했으나 시대적 상황에 몰려 은퇴를 선언하고 37세에 불과한 2세에게 경영 대권을 물려준 것이다. 실로 재계의 큰 충격이 아닐 수 없었다. 재계에서는 그동안 잘 알려지지 않은 맹희 총수에 지대한 관심이 집중하기 시작했다. 그중 한 사람, 맹희 총수의 일거일동에 지대한 관심을 기울이고 있는 사람이 바로 아무개였다.

그는 어쩌면 자신을 가로막고 있던 거대한 산(이병철)이 지는 해가 되어 사라지자 일단 안도하면서도 한편으로 성질 사납기로 소문난 삼성의 젊은 총수를 겨냥했다. 그가 칼을 갈며 노리는 것은 삼성이라는 거대한 기업집단의 공중분해였기 때문이다. 그래서 그는 '삼성 타도'의 기치를 내걸고 퇴직금으로 받은 3억 원(현재의 환율로 300억 원 이상)을 종잣돈으로 모방과 화섬 업에 뛰어든다. DH모방과 DH화섬이 그가 설립한 기업이었다.

DH모방은 삼성의 주력기업인 제일모직을 경쟁대상으로 삼았고 DH화섬은 제일합섬을 겨냥했다. 국내 모방과 화섬업계를 장악하는 데 목적을 두고 있었다. 그는 그럴 만한 충분한 경륜과 영향력이 있다고 자부했다. 국가권력의 상층부에 이후락과 김형욱 등 권력실세가 뒷배로 버티고 있었기 때문이었다.

그러나 벼락같이 이루어 놓은 그의 기업은 오래가지 못했다. 권력투쟁에서 밀려난 이후락이 물러나고 김형욱은 미국으로 건너가 박정희 비판의 선봉에 섰다가 프랑스 파리에서 실종되고 만다. 날개 잃은 아무개는 창업한 지 10년도 되지 않아 경영난에 시달리다가 자신의 기업을 TK그룹에 넘겨주고 만다.

삼성의 젊은 총수 이맹희를 경영경험이 일천한 풋내기로 보고 감히 삼성 타도의 칼날을 뽑은 것이 실수였다. 맹희는 아버지를 대신해 삼성의 경영권을 장악하자마자 처음부터 두려움 없이 한비의 헌납에 따른 뒷수습에 전념하면서 삼성의 조직을 추스렸다. 하지만 과유불급過猶不及이었다.

아무개에 대한 복수심에 불타 있던 그는 엉뚱한 과오를 범하고 만다. 삼성에서 모某씨 성姓을 가진 임직원들의 씨를 말리는 작업이었다. 조직을 개편하는 과정에서 아무개가 제일모직 사장으로 있을 당시 특채 형식으로 채용한 친인척들이 많았기 때문이다. 그 당시 국민소득이 불과 120달러로 절대다수 국민이 헐벗고 굶주리는 상황에서 하루 8시간 근무에 삼시 세끼를 공짜로 먹이고 기숙사까지 제공해주는 기업은 제일모직밖에 없었다.

그러다 보니 제일모직 견습여공 입사 경쟁률도 평균 30대 1을 기록할 정도로 치열해 간부들에게 줄을 대려는 사람들이 많았고 그중에서도 아무개 사장과 동성동본인 모某씨들이 마치 모종을 부어놓은 것 같았다. 보릿고개가 태산보다 높게 보이던 시절, 시골에서 대구로 올라온 20세 전후의 여공들이 대부분이었다. 그 당시 제일모직 대구공장의 여공은 자그마치 3000여 명, 이 가운데 모某씨 성을 가진 여공만도 족히 200여 명에 달했다.

이맹희는 제일모직 대구공장의 조직점검에 나섰던 비서실 감사팀의 보고를 접하고 "직위 고하를 막론하고 모某씨 성을 가진 임직원들은 모조리 해고하라"고 불호령을 내렸다. 한마디로 서릿발 같은 숙정 작업이었다. 하여 죄 없는 여공들까지 무더기로 쫓겨나는 수난을 당한 것이다. 동병상련이랄까, 이 때문에 한동안 제일모직을 비롯한 삼성 계열사 임직원들 사이에 '해도 너무한다'는 비난 여론이 들끓었다.

결국, 이 사실이 이병철 회장에게도 알려져 맹희 총수는 아버지에게 그릇이 작다는 불신을 받게 된다. 이른바 '기량론器量論'이 그래서 나왔다. 대기업의 경영을 책임지고 있는 최고경영자의 그릇이 그 정도밖에 안 된다는 얘기다. 아무리 말단 조직원이라도 감정적으로 마치 무 자르듯 관리하는 것이 아니기 때문이었다.

어쩌면 이맹희의 타고난 다혈질 탓인지도 몰랐다. 그의 성품에는 유달리 화기火氣가 많았다. 성격이 불같아 일할 때는 앞뒤 가리지 않고 고집스럽게 밀어붙이고 자존심이 강해 포용력이 부족했다. 돌다리도 두드려 보고 건너는 아버지 이병철 회장의 신중한 경영이념과는 달라도 너무 달랐다.

강해야 할 땐 강하고 약해야 할 땐 약해야 하는 것이, 아래 사람을 거느리는 리더십인데 그에게는 남달리 강하고 급하고 공격적인 카리스마만 존재할 뿐이었다. 그런 개성이 오너 경영인으로서 크나큰 취약점이었으나 그것을 미처 깨닫지 못하고 젊은 혈기에 의욕만 넘쳐나고 있었다. 새로운 사업을 일으키는데도 주저함이 없었다. 미국 코닝 글라스와 합작으로 삼성코닝을 설립하고 일본의 조미료 기업 아지노모토와도 기술제휴로 국산 조미료 '미풍'을 개발하는 등 사업영역을 앞뒤 가리지 않고 넓혀 나갔다.

삼성은 이병철 회장이 20대 중반 입신할 무렵부터 동업으로 시작했고 이후에도 새로운 사업을 일으킬 때마다 합작이나 동업을 선호했다. 만약 사업에 실패했을 경우 재기를 염두에 두고 위험부담을 줄이기 위한 창업주의 합리적인 기업관이기도 했다. 하여 맹희도 외자를 유치하는 과정에서 주로 합작형태나 기술제휴를 선호했고 그런 면에서는 아버지 이병철 회장의 긍정적인 평가를 받을 수 있었다.

맹희는 공장을 신축할 때도 헬멧을 쓰고 현장을 지켜야 직성이 풀렸다. 공기를 단축하기 위해 아예 작업복 차림으로 건설현장의 텐트 속에서 먹고 자며 임직원들을 스파르타식으로 몰아붙였다. 심지어 결혼하는 직원들의 신혼 휴가마저 5일로 규정된 사규를 무시하고 2일로 단축하는 등 그저 매몰차게 일만 시켰다. 그러지 않고서는 빚더미에 앉은 삼성이 다시 일어설 수 없다고 판단했기 때문이었다. 너무 가혹했지만 그렇게 한 1년을 버티고 나니까 확신이 생겼다.

13 쿠테타

이병철 회장은 경영일선에서 물러난 후에도 매일 출근했으나 일단 자식에게 경영권을 넘겨준 이상 현업에 대해 일절 간섭하지 않았다. 다만 자신의 시간을 가지고 가끔 일본을 오가며 새로운 사업 구상에 몰두해왔다. 하지만 '공든 탑이 무너진다'고, 시간이 갈수록 아들 맹희의 독단적인 경영방식에 대하여 좋지 않은 평판이 나돌았다. 대부분이 숨 쉴 틈도 주지 않고 임직원들을 혹사하고 있다는 얘기였다.

이 회장은 이런 소리가 들릴 때마다 속 좁은 자식의 경영능력이 아쉬웠으나 조용히 지켜보기만 했다. 한창 일에 미쳐 있는 자식의 기를 꺾고 싶지 않았기 때문이다. 그래서 새로운 사업 구상이 떠오를 때면 으레 맹희를 불러 기탄없는 의견을 나누기도 했다. 그 무렵 이 회장은 막역하게 지내던 일본 경제인들의 조언에 따라 전자산업에 많은 관심을 기울이고 있었다.

그러나 맹희의 의견은 달랐다. 전자산업에 진출한다는 것에는 전적으로 동감했으나 사업의 우선순위에서 자동차산업을 먼저 일으키자고 건의했다. 이미 신진자동차와 현대자동차가 정치권력의 힘을 업고 양산체제에 들어가는 등 선발기업으로 한발 앞서가는 시점이었다. 그는 이미 미국 유학 중 미시간주 자동차 도시 디트로이트에서 포드 자동차회사를 여러 번 견학한 경험이 있었다. 비록 라이벌 현대보다 한발 늦었지만, 자동차산업이야말로 전자를 비롯한 모든 공업 분야에 걸쳐 충분한 시너지 효과를 거둘 수 있고 첨단기술도 축적할 수 있다고 생각했다

그러나 아버지 이병철 회장은 전자산업과 중화학공업을 먼저 일으킨 다음에 자동차산업에 진출해도 늦지 않다고 판단하고 우선 전자산업을 착수하기로 한다. 이 회장이 전자산업의 착수를 서둘러 결정한 이유는 간단히 말해 자동차보다 이익이 많이 남는 장사, 즉 부가가치가 높다는 데에 있었다. 전자는 그 당시의 환율로 생산 제품 1g당 부가가치가 17원인데 비해 자동차는 3원 정도에 불과하다는 조사 결과가 나왔기 때문이다. 사업이란 무엇보다 이익 창출이 목적이다. 전자는 자동차에 비교하여 무려 5배 이상 부가가치가 높았다. 이병철다운 담대하고 치밀한 기획력이었다.

"기업은 자선단체가 아니다. 이익을 내지 않은 기업은 망하기 마련이다."

이병철 회장이 창업 초기부터 '이윤추구'라는 사시社是를 내건

이유다. 이윤추구로 흑자기조를 유지하면서 그 이익으로 임직원들에게 충분한 임금을 지급하는 것이 기업경영의 첫 번째 원칙이라고 했다. 그래서 삼성은 창업 이래 임직원들에게 최고의 대우를 해주고 있었다.

'인재제일'과 함께 국가에 성실하게 세금을 납부하는 '납세보국納稅報國'도 기업경영의 덕목으로 사시에 들어있다. 그리고 주주들에게 이익배당을 하고 남은 자산은 더 큰 이익을 창출하기 위해 재투자한다는 것이 불변의 경영이념이었다. 그래서 그는 해마다 연말이면 우리 한국보다 적어도 반세기나 앞서가는 일본으로 건너가 재계 인사들과 교류하고 미래를 구상하며 새해를 맞이했다. 이른바 '도쿄 구상'이다.

그동안 구상해온 중화학 분야도 껄끄러운 관계에 있던 정부 측에서 적극 권유가 있었으나 아직은 시기상조라고 생각했다. 중화학공업은 폭이 넓고 뿌리가 깊은 사회경제적 여건이 충족되어야 가능하다는 것이 미래를 내다보는 그의 판단이었다. 또한 1970년대에 들면서 국내 사정은 잇따라 두 차례나 오일쇼크가 불어닥쳐 정치·사회·경제 전반이 크게 흔들리고 있었다. 때문에, 중화학공업의 기반인 막대한 자금조달 능력과 고도의 기술 확보, 각 분야 전문인력의 지속적인 양성이 뒤따라야 가능했다.

게다가 양질의 원자재 공급, 전문화와 계열화된 협력업체의 생산시스템 확립, 해외시장 개척 등 중화학공업이 갖춰야 할 절대적인 요건도 극히 열악했다. 자칫 무리하게 중화학공업을 밀어붙이다간 부실경영으로 적자누적을 초래할지도 몰랐다. 그 부담은 결국, 국민의 몫으로 돌아가기 마련이었다. 그런데도 국내 대기업과 중견기업들은 1960년대 후반부터 정부의 권유를 받아들여 중화학 분야에 경쟁적으로 진출하고 있었다.

그래서 현대중공업을 필두로 대우중공업, 한진중공업 등 대기업들이 열악한 사회경제적 여건을 무릅쓰고 정부 방침에 따라 중화학공업에 진출한 것이다. 주요 업종은 조선산업이었다. 삼성도 한발 늦었지만, 기존의 중견 조선업체 대성중공업을 인수해 조선과 중화학공업에 뛰어들었다. 그 무렵 일부 중견기업은 상대적으로 생산성이 낮고 경쟁력이 떨어져 유휴시설이 남아도는 부실경영이 가속화되고 있었다. 특히 조선산업은, 덤핑을 하지않고는 해외수주 자체가 어려워 적자누적으로 부도 위기에 몰리기도 했다.

삼성은 창업 초기 중소규모의 소비재로 출발했으나 국제 무역으로 전환한 이후 크게 제당·모직·비료 등 국가기간산업을 일으켰다. 하지만 정권의 장단에 놀아나다가 한비의 밀수사건이 터져 발목이 잡히고 말았다. 이병철 회장은 모든 책임을 지고 경영일선에서 물러났으나 그럼에도 그의 사업욕은 아무도 꺾지 못했다. 악몽 같았던 치욕을 딛고 다시 일어선 그는 앞으로 전자·석유화학·조선·정밀기계·항공산업·반도체·컴퓨터·유전공학 등 다양한 첨단산업 분야에 진출할 꿈에 부풀어 있었다. 그런 원대한 구상에 따라 가장 먼저 일으킨 것이 전자산업이었다.

1960년대 후반 그 당시 일본의 전자산업은 이미 선진 미국과 유럽을 추격하며 개화기를 맞고 있었고 대만에서도 막 전자산업에 뛰어드는 시점에 와 있었다. 우리나라는 럭키·금성(LG전자의 전신)이 선발기업으로 자리 잡아가고 있었으나 주로 일본의 부품을 들여와 조립하는 단계에 머물러 있었다. 무엇보다 기술혁신과 대량생산에 의한 전자제품의 대중화가 시급했다.

"우리라고 전자산업을 몬할 리가 없는기라. 삼성이 하믄 다르다 쿠이."

이렇게 판단한 이병철 회장의 전자산업에 대한 결심은 요지부동이었다. "삼성이 하면 다르다"는 말은 이후 삼성전자가 크게 성공하면서 그룹 전체의 이미지 광고 카피로 널리 애용하는 계기가 되기도 했다. 사업성을 면밀하게 검토한 결과 전자산업이야말로 기술·노동력·부가가치·내수와 수출 등 어느 모로 보나 전망이 밝았다. 우리나라 경제 상황에 도약의 발판을 마련하기에 꼭 알맞은 사업이라는 결론이 났다.

하여 그는 삼성이 전자산업에 진출하여 국내에서 전자제품의 대중화를 촉진하고 수출전략산업을 육성하는 선도적인 역할을 자임하기에 이른다. 우선 내수용 전자산업부터 일으켜 기업의 기반을 다진 다음 반도체, 컴퓨터 등 산업용 분야로 발전시킬 계획이었다. 일본의 경우 1950년대 후반 한국전쟁 특수를 얻고 본격적으로 전자산업에 뛰어들어 불과 10여 년 만에 구미 선진국과 어깨를 겨루게 되었다.

일본과 비교하여 10여 년이 뒤졌지만 따라잡을 자신이 있었다. 그래서 그는 일본의 기술만 도입하면 단기간에 성공할 수 있다고 확신했다. 그에게는 일제 강점기부터 한일국교 정상화 이전에 일본을 드나들면서 허물없이 교분을 쌓아온 경제인들의 인맥이 있었다. 이를 잘 활용하면 이미 세계적인 기업군으로 선진기술을 보유한 일본 전자업계와의 기술제휴도 어렵지 않게 이루어질 것으로 판단했다.

그 당시 일본 전자산업을 주도해온 NEC(일본전기)와 산요전자 등의 최고경영자들과도 서로 흉금을 터놓고 지내는 사이였다. 특히 NEC의 고바야시 사장은 이병철 회장을 만날 때마다 "이제 한국에서도 전자산업을 일으켜야 할 때가 되었다"고 강력히 권유하는 바람에 마음이 매우 설레고 있었다. 그래서 그는 자동차를 먼저 시작하자는 장남 맹희의 건의를 뿌리치고 전자산업에 승부수를 걸었다.

1960년대 후반은 삼성이 한비의 밀수사건의 악몽을 딛고 다시 일어서던 시점이었고 국가산업 발전의 측면에서도 전자산업을 일으켜야 할 중요한 시기였다. 이병철 회장은 비록 경영일선에서 물러나 있었지만, 신산업 즉 새로운 사업에 또다시 사운을 걸기로 하고, 필생의 사업으로 전자산업을 일으키고 싶었다, '삼성전자'의 태동이었다.

이병철 회장이 삼성전자를 설립할 무렵 30대 후반인 아들 맹희는 인생의 황금기를 맞고 있었다. 그런 그가 밤낮을 모르고 삼성을 제2의 도약단계로 끌어올리기 위해 강력한 드라이브를 걸었다. 기업에 대한 정권의 간섭이 심해 경제여건은 더욱 나빠지고 메마른 풍토에서 이전투구식 경쟁상태를 벗어나지 못하고 있었기 때문이다.

그 무렵 박정희 대통령의 장기집권을 위한 3선개헌 파동이 일어나 정치권도 시끄러웠다. 그러나 맹희는 열악한 정치·경제적 여건에서도 오로지 선대로부터 물려받은 경영 대권을 지키기 위해 자신의 능력과 지식, 그리고 젊음과 오기로 버텼다. 그 당시 삼성은 17개 계열사를 거느린 국내 제일의 선단기업이었으나 그룹체제로 출범하지 못하고 있었다. 대기업을 적대시하는 정권의 지나친 간섭 때문이었다.

게다가 이맹희의 경영 스타일을 두고도 말이 많았다. 시쳇말로 '오버했다'든가, '의욕이 너무 지나치다'든가, 그러는 사이 그의 강력한 리더십에 대해 독선적인 카리스마라는 주위의 비판이 끊이지 않았다. 어쩌면 그것이 경영일선에서 물러나 주의 깊게 지켜보고 있던 아버지 이병철 회장에게 실망을 안겨주었고 부자간에 틈이 벌어지는 계기가 되었는지도 모르는 일이었다.

이 회장은 간간이 듣던 대로 맹희가 주위의 충고나 건의를 무시하고 모든 일을 자신만의 생각과 판단대로 고집을 부리며 일방적으로 처리하고 있다는 것이 못마땅했다. 심지어 아버지의 엄격한 충고나 지시조차 받아들이려 하지 않아 괘씸한 생각도 들었다. 그러나 맹희는 나름 그럴 만한 배포가 있었다.

일본과 미국에서 10여 년간의 유학 생활을 거치면서 공부에만 매달려온 것이 아니라 선진국의 발전상과 앞서가는 글로벌 기업들의 경영실태를 면밀하게 관찰해왔다. 그것을 그는 자신의 새로운 경영철학에 접목하려고 노력했다. 하지만 밑에서 따라오지 않았다. 오히려 임직원들에게 시도 때도 없이 일만 시킨다는 오해와 반발도 심했다. 아버지가 인재제일주의로 다져온 경영철학과는 다른 인간미가 없는 냉혹한 경영 스타일이었다.

그런 한편으로는 정치 권력의 실세들과 가까워지려고 의도적으로 노력했다. 이른바 정경유착이다. 그럴 수밖에 없는 것이 뿌리째 흔들리는 삼성을 다시 일으켜 세워야 한다는 막중한 책임감에서 권력의 그늘에 들어가지 않고서는 아무 일도 추진할 수 없었기 때문이다. 아버지는 "정치하는 사람 믿지 말라"며 정치 권력과의 '불가근불가원'의 원칙을 강조했지만, 현실은 그것이 전혀 먹혀들지 않았다.

사사건건 규제하고 간섭하려는 정치 권력의 입김에서 벗어나 마음 놓고 소신껏 밀고 나갈 수 없었다. 권력의 속성이 그랬다. 다행히도 그는 실권자 중의 한 사람인 윤필용 장군과는 과거 해방공간의 학생운동 시절부터 인연을 맺어온 선후배 사이로 막역한 관계여서 그나마 큰바람은 피해갈 수 있었다. 윤필용은 그 당시 방첩 부대장에서 수도경비 사령관으로 자리를 옮겨 막강한 실세 권력으로 떠 오르고 있었다.

이맹희는 박종규 청와대 경호실장과도 대한사격연맹 회장을 서로 주고받을 만큼 돈독한 관계를 유지하고 있었다. 그야말로 나는 새도 떨어뜨린다는 권력 실세들이었다. 여기에다 수도경비사령부 소속으로 청와대의 외곽경비를 책임지고 있는 제30 경비대대장(일명 5·16 부대장) 전두환 중령과는 어릴 때부터 절친하게 지내온 죽마고우였다. 때문에, 둘은 수시로 만나 회포를 풀고 때론 전두환을 통해 권력 상층부에까지 접근해 뇌물 공세를 펴기도 했다.

이런 연유로 한비의 밀수사건 이후 권력 실세들과 틈이 벌어졌던 후유증도 점차 아물기 시작했다. 그렇다고 한비의 국가헌납에 깊숙이 간여한 이후락 비서실장이나 김형욱 중앙정보부장 등 박정희 대통령의 최측근 실세들과 관계 개선이 이루어진 것은 아니었다. 게다가 그들과 권력투쟁으로 라이벌 관계에 있던 김종필 공화당 의장 등 여당 정치권과는 서먹서먹한 관계였다. 한비의 밀수사건을 폭로한 진원지였기 때문이다.

다만 박종규나 윤필용 등 평소 원만하게 지내온 권력 실세들이 이심전심으로 삼성의 바람막이가 돼주고 있었다. 경제기획원을 비롯한 정부의 각 경제부처에서도 국가경제력이 커지면서 해외로 뻗어 나가는 국내 제일의 대기업 삼성이 그리 만만하고 호락호락하지 않다는 사실을 점차 인식하게 된다.

그 무렵 국내에서는 기업이 정권의 간섭을 받지 않고 자율적으로 경영에만 전념해온 일이 거의 없었다. 각종 법률과 행정규제로 기업을 감시하고 경영을 간섭하는 것이 정치 권력의 속성이었고, 관행이자 횡포이기도 했다.

때문에, 국가 경제와 수출산업의 견인차 역할을 하고있는 기업들을 정부 차원에서 지원하기는커녕 오히려 규제하기 위해 반시장적 정책만 쏟아내기 일쑤였다. 정부가 앞장서 대기업 간의 건전한 경쟁을 제한하였고 그 영향은 결국 중소기업에까지 미쳤다.

자칫 이에 반발한 기업이, 정권의 돈주머니 역할을 거부하고 옆길로 새다간 국세청의 세무조사다, 검찰수사다 하여 마구 쏟아지는 폭탄 세례를 피하지 못해 수십 년간 피땀 흘려 일으켜 놓은 기업이 하루아침에 공중 분해되기도 했다. 비단 삼성뿐만 아니라 권력에 밉보였다가 경영권을 박탈당하거나 문을 닫아야 하는 기업들도 비일비재했다. 이른바 괘씸죄다.

그런 폐습을 지금도 정권의 도구로 교활하게 써먹고 있다. 은행 대출은 물론 사채시장에서도 자금을 융통하기 힘들어지면 결국 문을 닫지 않고서는 버틸 재간이 없었다. 1972년에는 유신 정국이 시작되면서 '긴급조치'라는 비책으로 여·야 정치권의 바람을 잠재우고 개발경제 시대를 열어가게 된다. 이른바 '한국적 민주주의'라는 것이었다.

유신정권은 기업인들에 대해서도 유화정책을 내놓고 한결 느슨한 정경유착으로 몰아갔다. 그래서인지 한비의 밀수사건 이후 경영 일선에서 물러나 있던 이병철 회장에게도 재기의 기회가 찾아왔다. 하여 그는 장차 황금알을 낳는 거위가 될 것으로 기대되는 전자산업 육성을 위해 친정체제로 컴백 할 결심을 굳히게 된다.

그 무렵 이맹희는 경영일선으로 복귀하려는 아버지의 속 깊은 뜻을 전혀 헤아리지 못한 채 일본의 NEC와 산요 간에 맺은 기술제휴가 마뜩잖아 좀 더 첨단화한 선진기술을 도입하기 위해 유럽으로 출장을 떠난다. 그러나 그가 유럽으로 날아간 진짜 속셈은 진작부터 꿈을 키워온 자동차산업에 대한 미련을 버리지 못했기 때문이다. 독일의 벤츠 승용차 부품업체인 보쉬사社와의 합작이나 기술제휴를 타진해보는 것이 가장 큰 목적이었다.

그런 와중에 삼성에서 심상찮은 일이 벌어지고 있었다. 자식이 아버지를 역모하는 쿠테타! 쿠테타의 주역은 이병철 회장의 둘째 아들 창희였다. 아버지 이 회장은 엄청난 충격에서 헤어나지 못해 망연자실했다. 창희는 한비 밀수사건의 모든 책임을 지고 구속기소 돼 징역 5년의 실형을 선고받고 6개월 동안 복역하다가 병보석으로 풀려나 있었다.

그러나 형 맹희는 한비 밀수사건의 책임을 혼자 뒤집어쓰고 옥살이까지 한 동생을 비상근 이사 자리만 챙겨주고 아예 회사 경영에 참여시키지 않은 채 매사 독단적으로 처리하고 있었다. 경영진에서 철저히 배제된 창희는 물 위에 떠도는 기름처럼 자신이 해야 할 일이 아무것도 없다는 사실에 절망했다. 내부적으로는 제일제당과 제일모직의 이사직을 맡고 있었으나 경영에 참여할 수 없었기 때문이다.

아버지 이병철 회장 역시 옥살이까지 하고 나온 둘째 아들을 별로 인정하지 않고 소가 닭 보듯 했다. 아버지의 영을 거역하고 국제결혼을 고집할 때부터 이미 눈 밖에 나 있었던 것이었다. 게다가 형사재판 결과 향후 5년간 법률상의 제재조항에 묶여 공식적인 기업활동마저 제약을 받게 되자 점차 불만이 쌓여갔다. 그러던 중 형 맹희가 해외 출장을 떠나자 아버지는 혈육인 자신에게 말 한마디 없이 가신들만 불러놓고 경영 전면에 나서겠다는 뜻을 공시적으로 천명했다.

이 소식을 접한 창희는 큰 충격에 빠지고 만다. 아버지의 냉대에 소외감을 느낀 그는 자신의 입지가 더욱 좁아질 것 같아 불안하고 초조하기까지 했다,

그는 아버지가 한비 헌납과 재계 은퇴를 두고 아직도 정부의 권력 실세들과 갈등을 빚고 있는데 또다시 경영일선에 나선다면 무슨 역풍이 불어올지 모른다고 판단했다. 이제 겨우 제 자리를 잡아가는 삼성을 위해서도 결코 좋은 일이 아니라고 생각한 것이다.

그래서 그는 "어떻게 해서라도 아버지의 경영복귀를 막아야 한다. 그렇지 않으면 삼성은 앞으로 3년 이내에 무너지고 만다. 내가 새롭게 삼성을 이끌어가야 국가권력의 눈총에서도 벗어날 수 있다"는 황당한 집념에 사로잡히고 만다. 그가 이런 망상에 젖어

든 것은 한비 사건 뒷수습과 관련, 아버지의 눈 밖에 난 비서실장 등 전직 가신그룹의 부추김이 있었기 때문이었다.

하여 그는 독선적인 형 맹희까지도 오너 경영에서 밀어내고 자신이 전면에 나서야 하겠다는 강한 집념도 갖고 있었다. 무서운 음모가 아닐 수 없다. 마음의 갈등과 분노에 사로잡혀 고민하던 그는 마침내 자신을 추종하던 전직 임원들과 묘책을 강구하여, 아버지를 배신하고 천륜을 끊는 엄청난 모반을 일으키고 만다. 청와대 투서 사건인 것이다.

그는 박정희 대통령 앞으로 보내는 투서를 통해 아버지 이병철 회장의 탈세와 외화外貨유출 등 여섯 가지 혐의를 밝히고 엄정한 수사를 요청한 것이다. 이 투서가 하필이면 청와대 경호실을 자유스럽게 출입하던 5·16 경비부대장 전두환 중령을 통해 박종규 경호실장에게 전달된다. 전 중령은 잘 알다시피 형 맹희의 죽마고우였고, 박 실장은 대한사격연맹 관계로 맹희와 막역지간이 아닌가. 자신의 모반행위를 형 맹희에게 덮어씌우려는 계산도 깔려 있었던 것 같다.

이러한 맹희의 인간관계를 아버지 이병철 회장도 잘 알고 있었다. 결국, 이 문제는 박 실장이 나서서 유야무야 해결되긴 했으나 이 회장은 또다시 재산헌납이라는 수난을 당하게 된다. 이후락 비서실장이 전후 사정을 훤히 꿰고 있었기 때문이다. 박 대통령의 직함을 팔아 이권을 챙기는데 이력이 난 그는 저절로 굴러들어온 떡을 그냥 놓칠 리 만무했다. 그는 한 번 상대의 약점을 잡으면 철저히 이용해 병도 주고 약도 준 다음에 사익을 취하는 걸출한 재주꾼이었다.

이후락은 이를 빌미로 박 대통령을 부추긴 다음 이 회장을 청와대로 불러들여 사학재단인 대구대학교 운영권을 "5 · 16 장학재단에 헌납하라"고 요구한다. 그 당시 4년제 단과대학이던 대구대학은 삼성이 재단을 소유하고 있었다. 이후락이 대구대학의 헌납을 요구한 것은 박 대통령의 은퇴 이후를 대비하기 위한 것이라고 했다. 군사혁명 주체세력이 5 · 16 장학재단 산하에 종합대학을 하나 만들어야겠다는 계획을 세워놓고 있던 중 뜻밖에도 이창희의 투서 사건으로 삼성이 걸려든 것이다.

지금 상식으로는 말도 안 되는 소리지만 그 당시 서슬이 퍼런 최고 권력층에서 약점을 잡고 내놓으라는 데 무슨 재간으로 버티겠는가. 그대로 헌납할 수밖에 달리 거부할 방법이 없었다. 권력은 언제나 빼앗아 가기만 하고 보상할 줄 몰랐다. 권력의 속성이 그랬다. 그 무렵, 이후락은 신축 중이던 대구 청구대학이 부실공사로 붕괴사고를 일으키자 이를 빌미로 청구대학까지 차지해 이 두 대학을 합쳐 명실상부한 사립종합대학을 설립하게 된다. 오늘날의 영남대학이다.

이병철 회장은 한비의 밀수사건을 통해 투서나 배신행위가 얼마나 무참한가를 뼈저리게 경험한 이후 인재양성을 목적으로 운영 중이던 대구대학까지 헌납하게 되자 치를 떨었다. 날강도처럼 남의 사유재산을 빼앗아 가는 권력 실세의 횡포보다 부자간의 천륜까지 끊으려는 둘째 아들 창희의 투서를 도저히 용납할 수 없었다. 아버지의 가슴에 비수를 꽂은 자식의 모반행위가 아닌가 말이다. 이 회장은 일이 어렵사리 수습되자 창희를 불러놓고 이렇게 말했다. 자식에게 강조한 마지막 당부였다.

"창희, 니는 내 눈에 흙이 들어가기 전에 절대로 내 앞에 얼씬거리지도 말거래이."

이 회장은 단지 이 말 한마디로 창희를 가문에서 퇴출하여 버렸다. 자신의 눈에 안 띄도록 멀리 떠나라는 뜻이었다. 창희는 한사코 아버지의 영을 거역하며 맞섰으나 결국 미국으로 떠나 장기체류할 수밖에 없었다. 그러나 일은 그것으로 끝나지 않았다. 맹희는 독일 출장 중에 동생 창희의 모반 소식을 듣고 부랴부랴 귀국해 보니 아버지의 화살이 자신을 겨냥하고 있었다.

"맹희, 니는 이 문제를 우찌(어떻게) 생각하노?"

이병철 회장은 그런 엄청난 충격을 받고도 평소처럼 겉으로는 조금도 흐트러짐이 없었다. 하지만 가늘게 떨리는 목소리는 어딘지 모르게 분노가 서려 있었다.

"아부지! 이건 도저히 용납할 수 없는 일입니더. 창희가 아부지한테 감히 우에 이런 짓을 할 수 있습니꺼예."

맹희가 단호한 태도로 이렇게 답하자 이 회장은 입술을 지그시 깨물며 거듭 되물었다.

"맹희 니, 참말로 그래 생각하나?"

"예, 아부지! 진심입니더."

그러나 이 회장은 창희의 모반에 맹희가 깊숙이 개입한 것으로 판단하고 있었다. 왜냐하면, 처음 창희의 투서를 건네받은 사람이 바로 맹희의 친구인 전두환이었고 일을 수습한 사람도 평소 맹희와 친분이 있는 것으로 알려진 박종규였기 때문이다. 게다가 그 무렵에는 맹희가 삼성의 오너 경영인으로서 청와대를 자주 출입하며 권력 실세들과 어느 정도 관계 개선도 이루어지고 있던 시점이었다.

그러니 아버지의 오해를 살 만도 했다. 입술을 지그시 깨물며 맹희를 뚫어지게 쏘아보는 아버지의 눈빛이 그랬다. 창희의 모반에 공모하거나 비록 가담하지 않았더라도 평소 우애가 깊은 형제간이라 사전에 알고 묵인은 하지 않았겠느냐는 것이 아버지의 판단인 듯했다. 달리 변명할 여지가 없었다. 아버지의 화살이 맹희의 가슴에도 꽂히고 있었기 때문이다.

이후 이병철 회장은 평소와 다름없이 생활했으나 그동안 맹희에게 총수의 자리를 물려주며 전적으로 맡겼던 일을 하나, 둘씩 직접 챙기기 시작하는 거였다. 줄곧 맹희를 통해 지시하던 경영문제도 담당 사장이나 임원들을 직접 불러 지시하고 어떤 경우 맹희가 보는 앞에서 밀담을 나누기도 했다.

그런 아버지의 모습을 묵묵히 지켜본 맹희는 아버지가 의도적으로 자신에게 등을 돌리고 있다는 느낌을 받았다. 하지만 그러면서도 아버지가 설마한들 적장자인 자신을 버리지는 않을 것이라고 믿고 있었다. 그러나 시간이 흐를수록 동생 창희의 모반행위가 아버지의 가슴 속에 깊은 상처로 남아 있었고 그 연유로 아버지는 명색이 장남인 자신도 예전처럼 신뢰하지 않고 있다는 사실을 점차 깨닫게 된다.

게다가 아버지는 오너 경영을 하고있는 자신을 전에 없이 냉대하기 일쑤였다. 그는 그런 아버지의 거동으로 봐 이미 미국으로 떠나 속죄의 길을 걷고 있는 창희를 괘씸하게 생각할 때마다 가슴에 맺힌 응어리를 눈앞에 보이는 자신에게 풀고 있다는 사실도 직감했다.

어쩌면 아버지가 경영일선으로 복귀하려는 명분을 쌓기 위해 자신을 속죄양으로 삼고 있는지도 모른다고 생각했다. 아버지가 자식을 대하는 감정이 그런 방향으로 흐를수록 자연 운신의 폭도 좁아질 수밖에 없었다. 이른바 가신그룹인 비서실장을 비롯한 원로경영진들의 움직임도 심상치 않았다. 긴가민가하여 바늘방석에 앉은 기분으로 소외감을 느끼며 묵묵히 고개 숙이고 지낼 수밖에 달리 아버지에게 접근할 방법을 찾지 못했다.

정치 권력이나 경제 권력이나 이른바 절대권력의 속성은 그렇게도 냉혹하고 무자비했다. 아니나 다를까, 그렇게 세월을 죽이고 있을 무렵이던 1973년 여름 어느 날 아버지 이병철 회장이 느닷없이 소가 닭 보듯 해오던 맹희를 집무실로 불렀다.

"니, 미국에서 무슨 공부를 했노?"

마주 앉자마자 불쑥 내뱉는 아버지의 느닷없는 질문에 맹희는 적이 당황했다. 평소 에둘러 말하던 아버지의 언어습관과는 달리 직설적으로 말문을 열었기 때문이다. 게다가 평소 자식들을 불러 대화를 나눌 때 반드시 이름부터 앞세웠으나 이번에는 이름도 생략하고 화가 난 목소리로 "니(너)"라는 말부터 꺼냈다.

맹희는 또 무슨 날벼락이 떨어질지 몰라 가슴이 벌렁거렸다. 아버지의 얼굴이 침착성을 잃고 벌겋게 달아올라 있었다. 필시 또 무슨 곡해가 생긴 모양이었다.

"아부지! 저, 미시간 주립대학에서 경영학 박사학위 안 받았십니꺼예."

맹희는 엉겁결에 당황한 표정을 감추지 못한 채 이렇게 말했다. 이 말을 듣고 이 회장은 잠시 뜸을 들인 뒤 긴 한숨부터 삼키며 다시 말문을 이었다.

"미국에 가서 경영학 박사를 땄다 쿠는 니가 경영에 경짜도 모르고 깡통공장 하다가 망해묵다 말이가?"

"예, 아부지! 전에 다 말씀드리지 않았십니꺼. 저어, 포항 구룡포에 깡통공장 세워 가지고 홍콩에 수출한다꼬 말입니더."

"또, 독일에서 사탕 맨드는 기계까지 사왔다 쿠던데…?"

"아, 그건 미처 말씀을 몬 드렸지만 우리 회사 경영에 맞지 않아 과자 공장에 처분 했십더."

"한심한 놈! 쯔쯧… 니가 그릇이 그거 밖에 안 되나? 기업하는 사람한테는 이익이 나더라도 하지 말아야 할 일이 있고 손해가 나더라도 해야 할 일이 있는기라. 니는 미국에 가서 무신 공부를 했길래 그런 것도 구분할 줄 모르노?."

사람에게는 누구나 저마다의 그릇이 있고 주어진 여건에 따라 고만고만한 차이가 나게 마련이라고 평소 강조하던 이병철 회장의 기량론器量論이다. 따지고 보면 조그만 그릇에 불과한 아들 맹희가 분수도 모르고 문어발식으로 속 좁은 탐욕만 부려왔다는 얘기인 것이다.

14 후계론

이병철 회장은 평소 "창업보다 수성이 더 어렵다"고 말해왔다. 그의 기량론은 지금도 글로벌 기업 삼성의 경영에 지대한 영향을 미치고 있다. 그러나 그 당시 오너 경영인 이맹희의 생각은 달랐다. 사운을 걸고 건설한 한비를 고스란히 국가에 헌납하고 아버지가 경영일선에서 물러난 1967년의 악몽을 잊지 않고 있었다. 빚더미에 올라앉은 삼성을 재건하기 위해서는 찬밥, 더운밥을 가릴 여유가 없었다. 돈이 되는 것이라면 무엇이든 수단과 방법을 가리지 않고 뛰어들어야 했다.

그 무렵 삼성물산에서 고등어·꽁치 등 생선 통조림을 대량으로 소비하는 홍콩의 바이어와 접촉한 결과 10만 캔의 물량을 수입하겠다는 제의가 들어왔다. 하여 신속한 물량 조달과 거래처를 꾸준히 유지해야겠다는 판단으로 국내 군소 통조림공장을 통한 수출물량 확보보다 차라리 직영공장을 세우는 게 낫다는 판단에 따라 서둘러 고등어·꽁치 집산지인 구룡포항에 통조림공장을 설립한 것이다. '제일냉동'이었다.

그러나 뜻밖에도 홍콩의 수입업체가 파산하는 바람에 제대로 가동도 못 해보고 또 다른 거래처를 찾아 헤매면서 판로를 내수로 돌려도 제품이 남아돌아 적자만 쌓였고 통조림공장은 결국 애물단지가 되고 말았다. 공장을 처분하기 위해 세 차례나 사고파는 우여곡절도 겪었다. 이 과정에서 금전적 손실도 컸지만, 구조조정에 따른 경영상의 문제까지 초래했다. 애초부터 무모하게 뛰어든 것이다.

알사탕 제조기 수입 역시 제일제당에서 생산하는 백설탕의 국내 소비량이 1960년대 중반부터 한계에 부닥친 데다 한비 밀수사건의 여파로 한때 불매운동까지 일어나자 대체산업으로 미국의 챔스와 같은 고급 알사탕을 만들어 팔자는 아이디어가 떠올랐다. 그렇지만 거대기업 삼성이 내수침체가 예상되는 설탕 대신 이익을 남길 목적으로 수출용도 아닌 알사탕을 대량으로 생산해 국내에 소비한다는 것은 명백한 중소기업 고유업종의 침해가 아닐 수 없었다.

그 당시 우리나라 국민소득은 불과 1,000달러 미만이었고 고급 알사탕의 국내 소비도 문제였지만 영세성을 벗어나지 못하고 있는 중소제과업체를 충격에 빠뜨리게 될 것이어서 비난받아 마땅했다. 때문에, 삼성은 쉬쉬하며 극비리에 일을 진행했다. 독일에서 2만 달러나 주고 알사탕 자동제조기 한 대를 들여와 막상 가동해보니 불과 3일 만에 국내에서 1년간 소비할 수 있는 물량이 쏟아져 나온 것이다.

그렇다고 계속 가동할 수도 없고 더 생산해 소비시킬 방법도 없었다. 애초 시장조사도 제대로 하지 않고 생산설비부터 서두른 것이 큰 실책이었다. 게다가 내수가 침체할 것으로 예상했던 설탕 소비량은 갖은 악재에도 불구하고 꾸준히 회복세를 나타내고 있었다. 뒤늦게 판단 착오를 깨달은 맹희는 가동하자마자 엄청난 물량을 쏟아내는 알사탕 제조를 포기하지 않을 수 없었다. 애써 들여온 자동제조기를 선두기업 해태제과에 떠넘기다시피 헐값에 처분하고 말았다. 한마디로 마음이 급한 최고경영자 이맹희의 주먹구구식 오판이 초래한 실패작이었다.

때로는 한 번 실패하고 이를 만회하기 위해 오기로 새로운 사업을 일으킬 수도 있겠지만 그럴 경우, 두 번 다시 실패하지 않을 완벽한 준비가 선행되어야 했다. 그러나 그는 상당히 즉흥적이고 독선적이었다. 오너 경영자로서 물불을 가리지 않았던 그는 두고두고 가슴을 짓눌러 왔던 실패담이 뒤늦게 아버지 이병철 회장의 도마 위에 오르자 입이 열 개라도 할 말이 없었다.

이제 부자간에 결별의 수순만 남아 있었다. 맹희는 아버지의 속마음을 읽고 결국 고개 숙인 채 물러나고 말았다. 아버지의 내침을 당하고도 저항하며 버티던 동생 창희와는 달리 다소 불만이 있더라도 감히 이의를 제기하지 않았다. 그는 내내 그래왔다. 단 한 번도 아버지의 영을 거역한 일이 없었다. 엄부의 존재와 권위가 그처럼 두려웠기 때문이다.

이후 경영일선으로 복귀한 아버지 이병철 회장은 내친 장남 맹희를 끝내 찾지 않았다. 지난 7년여간 명실상부한 오너로 삼성의 거대한 기업군을 이끌어 왔던 이맹희는 임직원들의 뇌리에서도 점차 잊혀져 가는 인물이 되어가고 있었다. 창희의 모반에 이어 맹희조차 쫓겨났다는 소식을 뒤늦게 접한 삼성 본가 내당의 박두을 여사는 탄식으로 나날을 보내고 있었다.

"쯔쯧… 자식 이기는 부모 없다 카던데 영감쟁이가 우야다 자식들을 자꾸 잡을라 카노. 저카다가(저러다가) 나중에 죽고 나서 자식들한테 제삿밥이나 제대로 얻어 묵을랑가 몰라."

그동안 살아오면서 대구 10·1 사건, 6·25 전쟁, 4·19 혁명, 5·16 군사쿠데타 등 잇단 격변기에 재산 다 빼앗기고 세금폭탄까지 맞고도 눈 한 번 깜짝하지 않던 왕할매 박두을 여사가 자식들 문제만큼은 그토록 가슴 아파했다.

그 무렵 막내 건희는 형들처럼 일본 와세다대학을 거쳐 미국 조지워싱턴대학에서 역시 경영학 석사과정을 마치고 돌아왔으나 형들의 그늘에 가려 삼성 경영에는 얼씬도 하지 않았다. 한동안 워커힐 호텔 카지노에서 거의 살다시피 소일했다. 그 당시 국내에서 유일하게 성업 중이던 워커힐 카지노를 드나들며 블랙 잭에 빠져들어 있었다. 아버지가 일본 유학을 중도에서 포기하고 돌아와 고향에서 골패 노름에 빠졌던 때와 흡사했다.

이를 지켜보다 못한 장인 홍진기 중앙일보 사장이 그를 불러들여 중앙일보 상임이사를 맡겼다. 아버지 이병철 회장도 막내 건희는 다혈질인 형들과는 달리 차분한 성격인 데다 한 가지 일에 몰두하면 깊이 파고드는 특출한 기량이 보여 중앙매스컴을 넘겨줄 요량이었다. 하지만 건희는 틈만 나면 워커힐 카지노로 달려가기 일쑤였다. 그러니 당시 이병철 회장은 아들 셋 중 아무도 믿을 수가 없었을 것이다.

이병철 회장이 경영복귀와 함께 다시 재계 정상의 자리에 오르자 항간에 떠도는 소문으로는 듣기 거북한 '돈병철'이란 별명보다 '경제대통령'이라는 긍정적인 호칭이 자연스럽게 따라붙었다. 그 무렵 유신헌법 제정으로 영구집권 토대를 마련한 박정희 대통령의 불도저식 개발정책을 빗댄 말인지도 몰랐다. 개발경제를 최우선 정책으로 밀어붙이는 박 대통령에게도 '총통'이라는 별칭으로 회자되던 시절이었다.

하지만 이병철 회장을 '경제대통령'으로 보는 시각은 세상을 바라보는 국민들이 그만큼 깨어 있다는 뜻이기도 했다. 그동안 리더 그룹의 중심축이 없던 재계에서는 이병철 회장의 경영복귀를 대체로 반기는 분위기였다. 한국 경제에 미치는 그의 영향력이 너무도 크기 때문이었다. 그러나 이 회장은 재계의 정상으로 복귀한 이후 또다시 시중의 루머에 시달려야 했다. 그에게 붙은 '경제대통령'이라는 호칭은 자칫 현직 대통령을 능멸하는 역성혁명이 될지도 몰랐다. 이른바 괘씸죄인 것이다.

아니, 어쩌면 그런 호칭으로 인해 괘씸죄에 걸려든다고 해도 자연발생적인 시중 여론이 그런 걸 어찌할 방법이 없었다. 항간에 떠도는 루머에 불과했으니까 말이다. 솔직히 말해 한비 밀수 사건으로 필생의 숙원이던 한비를 제대로 가동도 해보지 못한 채 국가에 헌납하고 재계를 은퇴했으나 재계나 사회에 미치는 그의 영향력은 변함이 없었다.

당시 그가 타고 다니던 승용차는 한국 제일의 재벌에 걸맞게 메르세데스 벤츠 600 리무진이었다. 이 차량은 청와대에서 박정희 대통령의 전용 차량과 국빈(VIP)용으로 두 대였고 한진그룹 조중훈 회장이 한 대 소유하고 있을 때였으니까 국내에 벤츠 600 리무진이라곤 불과 4대밖에 없었던 시절이었다. 때문에, 조중훈은 청와대의 눈치가 보이고 재계에서도 시샘하는 소리가 들려 '외빈 의전용'이라며 차고 깊숙이 세워두고 있었다. 그러다가 가끔 미국 보잉사 회장이나 세계항공업계의 VIP들이 한국을 방문할 때에는 그 핑계로 한 번씩 타보는 것이 고작이었다.

그러나 이병철 회장은 청와대 눈치를 보기는커녕 누가 뭐래도 비판 여론에 연연하지 않고 벤츠를 즐겨 타고 다녔다. 일류를 지향하는 생활 자체가 남달랐다. 그는 1949년 대구에서 서울로 올라와 삼성물산을 경영할 때에도 그 당시에는 보기 드물게 미 대사관을 통해 사들인 최신형 쉐보레 리무진을 타고 다녔다. 그 무렵에도 쉐보레 리무진은 경무대에 이승만 대통령의 전용차량 한 대밖에 없었다고 했다. 그는 창업 때부터 하나도 제일, 둘도 제일, 무엇이든 제일, 최고만을 추구하는 특유의 카리스마를 지켜왔다.

하지만 엄혹했던 유신 시절 "삼성의 이병철 회장이 어려운 국가 경제를 외면하고 벤츠 600을 타고 다니며 호사스럽게 살고 있다"는 시중 여론이 급기야 청와대로 흘러 들어가 민심이반 행위라는 괘씸죄에 걸려들고 만다. 보고를 접한 박 대통령은 "어릴 때부터 고생을 모르고 살아온 사람이 사치를 즐긴다고 어떻게 처벌하느냐"며 그냥 웃어넘겼다는 일화가 전해지기도 했다.

그러나 중앙정보부장 김형욱은 이를 빌미로 삼성 비서실에 잇따른 경고를 보냈다. 비서실에서는 감히 이 회장에게 이 말을 전하지 못하고 "외국에서 찾아오는 VIP들이 워낙 많아 애초 의전용으로 사들였으나 외빈 방문이 없을 때는 회장이 가끔 타고 다닌다"고 궁색한 변명으로 일관했다. 명색이 자유민주 국가에서 성공한 기업인이 외국산 고급 승용차도 마음대로 탈 수 없을 만큼 그 당시 국민 정서도 냉랭했다.

이 회장이 굳이 벤츠 600을 독일에서 사들인 데는 그만한 사연이 있었다. 자신이 아끼던 쉐보레 리무진을 6·25전쟁 당시 빨갱이 고수로 변신한 친구이자 삼성 창업 공신이던 이순근에게 빼앗긴 것에 한이 맺혀 있었기 때문이다. 그런 이유로 그는 쉐보레라면 아예 거들떠보지도 않았고 수족처럼 부리는 운전기사 위대식에게도 "쉐보레란 말은 입도 벙끗하지 말라"고 금기사항으로 다짐해두고 있었다.

그러다가 1970년대에 들어와서 경부고속도로가 개통되자 평소 타고 다니던 도요타 리무진을 처분하고 벤츠를 사들였다. 독일이 자랑하는 아우토반처럼 고속도로를 무한 질주하는 차량은 벤츠밖에 없었다. 그래서 모처럼 벤츠 600을 타고 창업지 대구를 찾아 나섰다. 1974년 4월 중순. 장남과 차남 두 형제를 내친 뒤 중앙일보·동양방송 이사로 있던 막내아들 건희를 불러 옆에 앉혀 두고 경영수업을 시킬 무렵이었다.

그때 재계에서는 삼성가의 막내 건희가 후계자로 지명되었다는 소문이 나돌았으나 삼성 측에선 이병철 회장이 경영 전면에 나서고 있는 이상 "후계론은 금기사항"이라며 아예 선을 긋고 있었다. 이 회장이 건희를 사장단 회의에 참석시키기는 했으나 경영을 맡기겠다는 공식적인 발언을 한 번도 하지 않았기 때문이다.

아버지를 배신한 두 아들처럼 또 무슨 변수가 생길지도 몰랐다. 그래서 비서실에서도 경영수업 외에 일체 노코멘트로 일관했다. 이 회장 역시 한때 경영을 맡겼던 장남 맹희를 내치긴 했으나 적장자 상속이라는 가문의 법통이 마음에 걸려 고민하고 있었다. 하지만 재계에서는 이건희 후계론을 기정사실로 받아들였다. 이미 딸자식들에게도 각각 평생 호의호식할 만큼의 계열사 지분이나 재산 분배를 마친 상태였다.

특히 맏며느리와 장손 재현에게는 삼성의 모체와 다름없는 제일제당의 경영권을 넘겨줬다. 그 당시 제일제당에서 경영수업 중이던 장손 재현에게도 세간의 관심이 많았다. 가문의 법통을 따른다면 재현이도 상속권이 있기 때문이다. 훗날 결국 이건희·이재현이 상속권을 두고 숙질간 법정공방으로 비화되기도 하였지만, 그 당시 맏며느리 손복남은 남동생 손경식(현 경총회장)과 함께 친정아버지가 삼성그룹에 합병시킨 안국화재(현 삼성화재)의 대주주였다.

이후 다소 홀가분해진 이 회장은 바람도 쐴 겸 그룹의 모체가 된 주력계열사 제일모직 대구공장을 한 번 둘러볼 요량으로 모처럼 지방 나들이에 나섰다. 제일모직 대구공장은 신축할 때부터 그의 땀이 밴 곳이자 중흥기에 젊음을 불사르며 도약의 발판을 구축한 곳이었다. 그래서인지 그는 삼성을 거대기업군으로 일군 후에도 옛 삼성상회와 제일모직에 대한 애정이 각별했다. 하여 후계자로 마음에 두고 있던 막내 건희와 함께 보란 듯이 평소 중앙정보부의 눈총을 받아온 벤츠 600을 타고 대구로 내려갔다.

그 당시만 해도 이 회장이 지방 나들이에 나설 때 뒤따르는 계열사 사장들과 주요 임원, 수행비서진 등의 차량 행렬이 보통 10여 대에 달해 고속도로상에서 장관을 이루기도 했다. 그야말로 대통령의 차량 행렬을 방불케 할 만큼 호사스러운 경제 대통령의 행차였다. 이 회장이 탄 벤츠는 평균 시속 120~160km로 질주했다. 이 회장은 비교적 스피드를 즐기는 취향이어서 운전기사 위대식은 한적한 도로를 달릴 땐 알아서 속도를 조절했다.

그러나 앞에서 에스코트하는 경호 비서들의 차량은 배기량 2000cc에 불과한 이탈리아제 피아트여서 애를 먹기 일쑤였다.

그러다가 구름도 쉬어 넘는다는 경부고속도로 추풍령 고갯길에서 숨 가쁘게 에스코트하던 피아트가 그만 엔진 과열로 녹아버리고 말았다. 에스코트 차량이 갑자기 멈춰서고 난감한 처지에 놓였으나 이 회장의 벤츠 600은 유유히 그대로 질주하는 거였다. 운전기사 위대식은 원래 그런 사람이었다.

이후 이 회장의 에스코트 차량 피아트는 폐차되고 새로 도입한 8인승 쉐보레 웨건이 경호 차량 역할을 톡톡히 했다. 하지만 이 차량도 5년여 만에 중앙일보에 넘겨져 편집국 기동취재 차량으로 변신하게 된다. 또다시 엄혹한 5공 정권이 들어서면서 언론 통폐합으로 동양방송이 신축한 지 얼마 안 된 여의도 스튜디오와 함께 공영방송 KBS로 넘어가고 중앙일보는 살아남았으나 전국 취재망이 주재지에서 철수해 버렸기 때문이다.

에스코트 차량 피아트가 추풍령 고갯길에 처진 후 이 회장의 벤츠가 마침내 서대구 톨게이트에 진입하자 대기하고 있던 동대구경찰서(현 북부경찰서) 사이카 두 대가 사이렌을 울리며 대구 시내로 에스코트하기 시작했다. 경찰은 이 회장이 대구를 방문할 때마다 에스코트하며 VIP 예우를 해주고 있었다. 그것은 그동안 경찰이 비공식적으로 수행해온 관례이기도 했다.

이 회장 일행이 경찰 사이카의 에스코트를 받으며 제일모직 대구공장에 당도하자 본관 진입도로 양쪽에 질서정연하게 도열 해 있던 대구지역 상공인 대표 50여 명이 뜨거운 박수로 영접했다. 상공인들의 이 같은 영접 행사는 대구에서 창업해 세계적인 기업을 일으킨 이 회장에 대한 예우 차원에서 그동안 줄곧 대구상공회의소가 주관해 왔다. 그러나 이번 행사는 완전히 축제 분위기였다. 삼성상회 시절 이 회장의 수발을 들며 성장해 왔던 박윤갑이 대구지역 경제계에 입지전적인 인물로 대구상공회의소 회장을 맡고 있었기 때문이다.

이병철 회장은 실로 깊은 감회에 젖었다. 한비 밀수사건의 후유증으로 경영일선에서 물러났던 그가 재계 정상으로 복귀한 뒤 처음으로 지방 나들이에 나선 데다 종전의 조촐한 환영 행사와는 달리 이번에는 김수학 경북지사까지 참석해 박윤갑 회장과 함께 환영 행사를 주관했다. 특히 이 회장은 박윤갑이 대구·경북지역 상공업계를 대표하는 상공회의소 회장에 올랐다는 사실에 흐뭇한 표정을 감추지 못했다. 개인적인 인연으로 보면 어릴 때부터 거둬온 친자식이나 다름이 없었다.

이 회장의 소작농 장남으로 태어난 박윤갑은 16세 때 바랑 하나만 메고 대구로 올라와 삼성상회 사환부터 출발해 이 회장이 삼성물산을 설립해 서울로 올라갈 때까지 10년 간 경리로 근무하다가 그만두고 큰 장(현 서문시장)에서 제일모직 대리점을 열어 재력을 키우기 시작했다. 그 당시 삼성에서는 그가 무엇이든 삼성과 연관된 사업을 한다면 전폭적으로 지원 해주었다. 그가 애초 개업한 대리점 이름도 제일모직 '장미회'의 이름을 딴 장미라사羅紗였다. 장미회란 제일모직 여공들의 친목회 명칭이었다.

그는 또 우연한 기회에 제일모직 대구공장 인근의 판지제조업체인 청구제지를 인수하게 된다. 이 회사의 상호도 '삼성제지'로 바꿨다. 그가 자신의 개인사업체에 '삼성'이라는 상호를 붙여도 삼성 측에서 누구 하나 시비를 거는 사람이 없었다. 이후 그는 삼성제지를 운영하면서 대구 굴지의 기업인으로 우뚝 서고 마침내 상공회의소 회장에 오른다. 제일제당과 제일모직에 이어 삼성전자의 포장용 박스제작을 독점하면서 회사를 키우고 부를 축적했다. 가히 입지전적인 인물이었다.

그런 그가 대구상공인을 대표해 이병철 회장 환영 행사를 주관하면서도 감히 옛 상전 앞에 나서지도 못하고 뒷전에 서서 맴돌기만 했다. 본관 회의실에서 열린 상견례에서도 뒷전에 서 있는 것을 김수학 경북지사가 그를 불러 이 회장 옆 상석에 앉도록 자리를 권했다.

"아, 박윤갑 회장은 당연히 여기 이 회장님 옆에 앉아야지요. 회장님 환영 행사를 준비하느라고 수고 많았는데… 또 이 회장님과는 각별한 인연도 있지 않소."

그러자 이병철 회장이 흐뭇한 표정으로 넌지시 박윤갑을 바라보며 운을 뗐다.

"윤갭이 니도 회장인데 어여 앉거래이."

"아, 아입니더. 제가 감히 어르신 옆에…"

박윤갑이 허리를 못 펴고 굽신거리자 이 회장은 가볍게 그의 등을 토닥여 주기까지 했다.

"그래 니도 명색이 대구상공회의소 회장인데 내 옆에 앉는 기순서제. 어여 앉거래이."

주종主從 간에 같은 반열에 오른 이런 일화가 한동안 대구경제계에 전설처럼 회자되기도 했다. 이후 박윤갑이 대구에서 한창 잘 나갈 때는 개인적으로 이병철 회장의 총애를 한 몸에 받기도 했다. 그날 이 회장의 눈에 비친 박윤갑은 너무도 대견했기 때문이다.

삼성의 창업 초기 대구에서 얽힌 이런저런 이야기가 나돌고 있는 가운데 모처럼 대구를 찾은 이병철 회장은 대구지역 상공인들이 베푼 뜻밖의 환대에 감격했다. 사카린 밀수라는 불명예를 딛고 재계의 정상으로 복귀해 창업지에서 그런 정성 어린 환대를 받고 보니 새로운 감회에 젖어 들지 않을 수 없었다.

제일모직에서 공식행사가 끝나고 이 회장은 김수학 경북지사와 김무연 대구시장이 주최한 만찬에 참석하고 숙소로 돌아왔다. 그의 숙소는 제일모직 본관 2층 사장실 옆에 마련돼 있었다. 제일모직 건설 당시부터 사용하던 숙소였다. 그래서 그는 대구에 올 때마다 호텔에 묵지 않고 이 숙소를 안방처럼 사용했다. 호텔의 스위트 룸 못지않게 꾸며진 숙소에는 그가 즐기는 히노키 목욕탕이 갖춰져 있었다.

히노키 목욕을 마치고 유가타浴衣 차림으로 기다리고 있던 박윤갑과 독대했다. 마주 앉은 그의 표정은 전에 없이 밝았다.

"일찍 가서 안 자고 아직도 내를 기다리고 있나?"

"예, 어르신! 긴히 드릴 말씀이 있습니더."

그때 박윤갑이 불쑥 꺼낸 말이 삼성그룹의 모체인 옛 삼성상회 건물에 관한 이야기였다.

"제가 미처 말씀도 몬 올리고 일부터 저질렀심더. 그 건물을 리모델링 해 가지고 삼성박물관을 만들어 삼성의 기념물로 영구보존할라꼬 현재 대구시와 협의 중에 있심더."

이 말에 이 회장은 자못 놀라는 기색을 감추지 못했다.

"윤갭이 니, 그 건물 아직도 가지고 있나"

"예, 어르신! 어르신이 당부하신 대로 제가 관리하고 있심더"

"내는 그 건물을 니한테 넘길 때 그런 생각도 없이 니가 알아서 처분하라꼬 넘겨준긴데 아직도 가지고 있었구만"

"아이고 어르신! 그걸 제가 우에 마음대로 처분할 수 있십니꺼예. 삼성상회라 쿠믄 오늘날 삼성그룹의 모체라꼬 세상천지가 다 아는데 국가지정 기념물은 몬 되더라도 대구시지정 기념물은 되어야지요. 그래서 제가 최근에 삼성박물관으로 꾸며야겠다 싶어서 대구시에 용역을 의뢰해 놨십니더. 그 용역 결과가 나오믄 어르신께 보고드리고 박물관 공사를 추진할 계획입니더"

"뭐, 번거롭게 그럴 거까지야 있나. 내가 뒷돈을 댈 터이니 그래, 니 마음대로 추진해 보거래이"

"예, 고맙심더. 어르신!"

"고맙긴. 내가 니한테 고마워 해야제. 내가 올라가서 병해(소병해 비서실장)한테 지시해 둘 터이께 용역 결과가 나오는 대로 언제든지 연락하거래이. 니 혼자 끙끙거리지 말고…."

그러나 그것은 박윤갑이 대구상공회의소 회장으로 한창 잘 나갈 때의 이야기였다.

15
승자 독식

5공 초기 전두환 대통령을 비롯한 노태우, 정호용 등 이맹희의 옛 친구들이 권력의 정점에 올라 있다는 사실에 화들짝 놀란 이건희의 장인 홍진기 중앙일보 회장과 조우동 제일모직 회장, 정상희 동방생명(현 삼성생명) 회장 등 원로가신들이 혹여 이건희의 후계자 옹립이 좌절되지 않을까, 노심초사하고 있었다.

그 무렵 박윤갑은 이병철 회장의 느닷없는 부름을 받고 급히 상경해 태평로 삼성본관으로 갔다. 그는 아마도 몇 해 전 대구에서 이 회장과 독대했을 때 얘기를 나눈 삼성박물관 건립에 관한 것인 줄 알고 한결 가벼운 마음으로 이 회장의 집무실을 찾았다. 마침 그 자리에는 중앙일보 홍 회장을 비롯한 원로가신 세 명이 동석해 소병해 비서실장의 보고를 받고 있었다. 아니나 다를까, 분위기는 예상보다 훨씬 긴장감이 감돌았다.

"응, 윤갭이! 니, 마침 잘 왔다. 이거 한 번 읽어보거래이."

이 회장은 박윤갑이 자리에 앉자마자 손에 들고 있던 타지자(A4) 한 장을 디미는 거였다. 윤갑이 얼른 받아 읽어보니 가당찮은 내용이 적혀 있었다. 이맹희가 대전 유성 온천장에서 애첩과 함께 호텔을 통째로 빌려 매일밤 요란하게 쌍쌍 파티를 즐기는 바람에 이웃 주민들이 소음공해에 시달리고 있다는 내용이었다. 박윤갑이 보기에는 터무니없는 얘기였다. 그는 하도 기가 차서 단도직입적으로 말했다.

"어르신! 이거, 제가 보기에는 맹희 부사장을 음해하기 위한 악의적인 투서 같심더. 얼토당토않고 일고의 가치도 없심더. 맹희 부사장은 제가 대구에서 매일 보고 있는데 아무 연고도 없는 대전에 갈 이유도 없고 더욱이 요새 궁하게 사는데 무슨 돈이 있어서 그런 호화생활을 하겠십니꺼"

그 순간 원로 가신들의 표정이 굳어졌고 소병해 실장은 당황한 나머지 안절부절못했다. 그런 모습을 똑똑히 지켜본 박윤갑은 전율을 느꼈다. 이미 막내 건희의 삼성 오너 후계론이 무성한 가운데 장남 맹희를 패싱하기 위한 음모가 상당히 진행되고 있다는 사실을 직감할 수 있었기 때문이다.

아마도 그날 이 회장과 원로 가신들의 모임은 끊임없이 날아오는 투서와 시중에 나도는 루머에 대한 사실 여부를 확인해보는 자리였을 것이다. 그래서 누구보다 대구에서 맹희를 자주 접촉하는 박윤갑을 불러 이를 재확인해 보고 싶은 이 회장의 깊은 뜻이 담겨 있었을 것이라고 짐작했다. 그 무렵 맹희는 일본에서 체류하다 돌아와 대구 궁전 맨션에 머물고 있었다. 이 아파트는 평소 맹희와 가깝게 지내던 경북고교 후배가 무상으로 제공한 숙소였다. 때문에, 아무 연고도 없는 대전에 올라갈 이유가 없었다.

이병철 회장은 박윤갑이 자초지종 밝히는 맹희의 근황을 듣고 아무 말이 없었으나 한 두어 차례 고개를 가볍게 끄덕이며 긍정적으로 받아들이는 것 같았다. 사실 박윤갑은 맹희가 오너 경영에서 손을 뗀 1970년대 중반부터 경북 의성에 조그만 별장을 한 채 마련하고 사냥이나 즐기며 대구를 오가던 시절부터 뒷돈을 대주며 함께 지내다시피 했다. 의성 별장도 당시 경북도 경찰국장(현 경북지방경찰청장)으로 있던 고교 동기 김상조 전 경북도지사가 주선해준 것이었다.

평소 낭인으로 떠도는 장남 걱정에 마음 편할 날이 없는 장충동 본가 박두을 여사도 박윤갑을 통해 맹희의 동향을 수시로 전해 듣고 있었다. 그래서 이병철 회장 내외는 윤갑의 말을 콩을 팥이라고 해도 곧이곧대로 받아들일 만큼 신뢰했다. 그 당시 윤갑은 대구상공회의소 회장에다 대한상공회의소 부회장까지 맡아 일주일에 한두 번씩은 서울로 올라가 일을 마치고는 장충동 삼성 본가에 들러 이 회장 내외분께 인사를 드리고 맹희의 근황을 전하기도 했던 것이었다.

그럴 때마다 어머니 박두을 여사는 아버지에게 내침을 당하고 정처 없이 낭인 생활을 이어가는 큰아들을 가슴 아파했고 이 회장 역시 적장자에 대한 연민의 정을 떨쳐버리지 못해 고통스러운 표정을 감추지 못했다. 그래서 윤갑은 이 회장과 원로가신들 앞에서 맹희에 대한 투서를 터무니없다고 주장했던 것이었다. 그러나 그 말이 씨가 되어 이후 엄청난 수난을 겪게 된다.

감히 눈치, 코치도 없이 이미 퇴출당한 맹희를 적극적으로 옹호하며 이 회장에게 직언을 했다는 이유로 소병해 비서실장이 괘씸죄를 건 것이었다. 삼성에 대한 납품권 박탈! 일방적인 보복행위였다. 그 당시 박윤갑이 경영하는 삼성제지는 대구상공회의소 회장의 위상에 걸맞은 지역 굴지의 기업이었지만 삼성그룹 차원에서 볼 때 포장용 박스 판지를 납품하는 일개 협력업체에 불과했다.

모든 사업 물량을 삼성 비서실에서 배정했고 이 오더에 따라 각 계열사에서 납품해왔기 때문이다. 그런데 어느 날 갑자기 삼성의 주문량이 끊기고 비서실 감사팀까지 내려와 회계장부 일체를 면밀하게 검토하는 등 실사에 들어갔다. 특히 삼성 계열사 중 납품 물량의 비중이 가장 큰 삼성전자는 납품 중지를 요청했다. 노사협의회에서 사원복지를 위해 그동안 삼성제지가 납품해온 포장용 박스 전량을 자체적으로 생산하기로 했다는 거였다.

게다가 박 회장의 장남 상현에 대한 뒷조사까지 이뤄지고 있었다. 상현은 그 당시 제일모직 대구공장 경리과 자금담당으로 재직 중이었다. 제일모직의 운영자금이 경영난을 겪기 시작한 삼성제지로 흘러 들어갈 우려 때문이라고 했다. 삼성 비서실의 박윤갑 제거 작전이 치밀하게 진행되고 있었다. 그 무렵 박윤갑은 경북 달성군 현풍 공단에 제2공장을 신축하면서 자금난을 겪고 있었다.

때문에, 삼성의 납품이 끊기고 생산물량이 크게 줄면서 결국 부도 위기에 몰리고 만다. 그는 1차 부도 위기 때 서울로 올라가 이병철 회장과의 면담을 요청했지만, 비서실에서는 소병해 실장이 아닌 말단 비서가 나와 "왕 회장이 부재중"이라며 냉정하게 돌려보냈다. 그는 비서실의 일방적인 따돌림을 당하고 나서 삼성의 창업 공신이던 동서식품 김재명 회장을 찾아가 하소연 끝에 10억 원의 자금지원을 받아낼 수 있었다.

김 회장이 흔쾌히 지원해준 자금으로 돌아오는 어음을 결제하고 한동안 재기를 노렸으나 무엇보다 회사의 젖줄과 같은 삼성에 납품이 재개되지 않았고 2차 부도 위기를 맞게 된다. 여기에다 뜻밖에도 엎친 데 덮친 격으로 동서식품 김재명 회장이 빌려준 10억 원도 강제회수가 시작되면서 사면초가에 몰리고 말았다. 양날의 칼을 휘두르는 삼성 비서실은 참으로 비정하고 무서운 집단이었다.

명색이 대구상공회의소 회장이 운영하는 회사가 두 차례나 부도 위기에 몰리자 한국 제일의 거대기업 삼성을 의식한 대구경제계의 분위기도 자연 얼어붙을 수밖에 없었다. 그래서 지역경제를 대표하는 동국물산 백욱기 회장과 갑을방적 박재갑 회장이 사태 수습을 위해 서울로 올라가 이병철 회장과의 면담을 요청했지만 역시 소병해 실장으로부터 거부당하고 돌아왔다.

그 무렵 이병철 회장은 가신그룹과 비서실의 의도적인 인의 장막에 둘러싸여 막내 건희를 부회장으로 승진시키고 후계 구도를 굳혀가고 있었다. 평소 자주 만나던 대구지역 경제인들과의 접촉도 거의 차단되다시피 했다. 이 때문에 박윤갑의 삼성제지는 결국, 부도처리 되었고 그 여파로 대구경제가 휘청거릴 정도로 파장이 컸다. 일시에 파산한 박윤갑은 삼성에 대한 한을 삼키며 재기를 노렸지만 끝내 다시 일어서지 못했다.

이병철 회장은 타고난 사업가였다. 영발靈發경영! 사업 운도 좋았지만, 영감에 의한 판단력이 남달랐다. 1938년 창업한 이래 반세기 동안 단 한 번도 2등을 생각해본 일이 없었다. 이른바 제일주의가 생리본능이 되었기 때문이다. 오로지 1등 외에 2등이나 3등은 아무런 의미가 없었다. 단순한 승자독식의 논리이기도 하지만 일단 출발했으면 1등으로 살아남기 위해 부단히 경쟁하고 추격하는 기업의 생리가 바로 그런 경영철학에 있었다. 기회 선점인 것이다.

1951년 6·25 전란의 와중에서도 부산에서 삼성물산을 재건하고 이어 정전협정이 체결된 53년에는 제일제당을 설립했다. 상업자본에서 산업자본으로 과감하게 변신한 것이다. 이듬해인 54년에는 대구에서 제일모직을 설립한다. 새로운 사업을 모색하고 일으키는 데 도무지 두려움이 없었다.

이후 정치적 변혁기마다 수난을 겪기도 했지만 1960년대 말 전자산업과 1970년대의 반도체와 중화학공업, 그리고 1980년대 반도체를 중심으로 최첨단산업에 진출하기까지 일류를 지향해온 삼성은 실패를 모르고 제일주의를 지켜왔다.

그러나 영원한 1등은 없었다. 창업 이래 반세기에 걸쳐 줄곧 1등을 지켜온 삼성은 어느 날 갑자기 현대에 밀려나 2등으로 추락하고 만다. 1981년 삼성이 5공 정권의 신군부세력에 의해 수난을 겪고 있던 무렵 현대가 해외 수출 업종으로 크게 성장한 건설·조선·자동차 분야에서 비약적인 발전으로 삼성을 제치고 최정상의 자리에 올랐기 때문이다.

한국 제일의 기업인으로 타의 추종을 불허했던 이병철 회장은 처음으로 뼈저린 회한을 삼키지 않을 수 없었다. 그는 일제 강점기 부농의 후손으로 성장한 덕분에 민족자본의 열세를 전혀 의식하지 않고 기업을 일으켜 순탄하게 달려왔다. 그 과정에서 기업경영의 냉혹한 현실도 별로 체험해보지 않았다. 그 당시 산업구조가 마치 경쟁자가 없는 마라톤 경주와 같았기 때문이다.

사실 그는 창업 초기부터 격변하는 시대 상황과 미래를 내다보고 삼성물산부터 설립해 눈을 해외로 돌렸지만, 국내의 경제여건은 녹록지 않았다. 당장 눈앞의 이익에 집착해 내수 경영에 힘을 쏟을 수밖에 없었고 기회 선점으로 떼돈을 벌어들이다 보니 자연스럽게 제일주의라는 자만에 빠져들게 된 것이다. 요컨대 창조적인 도전정신을 외면하고 안주했던 게 실수였다.

8·15 광복 이후 6·25 전쟁과 4·19 혁명, 5·16 군사쿠데타, 10·26 사태, 12·12 군사쿠데타 등 잇단 역사의 소용돌이에 휩쓸리면서 한때 부정축재자로 몰려 국가헌납이라는 명목으로 재산을 몰수당하기도 했다. 그럴 때마다 삼성이 뿌리째 흔들린 적도 한두 번이 아니었다. 그러나 그는 온갖 수난을 극복하면서 위기를 기회로 삼아 새로운 사업을 일으키며 내내 제일주의를 경영이념으로 삼았다.

그가 평생 친구이자 사돈이던 럭키금성(현 LG)의 창업주 구인회와 결별하면서까지 후발 기업으로 일으킨 삼성전자를 10여 년간 수출전략산업으로 키웠고 마침내 최첨단산업으로 탈바꿈시키는 데 성공했다. 특히 한비 밀수사건으로 경영일선에서 물러났다 두 아들을 퇴출하고 다시 복귀해 전자산업을 일으키고 1974년부터 시작한 반도체산업은 80년대 들어 세계적인 미래산업의 반열에 올려놨다. 이는 그야말로 황금알을 낳는 거위가 돼 해마다 이익 창출의 큰 몫을 차지했다.

그러나 복병을 전혀 의식하지 못했다. 지피지기知彼知己면 백전백승百戰百勝이라고 했다. 손자병법에 나오는 말이다. 하지만 삼성은 자신만 알고 남을 몰랐다. 이른바 제일주의의 오만함으로 현실에 만족하며 안주하다가 '현대'라는 무서운 복병을 만나 수세에 몰리고 말았다. 적을 몰라도 너무 몰랐던 탓이었다. 아니, 그보다 무섭게 추격해오는 라이벌을 전혀 의식하지 않았다. 그래서 1981년의 결산에서 처음으로 현대에 1등 자리를 내주고 말았다.

재계 최고 정상에서 고배를 마시고 내려온 이병철 회장은 그 이듬해인 1982년 7월 17일 오후, 삼성 본관 옥상에서 수행비서 한 명만 데리고 대기 중이던 헬기에 올랐다. 현대그룹 주력기업들이 밀집해 있는 울산공단을 방문하기 위해서였다. 어쩌면 울산이라는 곳은 그에게 애증이 교차하는 지역이기도 했다. 5·16 군사정권이 국내 최초의 산업기지를 기획했을 때 그가 앞장서서 부지를 선정하고 공단 조성사업을 주도했기 때문이다.

하지만 훗날 한비 밀수사건으로 뼈저린 회한과 저주가 서린 곳으로 변해 버렸다. 사운을 걸고 건설한 세계 최대규모의 비료공장도 정부에 헌납하고 20년 가까이 울산 쪽으로는 아예 고개도 돌리지 않았다. 그런 그가 새삼 울산을 찾다니 실로 놀라운 일이 아닐 수 없었다.

그 무렵 삼성은 극심한 경영난을 겪고 있었다. 유신 시대에 이어 5공 정권 하에서도 엄혹한 통제경제에 휘둘려온 탓이었다. 장남 맹희의 죽마고우들이 정권을 잡았으나 그는 철저히 외면했다. 정경유착은 박정희 정권 때 겪은 것으로 충분했기 때문이다. 그래서 동양 최대규모를 자랑하던 동양방송마저 KBS로 흡수합병되는 수난도 겪었다. 그러면서도 자식뻘밖에 안 되는 집권세력은 걸핏하면 손을 내밀어 뜯어가기 일쑤였다.

주력계열사인 삼성전자는 창립 9년 만인 1978년 세계 최대 생산기록을 세웠다. 흑백 TV 200만 대 생산으로 일본 마츠시다松下전자를 앞질렀다. 하지만 문제는 질質보다 양量에 있었다. 대량생산한 각종 전자제품의 수출은 한계에 부닥쳤고 국내 수요도 공급이 넘쳐나 재고만 쌓여갔다. 구형 모델의 경우엔 누적된 재고를 정리하기 위해 싸구려 덤핑으로 쏟아냈고 이마저도 한계에 이르자 전 계열사 임직원들에게 장기할부로 떠넘기기까지 했다.

그런 와중에 이병철 회장이 느닷없이 울산 방문에 나선 것이다. 현대자동차와 현대중공업, 미포조선 등 현대그룹 주력사업장을 두루 살펴보는 데 목적이 있었다. 그날 이병철 회장은 정주영 회장을 비롯한 득실득실한 형제, 아들, 조카들을 보고 무척 부러웠다고 했다. 온 가족이 일사분란하게 경영에 참여하고 있었기 때문이다. 그에게는 경영에 참여하는 피붙이라곤 막내아들 건희밖에 없었다.

게다가 그가 울산의 현대 주력기업들을 시찰하고 돌아온 지 불과 3개월 만에 현대그룹 정주영 회장이 보란 듯이 "삼성전자에 필적할 현대전자를 설립하겠다"며 전격 도전해 왔다. 어렵사리 차지한 재계 1등 자리를 굳히고 라이벌 삼성을 제치겠다는 야심찬 도전인지도 몰랐다.

"전자산업? 그거 아무나 하는 기 아인 데 정주영이가 하겠다쿠나?"

소병해 비서실장의 보고를 접한 이병철 회장은 긴장하기보다 오히려 회심의 미소를 머금었다.

건설, 자동차, 조선 등 중후장대형重厚長大型 사업에 치중해온 현대가 전자산업을 일으키고 그것도 부가가치가 높은 오밀조밀한 반도체 분야에 눈독을 들이고 있다는 사실을 이미 여러 경로를 들어왔기 때문이다. 그래서 그는 소 실장의 보고를 받고도 전혀 놀라는 기색을 보이지 않았다. 반도체산업에 강력한 라이벌인 현대가 뛰어든다는 것은 어쩌면 위기보다 기회가 될지도 몰랐기 때문이다.

여기에다 창업 이래 내내 가전家電만 고집해 왔던 LG에서도 진작부터 반도체 분야에 진출할 움직임을 보이고 있었다. "이익이 남으이께 할라 쿠는 거 아이가." 이병철이 삼성전자를 설립할 무렵 이 말 한마디를 툭, 던지며 등을 돌렸던 그 상대, 죽마고우이자 사돈 간인 구인회 LG 창업주의 모습이 새삼 떠올라 씁쓸한 생각을 지울 수 없었다.

'이익이 남으니까…' 이익을 위해서는 물불을 가리지 않는 기업 경영의 냉혹한 생리가 그랬다. 현대의 정주영 회장도 이익이 남으니까 부가가치가 높은 반도체산업에 뛰어드는 거였다. 반도체로 삼성과 맞붙어보겠다고 선전포고를 하는 것도 같은 이유일 것이다. 현대에 빼앗긴 재계 정상의 자리를 되찾는 것도 중요하지만 선점한 반도체산업을 지키기 위해서도 또다시 사운을 걸지 않을 수 없었다.

삼성전자는 그 당시 이미 가전 분야를 뛰어넘어 반도체, 컴퓨터 등 최첨단산업에 주력하는 단계에 들어섰고 미국 ITT와 기술제휴한 반도체는 본격적으로 D램의 일괄공정체제에 들어간 시점이었다. 여기에다 삼성전관(현 삼성SDI), 삼성전자부품, 삼성코닝,

삼성정밀, 삼성HP 등 연관업체가 대단위 종합전자산업체로 계열화해 가고 있는 가히 '한국의 전자왕국'이라 해도 별로 손색이 없었다.

하여 이 회장은 1983년 2월 8일 세계의 전자 허브인 일본 도쿄로 건너가 자신만만하게 "삼성전자가 한국 최초로 D램 반도체 양산체제에 돌입했다"고 선언한다. 이른바 '도쿄 2.8 선언'이다. 국내에서 삼성에 도전하는 현대와 LG를 의식한 발언이기도 했지만, 직접적으로는 세계 반도체 분야 선두그룹에 서 있던 일본 전자업계에서도 커다란 충격으로 받아들여졌다.

삼성은 이미 10년 전 한국에 진출한 미국 캠코사社의 한국반도체 생산공장(현 삼성전자 부천 반도체공장)을 막내 건희가 독자적으로 인수해 일괄공정체제의 노하우를 쌓아왔고 도쿄 2.8 선언과 함께 기흥에도 반도체공장을 신축 중이었다. 하지만 성취감에 도취한 현대 정주영 회장은 이런 선발기업을 전혀 의식하지 않고 이병철 회장의 2.8 선언 보름 만에 "반도체를 주력업종으로 하는 현대전자를 설립하겠다"고 전격 선언했다.

정 회장도 역시 1980년대 초부터 미국 실리콘 밸리를 찾아다니며 반도체사업을 구상해왔고 마침내 현대반도체 설립계획이 완성된 시점이었다. 여기에다 LG전자도 반도체사업에 뛰어들었다. 삼성전자가 64K D램을 개발하고 양산체제에 들어갈 무렵이었다. 이병철과 정주영! 재계의 쌍벽을 이루는 창업 1세대 간에 치열한 경쟁이 불붙고 있는 가운데 LG가 위험부담을 무릅쓰고 제3세력으로 등장했다.

LG반도체 설립자는 LG그룹 창업주 구인회의 3남이자 이병철의 둘째 사위인 구자학 LG 일렉트론 회장이다. 돈이 되는 사업이라면 옹서翁壻(장인과 사위) 간에 지켜야 할 도리도 저버릴 만큼 냉혹했다. 하지만 이병철 회장은 사위 구자학을 질책할 명분이 없었다. 왜냐하면, 자신이 전자산업에 뛰어들 때 평생 친구이자 사돈지간이던 구인회 회장의 고유업종에 도전했기 때문이다. 그래서 그는 사위가 장인의 사업에 훼방꾼으로 등장한 것을 묵묵히 지켜볼 수밖에 없었다. 이른바 옹서 간의 전쟁! 구원舊怨에 얽힌 재벌기업의 무한경쟁이라 해도 과언이 아니었다.

후발 기업인 현대전자는 설립 당시부터 삼성전자와 다른 경영전략을 세웠다. 삼성은 애초 미국·일본에 기술연수단을 보내 선진기술 습득에 나섰지만, 현대는 아예 실리콘 밸리에 연구법인부터 설립하고 현지에서 D램을 개발한 뒤 국내에 들여와 조립, 양산에 들어가는 방식으로 삼성에 도전했다. 현대는 이를 위해 경기도 이천에 대규모의 반도체 생산공장 현대 하이닉스(현 SK하이닉스)를 건설했다.

하지만 현대 하이닉스는 삼성반도체처럼 일괄 공정체제를 갖출 만한 기술을 확보하지 못해 단순히 실리콘 밸리의 제품을 들여와 조립하는 수준에서 벗어나지 못했다. 강부터 건너고 보는 정주영 회장의 저돌적인 경영 스타일과 돌다리도 두들겨 보고 강을 건너는 이병철 회장의 경영 스타일이 여기서 그대로 드러난 것이다.

천석 지기 부농의 막내아들로 태어나 탄탄한 재력을 바탕으로 일류를 지향하며 사업을 일으킨 이병철과 강원도 산골 빈농의 장남으로 부모 몰래 황소 한 마리 팔아서 서울로 올라와 맨주먹으로 일어선 정주영의 경영 논리는 애초부터 달라도 너무 달랐다. 정주영은 벤츠 600 리무진을 타고 비서의 수행을 받으며 출근하는 이병철과는 달리 새벽밥 지어 먹고 자식들과 함께 걸어서 출근하는 등 성품도 전혀 달랐다.

이병철은 사업을 일으킬 때 사전 기획과 타당성 조사 등을 통해 심사숙고하는 치밀한 성격이었다. 첫 사업에서 실패한 경험 때문인지도 모른다. 반면 정주영은 자신의 머리와 판단에 따라 먼저 일을 벌여놓고 어떠한 난관에 부닥치더라도 배수진을 치면서 결사 항쟁에 나서는 장수처럼 밀어붙이는 그런 성품이었다.

울산만 허허벌판에 현대조선(현 현대중공업)을 건설할 때도 그랬다. 이미 가동 중인 현대자동차 건설에 사운을 걸고 모든 자금을 다 쏟아부었다. 때문에, 조선소 건설자금을 위한 여유자금은 한 푼도 남아 있지 않았다. 하지만 그는 특유의 낙관주의자로 조금도 주저함이 없었다. 모기업인 현대건설을 동원해 터파기 공사부터 착수했다.

그러고는 1971년 9월 5만분의 1 지도 한 장과 거북선 도안이 인쇄된 5,000원짜리 지폐 한 장을 달랑 들고 차관을 얻기 위해 조선 종주국인 영국으로 날아갔다. 영국의 조선 설비업체 애플도

어사社 롬바톰 회장의 소개로 바클레이 은행 부총재를 만나 담판한 사실은 이미 전설처럼 널리 알려진 신화神話가 되었다.

영국 바클레이 은행 부총재는 거북선이 그려진 5,000원짜리 한국 지폐 한 장을 내밀며 차관을 요청하는 정주영 회장의 황당한 제의를 받고 어이가 없어 "당신 전공이 뭐냐"고 물었다. 소학교(초등학교)밖에 못 나온 정 회장의 전공이 있을 리 만무했다. 그러나 그는 조금도 망설임이 없이 여유만만하게 "내 전공은 바로 현대조선 건설사업"이라고 답했다. 이어 상대방에게 숨돌릴 틈도 주지 않고 거북선이 그려진 5,000원짜리 지폐를 보여주며 "우리 한국은 영국보다 300년 앞선 1500년대에 이미 철갑선을 만들었다"고 주장했다. 그는 이렇게 상상하기 어려운 기발한 아이디어를 즉흥적으로 창출하는 데 이력이 난 경영인이었다.

그러나 부품 하나하나를 현미경으로 들여다봐도 전문가가 아니면 판독하기 어려운 전자산업, 특히 반도체는 그저 단순하게 밀어붙이는 식으로 승패를 가름하는 중후장대형 사업과는 달라도 너무나 달랐다. 엄청난 치밀성이 요구되는 전자산업의 특성을 무시하고 건설현장의 터파기처럼 주먹구구식으로 뛰어든 현대전자는 결국 창업 3년 만에 실패로 돌아서고 만다. 현대는 미국 실리콘 밸리의 현지 법인을 독일 지멘스사에 매각하고 철수하지 않을 수 없었다. 그것을 다시 한국의 SK그룹이 인수한 것이다.

승자독식의 원칙! 이병철 회장은 2·8 도쿄 선언 4년여 만에 현대를 누르고 삼성을 다시 재계 정상의 자리에 올려놨으나 안타깝게도 세상을 뜨고 만다. 1987년 11월 19일. 한창 일할 나이인 만 77세에 생애를 마친 것이다. 10여 년 전 일본에서 수술을 받았던 위암이 재발한 것으로 알려졌으나 결정적인 사인은 폐로 전이돼 발병한 폐암이었다. 그는 위암 수술을 받기 전 70년대 중반까지만 해도 줄담배를 피웠다. 특히 시거를 즐겼다고 했다. 부전자전인지 맹희·창희·건희 등 슬하의 삼 형제도 애연가였고 생전에 폐암으로 고생한 병력이 있었다.

이병철 회장은 숨을 거두며 비룡飛龍이 되었다. 미망인 박두을 여사가 자식들 앞에서 넋두린 말이다. 그래서 "이승의 용이 승천하는데 여의주를 물려 드려야 한다"고 했다. 용의 입안에 올려져 있는 만능의 구슬 여의주! 이 구슬을 입에 물면 천하를 얻고, 무엇이든 마음대로 뜻을 이룬다고 했다. 한국의 전자왕국을 건설한 아버지가 저승에서도 당신 뜻대로 삼성을 위해 위업을 이루도록 하다못해 진주알이라도 입에 물려 보내자는 것이 어머니 박두을 여사의 생각이었다.

그래서 자식들은 어머니의 뜻을 받들어 아버지의 시신을 입관할 때 한 알에 20만 원씩 하는 인조 진주 두 알을 입에 물려 떠나보냈다. 값비싼 진짜 진주를 여의주처럼 물렸을 경우 혹여 도굴꾼이 고인의 무덤을 파헤칠지도 모른다고 생각했기 때문이다.

공수래공수거空手來空手去! 빈손으로 왔다가 빈손으로 떠나는 것이 인생이다. 그래서 생사는 귀천이 없다고 한다. 이병철 회장은 생전에 이 고사성어를 자신의 집무실 벽면에 걸어놓고 탐욕을 경계했다는 일화가 전해지고 있다. 불가에서는 허허실실虛虛實實이라고 한다. 생사 해탈의 양변이 없는 하늘의 이치, 즉 인생무상을 뜻하는 것이다.

16
2세 경영시대

이병철 회장이 타계한 직후 모기업 삼성물산 신현확 회장이 원로 가신그룹 회의를 소집하고 후계구도 정리에 나섰다. 그는 10·26 사태 직후 최규하 대통령 밑에서 국무총리를 지낸 정·관·재계의 거물이다. 고인이 된 이병철 회장과는 자유당 시절 부흥부(현 산자부) 장관을 지낼 때부터 막역지간이었다. 그래서 그는 누구보다 이병철 회장의 마음을 잘 읽고 있었다. 그런 연유로 원로회의를 주재한 그는 두말없이 이건희 부회장의 손을 들어준 것이다. 삼성의 새로운 오너 탄생이다.

삼성은 누가 뭐라 해도 대한민국을 대표하는 초국가적 기업이다. 세계적인 대기업집단 삼성을 가리켜 흔히 삼성 공화국 또는 삼성제국으로 부르는 이유다. 그런 기업의 경영 대권을 물려받은 이건희 회장은 우선 삼성의 정통성과 상징성을 살리기 위해 대구에 있는 창업지 삼성상회를 복원하는 일이 시급했다. 바야흐로 삼성의 법통을 지키고 역사를 다시 쓰겠다는 원대한 포부를 드러낸 것이다.

그러나 반세기에 걸쳐 풍상풍우風霜風雨를 견디며 퇴락한 그 건물의 소유주는 뜻밖에도 등기부상에 삼성상회 경리 출신인 박윤갑 전 대구상공회의소 회장 명의로 등재돼 있었다. 그때까지만 해도 이건희 회장은 그 사실을 전혀 모르고 있었다. 선대 이병철 회장의 그늘에서 성장해온 박윤갑은 눈 밖에 난 적장자 맹희의 억울한 누명을 벗겨주려다가 가신그룹으로부터 배척당하고 기업마저 파산해 이미 잊혀진 인물이 돼 있었다.

언론 보도를 통해 선대 회장의 타계 소식을 접하고도 문전박대가 두려워 장례식에도 참석하지 못한 채 망배望拜의 설움을 삼켰다. 그러던 중 1988년 3월 1일, 삼성 창업 50주년을 맞았다. 예년 같았으면 비서실에서 창업 공신의 일원으로 예우해 초청장이라도 보내올 법한데 전화 한 통 없었다. 박 회장은 서운한 감정을 주체하지 못해 아침 밥상에 소주병을 올려놓고 혼자서 반주를 들이키고 있었다. 창업주 이병철 회장이 별세한 지 벌써 4개월째 접어들 무렵이었다.

"어르신 무덤의 흙이 마르기 전에 한 번 둘러봐야 할 텐데…."

넋두리 같은 혼잣말을 내뱉으며 착잡한 심정을 가누지 못했다. 반세기 세월이 덧없이 흘러간 것이다. 창업 50주년 기념일을 맞아 애지중지 보살펴온 옛 삼성상회 건물도 한 번 둘러 보고 싶었다.

그는 1970년대 후반 삼성상회 건물을 영구보존하기 위해 박물관 건립을 추진해 왔다. 대구시와 여러 차례 협의도 거쳤으나 그동안 예산 확보 문제로 차일피일하던 중 부도를 맞고 말았다. 한때 삼성 비서실에도 협조를 요청했지만, 그 당시 이건희 후계 구도에 정신이 팔려있던 소병해 실장은 "아직 때가 이르다"며 시큰둥한 반응을 보였다.

'그렇지만 이제 할 수 있지 않겠나. 건희 회장이 경영 대권을 물려받고 창업 50주년을 맞아 제2 창업을 선언한다니 삼성 창업의 신화를 고스란히 간직하고 있는 옛 삼성 터에 관심을 가질 만도 할 것이다'

그는 이런 생각에 잠기며 착잡한 심정을 가누지 못했다. 삼성상회 건물은 대구시 중구 인교동 61-1번지, 예나 지금이나 대구 경제권을 좌우하는 큰 장(서문시장)의 코앞에 자리 잡고 있다. 창업 당시엔 보기 드문 현대식 목조 4층 건물이었다. 1층 오른쪽에 모터실과 제분기, 제면기가 설치돼 있고 왼쪽엔 응접실을 겸한 사무실과 조그만 온돌방이 하나 붙어 있다. 옛 모습 그대로다. 창업 초창기 이병철 회장은 이 온돌방에서 박윤갑의 수발을 받으며 침식을 함께 했었다.

이곳에서 손수 별표 국수를 생산해 떼돈을 번 이병철 회장이 삼성물산을 설립하고 서울로 떠날 때 창업의 상징인 이 건물을 당시 경리직원이던 박윤갑에게 고스란히 넘겨줬다.

"윤갭아! 니, 그동안 네 밑에서 고생 마이했다. 나중에 우에 될

란지 모르겠지만 이 삼성상회 건물은 기념으로 니한테 넘길라 쿤다. 니가 잘 관리하거래이."

선대 이병철 회장의 목소리가 아직도 귀에 쟁쟁하다.

"예, 어르신! 이 삼성상회 건물은 누가 뭐래도 대구의 보물 아입니꺼예. 제가 꼭 지키겠심더. 이 건물을 볼 때마다 어르신 생각이 나는데 우에 함부로 놔두겠십니꺼예."

박윤갑은 그때 등기부 등본을 건네받으며 말했던 그대로 다시 한번 외쳐봤다. 그러나 돌이켜보면 한낱 물거품에 지나지 않았다.

최종 부도가 날 무렵 이 회장을 찾아갔다가 비서실의 문전박대로 쫓겨난 일은 생각만 해도 치가 떨렸다. 하지만 그는 자신을 몰락의 길로 내몬 가신그룹을 증오할지언정, 결코 이 회장을 원망하지 않았다. 만약 그때 이 회장을 독대했더라면 반드시 재기할 수 있었기 때문이다. 어쩌면 이 회장은 박윤갑이 몰락한 사실을 전혀 알지 못한 채 세상을 떴을지도 모를 일이다.

아니나 다를까, 삼성 창업 50주년을 맞은 지 며칠이 지나지 않아 느닷없이 삼성 비서실에서 1억 원짜리 수표 한 장을 보내왔다. 그와 소원한 관계를 유지해 왔던 소병해 실장이 미주본부장으로 가고 이수빈 삼성생명 사장이 비서실장으로 부임했을 때였다. 박윤갑은 평소 이수빈 사장과도 흉금을 터놓을 만큼 가까운 처지라 형편이 어려운 창업 공신에게 생활비를 보태주는 줄 알았다. 이건희 회장이 취임하고 비로소 창업 공신을 챙기는 것이라고 지레짐작했다.

그러나 착각이었다. 삼성 비서실에서 불난 집에 부채질하러 사람을 보내 삼성상회 건물을 삼성물산에 넘기라고 일방적으로 통보한 것이었다. 그리고 인편에 보낸 1억 원은 그동안의 건물 관리비라고 했다. 그는 기가 막혔으나 말 한마디 없이 인감도장을 내놨다. 양도소득세와 그동안 밀린 국세, 지방세를 계산해보니 1억 원 정도 나왔다. 그는 비서실에서 보내온 수표를 세금에 보태 쓰라며 되돌려주고 또다시 한을 삼켰다.

그 무렵 후계 구도에서 완전히 밀려난 이맹희는 막내 동생 건희가 삼성그룹 총수로 취임하자마자 바로 출국했다. 기약 없는 외유가 시작된 것이다. CJ그룹 오너인 장남 재현이 수시로 송금해주는 경비로 빠듯하게 지낸다고 했다. 애초 출국할 때 삼성 비서실에서 "모든 외유경비를 부담하겠다"고 제의했지만 사양했다고 한다.

이후 박윤갑은 "형제들끼리 갈라서고 가통마저 무너지고 있다"는 삼성가의 소식을 전해 듣고 착잡한 심정을 가누지 못했다. 그는 친부모처럼 따랐던 선대 이병철 회장이 타계한 데 이어 오래지 않아 노환으로 고생하던 왕할매 박두을 여사마저 세상을 뜨자 화병이 도져 자신도 2003년 10월 세상을 등지고 말았다. 77세, 자신의 상전 이병철 회장이 살았던 세월을 넘지 않고 상전의 뒤를 따랐다.

박윤갑으로부터 삼성상회를 넘겨받은 삼성물산 건설팀은 퇴락한 건물 전체를 해체하여 대구혁신센터에 창업 당시의 모습 그대로 복원했다. 제일모직 대구공장이 있던 자리다. 그리고 옛 삼성상회 자리에는 현대식 기념관과 조형물을 세웠다. 명실상부한 삼성의 상징성을 살리고 세계로 도약하려는 이건희 회장의 원대한 복안이었다.

이제 거칠 게 없어진 이건희 회장은 생전에 절제된 모습을 잃지 않았던 아버지와는 달리 제2 창업을 선포하고 강력한 리더십으로 이른바 신경영을 이끌어 나간다. 선대가 온갖 수난을 극복하며 이루어 놓은 유업이 마침내 2세 경영시대를 맞아 빛을 발하기 시작했다. 창업 50주년을 맞은 1988년 한 해 동안만도 삼성전자의 반도체 부문에서만 2조5000억 원의 영업이익을 창출했다.

자만심일까, 이건희 회장은 자신이 한국을 대표해 세계를 움직이는 최고경영자라는 생각에 빠지기 시작한다. 물론 그만큼 치열한 글로벌 시장을 꿰뚫어 보는 안목이 있었다. 그는 어떠한 어려움이 있어도 반드시 1등을 해야만 직성이 풀리는 사람이다. 어릴 때부터 그랬다. 어머니가 밥상에서 기름소금을 묻혀 구운 김을 한 장씩 나눠줄 때도 형들보다 한 장 더 먹어야 한다고 투정을 부리곤 했다. 그러니 기업경영에 관하여도 국내외 경쟁업체에 지는 것, 뒤처지는 것을 생리적으로 싫어했다.

그래서인가, 그의 승부욕은 마침내 자신의 아이디어로 개발한 반도체 분야에서 엄청난 이익을 내자 자신감이 생겼고 세계 초일류기업으로 지향하는 발걸음도 빨라졌다. 그는 이미 회장으로 취임할 때부터 삼성을 국내 제일이 아닌 세계 최고의 기업으로 성장시켜야겠다는 성취욕이 가득 차 있었다.

그가 중·고교 시절 레슬링에 심취해 선수 생활(대한레슬링협회 명예 10단)까지 했다는 사실은 널리 알려져 있다. 레슬링도 역시 승부욕과 헝그리정신이 강하게 요구되는 스포츠다. 고도의 투지력과 인내심이 있어야 하고, 규칙을 철저하게 지켜야 하는 스포츠이기도 하다. 삼성 레슬링팀이 올림픽에서 종목별 금메달을 휩쓴 일도 있었다.

그래서인지 그는 평소 부잣집 아들답지 않게 배가 고팠다고 했다. 알사탕이라도 하나씩 물고 다녀야 허기를 면할 수 있었다는 것이다. 회장이 되어서도 입이 짧아서, 소식하는 편이었지만 한밤중에 자다가 배가 고프면 손수 라면을 끓여 먹는다고 했다. 그가 헝그리 정신을 강조하면서 임직원들에게 실토한 말이다. 어쩌면 초일류를 추구하는 그의 경영철학도 그런 레슬링의 헝그리 정신과 직결되었는지도 모른다. 도무지 불가능이란 없었다.

그러면서도 그는 평소 집무실 벽면에 〈敬聽경청〉이라는 조그만 액자를 걸어놓고 경구警句로 삼아 언제나 남의 말부터 듣고 자신의 주장을 설득력 있게 관철하는 성품이었다. 한때 오너 경영을 맡았던 큰형 맹희의 다혈질과는 너무도 대조적이었다. 그런 그가 막중한 책임을 진 오너의 자리에 오르자 경영 스타일부터 바꾸기 시작했다.

선대 이병철 회장으로부터 경영수업을 받던 시절 그는 평소 전자나 반도체 등 각종 신제품이 나오면 자신이 먼저 분해·조립하며 오밀조밀한 부품에 이르기까지 일일이 살펴보고 하자를 밝혀내야 직성이 풀리는 완벽성을 갖추고 있었다. 하여 자신 만큼 아는 기술자도 드물다는 인식이 남달리 강했다. 현재에 만족하지 않고 보다 나은 미래를 내다보기 위한 집념이었다.

1980년대 중반 삼성의 반도체 기술이 일본을 앞지르자 선두기업 도시바 기술진이 단체로 삼성반도체 공장을 찾아와 일괄공정과정을 견학하고 돌아갔으나 결국 삼성을 따라잡지 못하고 2류로 주저앉고 말았다. 도시바의 오너가 이건희 회장보다 기술력이 모자랐기 때문이라는 소리가 그래서 나왔다. 그 무렵까지만 해도 삼성이 도시바의 노트북 컴퓨터 기술을 주요 모델로 삼고 있었다. 이후 삼성은 스마트폰 개발로 미국의 애플과 선두다툼을 벌이며 세계 굴지의 글로벌 기업 반열에 올라섰지만, 선발기업 도시바는 10위권 밖으로 밀려났다.

가전 분야 역시 일본 소니가 줄곧 세계 1위권을 지켜왔으나 결국 기술력에서 일취월장하는 한국의 삼성과 LG를 따라잡지 못했다. 그러나 지금은 중국과 대만이 한국을 바짝 뒤쫓고 있다. 특히 대만은 파운드리 반도체 분야에서 삼성을 완전히 앞서고 있다. 게다가 중저가 제품에서 양적으로 앞선 중국 반도체 및 디스플레이 기업들이 거액의 연봉을 제시하며 공공연히 한국 인재들을 빼가고 있다. 첨단기술의 심각한 유출 현상이다. 자칫하다간 중국의 양적 팽창에 눌려 삼성의 위상이 추락할지도 모른다. 이건희 회장이 생전에 강조하던 '샌드위치론'이 그래서 생긴 것이다.

이건희 회장은 신경영 선포 이후 일본 전자업계 경영인들보다 적어도 50년 이상 앞을 내다보는 통찰력과 비전을 갖고 있었다. 그 무렵 일본의 기술을 도입해 창업한 삼성전자가 50년을 앞선 일본 전자업계를 추월하기 시작했다. 일본 전자업계에서 비로소 삼성의 비약적인 발전을 경이의 눈으로 바라보며 글로벌 경영인 이건희 회장에 대한 찬사를 아끼지 않았다.

1970년대 중반 부회장 시절부터 그를 가까이서 지켜본 참모들도 경영능력에 관한 한 신기神技에 가까운 아이디어의 소유자라고 입을 모았다. 어쩌면 순간적으로 뇌리를 스치는 영감靈感에 따른 이른바 영발靈發경영으로 성공한 선대 이병철 회장을 쏙 빼닮았는지도 모른다. 기업경영에 있어서 가히 그의 영감을 능가하는 사람이 없었기 때문이다. 그가 평소 지적하고 예측하는 경영상의 문제와 미래 비전을 두고 임직원들은 고개를 갸웃했지만, 시간이 지나고 나면 반드시 족집게처럼 맞아떨어지곤 했다.

"여러분이 생각할 때 지금 당장 이해가 안 되겠지만 내 눈엔 그것이 선하게 보인다"며 입버릇처럼 말할 때마다 시대 상황에 대처하는 인식이 남달랐다. 그리고 그가 미리 예측했던 일들이 훗날 반드시 현실로 나타나기 마련이었다. 그런 점에서 그는 미래를 훤히 내다보는 선견지명先見之明이 있었다. 타고난 기업경영인 이건희의 진면목이라 해도 과언이 아닐 것이다.

그래서 그는 회장으로 취임하자마자 '자율경영'이라는 슬로건을 내걸고 경영 일체를 전문경영인들에게 맡겼다. 선대의 경영 스타일과 조금도 변함이 없었다. 그룹 차원에서 그가 직접 챙기는 것은 일 년에 상·하반기 경영 결산을 위해 두 차례 열리는 사장단 회의뿐이었다. 그래서 대다수 전문경영인은 평소 이건희 회장의 얼굴 보기가 어려울 정도라고 했다. 선대 못지않은 권위적 경영 스타일이었으나 측근에서는 인재를 중시하는 오너의 신뢰성 때문이라고 했다.

"우리 삼성의 경영인들은 지知·행行·용用·훈訓·평評 등 이 다섯 가지를 아는 종합예술가가 되어야 합니다. 즉 아는 것이 많아야 하고 스스로 할 줄 알아야 하며 남을 가르치고 일을 시킬 줄 알아야 하고 사람과 일의 성과를 제대로 평가할 줄 알아야 한다는 뜻입니다. 이 다섯 가지만 지킬 수 있으면 경영에 큰 어려움은 없을 것입니다."

사장단 회의에서 강조해온 그의 인재 철학이다. 거대기업 삼성의 각종 서류에 오너인 총수의 결재란이 없다는 것은 이미 널리 알려진 사실이다. 선대 이병철 회장은 사업을 일으킨 이후 평생 결재 한 번 한 일이 없었고 2세 이건희 회장도 마찬가지였다. 그만큼 임직원들에 대한 신뢰감이 높았다. 아래 사람을 믿고 일을 맡겨야 성공할 수 있다는 신념이었다. 창업 때부터 대물린 오너 일가의 용인술이다. 그러다가 선대 이병철 회장은 때로는 배신도 당했지만 큰 틀로 봐서 삼성의 경영이념에는 변함이 없었다.

이건희 회장은 부회장 시절부터 삼성이라는 거대기업집단을 이끌어가는 견인차 역할을 자임했으나 경영일선에서 사사건건 진두지휘하고 간섭한 일은 한 번도 없었다. 계열사 사장을 비롯한 전문경영인들을 믿고 경영 전반을 전적으로 맡겼기 때문이다. 게다가 그는 글로벌 경영을 위해 해외 출장도 잦았다. 한 번 나가면 세계를 일주하듯 현지 법인을 둘러보고 경쟁사의 동향을 살피느라고 평균 2~3개월씩 해외에 체류하기 마련이었다.

하지만 자율경영을 책임진 비서실 경영전략팀과 계열사 사장 등 전문경영인들은 그의 리더십에 제대로 호응하지 못하고 눈치를 살피기에 급급했다. 이러한 사실을 확인한 그는 전문경영인들의 사고력에 문제가 있다는 것을 깨달았다. 막중한 책임감을 느끼면서도 보신保身을 위해 기업의 새로운 가치와 질서를 만들어가는 시대의 흐름을 제대로 읽지 못하고 고정관념에 사로잡혀 있었기 때문이다.

그는 부회장 시절부터 그런 사실도 모르고 회장 취임 이듬해인 1988년 3월 창업 50주년을 맞아 제2 창업을 선언하며 개혁 드라이브를 걸었다. 자신의 실수인지도 모른다. 기업의 역사란 통상 30년의 사이클로 소장消長한다는 선대 이병철 회장의 유훈대로라면 삼성은 이미 흥망성쇠의 기로에 와 있다고 판단했다.

그래서 그는 등에 식은땀이 흐를 정도로 위기의식을 느꼈다. 이 시점이야말로 세기말적 격변기라는 사실을 직시하고 새로운 경영환경에 걸맞게 특히 기회 선점을 하고 있는 전자와 반도체 분야에서 삼성을 세계 초일류기업으로 올려놓지 않으면 언제 문 닫아야 할지 모른다는 강박관념에 사로잡히기 시작했다.

세계 초일류를 향한 그의 집념은 대단했다. 그 무렵 그는 삼성의 미래를 짧게 잡아 50년, 길게는 100년을 내다봤다. 그러나 알고 보니 전문경영인들은 10년 앞도 내다보지 못하고 당장 따먹을 수 있는 산중과실처럼 눈앞의 이익 창출에만 급급하며 현실에 안주하고 있었다. 때문에, 제2 창업을 선언한 지 5년이 지날 때까지 사업현장에서는 아무런 변화가 없었다.

세기말적 경영환경이 하루가 다르게 변하는데도 삼성의 사풍社風은 '우리가 제일'이라는 자만심에 빠져 있었다. 당장 눈앞에 보이는 이익을 위한 양적 성장만 고집했고 질적 개선과 성장은 외면했던 것이다. 오늘의 삼성은 선대가 쌓아온 경영 노하우를 바탕으로 운 좋게 이루어진 게 아니라 예측 가능한 기회 선점으로 얻어진 결과라는 사실을 잊고 현실에 안주하려는 습성이 몸에 밴 탓이었다.

이렇게 판단한 이건희 회장은 언제부터인가 오너와 전문경영인 사이에 거대한 톱니바퀴처럼 돌아가던 경영철학과 사고력에 깊은 괴리가 생겨나고 있다는 사실을 확인하고 엄청난 충격을 받았다. 무엇보다 오너와 전문경영인 사이를 차단벽처럼 가로막고 있는 100년과 10년의 미래지향형 사고력 차이를 극복하는 일이 시급했다.

이 회장이 이런 결심을 하게 된 결정적인 이유는 1993년 6월 미국 LA에서 열린 세계전자제품 박람회장에서 먼지만 뽀얗게 쌓여가는 삼성 전시장을 둘러보고 받은 충격 때문이었다. 그 당시 그의 눈에 비친 삼성전자 경쟁력은 당장 정신 차린다고 회복될 정도가 아니라 망하기 직전이었다고 했다. 국내에서 제일일 뿐 글로벌 시장에선 제품의 질과 관리 면에서 꼴찌에 가깝다고 판단했기 때문이다. 그의 육감으로 상황을 아주 심각하게 받아들였다. 국제경쟁력 역시 한두 가지 개선해서 회복될 기미가 보이지 않는다고 판단했다.

"삼성은 이미 망했다. 이러고도 안 망하면 그게 이상할 것이다."

그 당시 그는 글로벌 시장에서 삼성이 처한 현실을 너무도 비관적으로 봤다. 무엇보다 임직원들의 현실 인식이 문제였다. 삼성전자 제품이 세계시장에서 푸대접을 받고 있는 사실을 뻔히 알고도 위기의식을 전혀 느끼지 않고 있다는 데 크게 실망했다.

이건희 회장은 미주지역 현지 법인장회의를 주재하면서 비장한 어조로 말했다.

"1980년대 중반까지만 해도 해외 선진기술을 습득하고 경제장벽도 비교적 쉽게 뚫을 수 있었습니다. 그때 우리는 두 눈을 부릅뜨고 헝그리 정신으로 국제경쟁력에 도전해 다소 성공을 거둘 수 있었지만, 그저 앞날을 예측하지 못하고 조금만 개선하면 옛날보다 잘 되겠지 하는 안일한 생각만 하고 있었습니다. 이게 문제가 아닙니까?"

좀 더 구체적으로 말하면 예전에는 경공업 분야에서 1달러짜리 와이셔츠 한 장을 만들어 수출해도 히트를 쳤고 한국 경제가 빛이 나고 눈에 띄었다고 했다. 하지만 1달러짜리 와이셔츠가 언제라도 가능하다고 생각하는 것이 바로 세계시장을 바라보는 한국적 시각이라는 것이다. 그 당시에는 무역장벽도, 마찰도 별로 없었고 싼값으로 수출을 많이 해서 미국인들이 싸게 사 입을 수 있도록 함으로써 득이 되었고 오히려 우리가 미국 사람들을 도와주는 자랑거리였다고 했다.

그러나 90년대 들어 그런 것 가지고는 아예 될 일도 되지 않았다. 값싼 제품을 많이 수출하면 할수록 무역수지는커녕 글로벌 무역 질서를 문란시킨다는 이미지만 남게 되었다. 무역수지를 전적으로 미국에만 의존하던 그 시절, 잘못 밀고 나가면 그런 업종으론 미국 시장을 넘볼 수도 없고 모든 제품이 복합화, 시스템화, 차별화하지 않으면 팔기도 어렵고 아예 팔리지도 않았다. 해외시장이 그만큼 변화무쌍해 우리 제품 하나 팔기가 어려워졌지만 모두 세상이 급격하게 변하고 있다는 사실을 모르고 있었다.

"국가경쟁력과 생산성을 높인다는 것이 정부·국민·기업이 삼위일체가 되어 다 힘을 합쳐 뛰어도 될까, 말까 합니다. 모든 여건이 어려워졌는데도 모두 우습게 알고 있습니다. 조금만 정신차리면 된다고 생각하고, 착각하고 있으니 이거 큰일이 아닙니까?"

이 시점에서 우리나라 전체가 정신 차리지 않으면 필리핀, 인도

네시아처럼 3류 국가로 떨어지고 만다는 것이 이건희 회장의 지적이다. 그 당시 그는 해외시장을 훤히 꿰고 있었다. 그래서 삼성이 세계로 눈을 돌리지 않고 국내에서 일류만 고집한다면 세계 일류에서 영원히 탈락할 것이라고 경고했다.

그가 LA에서 시작해 독일 프랑크푸르트로 날아가 신경영을 선포하고 삼성그룹 부장급 이상 임직원들을 대상으로 일본 도쿄에서 인프라 교육을 실시한 이유다. 이때 내건 슬로건이 "마누라와 자식을 빼놓고 다 바꾸자"는 것이었다.

그는 애초 LA의 전자제품 전시장을 한 번 둘러보고 엄청난 충격을 받았다고 했다. 우리나라 전략수출품의 하나이자 삼성의 얼굴로 자부하던 각종 전자제품이 전시장 부스에 진열돼 있긴 했으나 보는 사람도 없고 사는 사람도 없이 먼지만 켜켜이 쌓여 있었기 때문이다. 그는 순간적으로 화가 나 견딜 수 없었다. 대한민국을 대표하는 삼성그룹 오너로서 경영을 책임지고 있으면서 아무런 성과도 거두지 못하고 세월만 허송해버렸다는 자괴감에 사로잡히고 말았다. 그래서 그는 독백처럼 개탄했다. "삼성전자는 내가 회장으로 취임하던 1987년에 이미 망해버린 회사다."

그는 그동안 엄부의 그늘에 가려 오너 경영에 적극성을 보이지 않았던 탓도 있었지만, 부회장으로 승진한 1970년대 후반부터 사업현장을 둘러볼 때마다 위기의식을 느껴왔었다. 하지만 설마 한들 해외시장에서 이렇게 무참한 현실과 맞닥뜨릴 줄은 상상도 하지 못했다. LA 전시장에서는 단연 일본 제품들이 돋보였다.

그 당시 일본은 세계 최고의 전자기술 보유국이었다. 삼성전자의 기술이 일본을 따라잡기는커녕 그 근처에 얼씬도 하지 못할 정도로 뒤처져 있었다. 게다가 해외 전시장 한쪽 구석에 처박혀 싸구려 제품 취급을 받고 있다니 기가 막혔다.

이건희 회장은 LA 전시장에서 날개 돋친 듯 팔려나가는 소니와 도시바, 산요, 파나소닉 등 일본 최첨단 제품을 보고 "삼성전자는 이제 문을 닫아야 하는 거 아니냐"는 절망감에서 헤어나지 못했다. "어떻게 하면 체면 안 구기고 물러날 수 있을까?" 그는 내내 이런 생각만 되풀이하면서 사업을 축소하고 명예롭게 손을 떼는 방법만 생각했다고 한다. 삼성그룹의 주력기업으로 키워온 전자가 2기 암에 걸린 것으로 판단했기 때문이다.

암이란 초기에 발견하고 수술하면 완쾌될 수 있지만, 기회를 놓쳐 2기에 들어갈 경우, 임파선이나 혈관에 전이돼 생존율이 급격히 떨어지게 된다. 이는 삼성전자 임직원들이 그동안 하나같이 제품의 질을 높이려는 기술향상에 신경 쓰지 않고 양의 경영과 장치 산업적 사고방식에 젖어 글로벌시대의 경영환경을 무시해온 탓이었다. 밤을 새워 한 개라도 더 만들어 대량으로 내다 파는 것이 목적이 아니라 비록 한 개를 덜 만들더라도 불량품이 없는 완벽한 제품을 생산하는 질적 경영이 선행되어야 했다.

하지만 질을 무시하고 실적 위주의 양에 치우치다 보니 불량품만 늘어나고 로스가 생겨 원가절감은커녕 적자경영을 초래하고 만 것이다. 양의 경영을 두고 그는 이렇게 평가했다. "달을 가리키면 달을 봐야지 손가락만 바라보다가 이런 혼란을 자초한 것"이라고 말이다. 그러면서도 그는 "굳이 양이나 질을 너무 획일적으로 구분할 필요가 없다"고 했다. 양이나 질을 깊이 분석해 보면 결국 일류가 되자는 목표이지 질을 높이기 위해 양을 줄이자는 개념이 아니라고도 했다.

궁극적으로는 양을 기초로 질을 높여나가야 한다는 것이 그의 지론이었다. 어느 수준의 경제단위까지 가기 위한 양을 전제로 기능부터 설계·기술개발·가격에 이르는 제대로 된 제품을 생산하자는 얘기였다. 질이나 양이 어느 정도 충족되고 그중에서도 질 좋은 제품을 만들어냈을 때 이익은 절로 나오게 마련이라고 했다. 그렇게 될 경우, 국내 1위는 말할 것도 없지만 세계에서도 10위권에서 5위권, 1위권으로 가는 정한 이치라고 설파했다.

그렇게 해서 세계 1위권으로 진입했을 때엔 10년, 20년 후의 앞서가는 제품을 만들기 위한 연구·개발에 끊임없이 투자해야 한다는 것이 그의 경영철학이었다. 그리고 국내시장 점유율이 얼마인가를 생각하는 경영 관행에서 과감히 벗어나 앞으로는 해외시장 점유율을 생각해야 국제경쟁력에서 밀리지 않는다고 했다. 그것이 바로 삼성이 추구해야 할 질의 경영이고 스케일이라는 것이다.

17 도쿄 인프라

세계는 바야흐로 치열한 경제전쟁 시대를 맞고 있다. 한마디로 한 치 앞을 내다볼 수 없을 만큼 격화하는 상황에 직면해 있다. 그 전장戰場의 농무濃霧를 뚫고 기업이 살아남기 위해서는 무엇보다 가장 좋은 제품을 가장 싸게, 가장 빨리 내놔야 한다는 대명제가 깔려 있다.

거기에다 반드시 기업의 철학이 들어가야 한다는 것이 기본이다. 이른바 명품으로 불리는 일류 브랜드를 말한다. 그렇다고 조급증을 내 전쟁터에 뛰어들었다간 백전백패하고 만다. 무장을 단단히 하고 꾸준히 기술력과 끈기를 키워야 한다는 것이 그의 경영철학이다. 한국인 특유의 '빨리, 빨리' 근성이 불량품 발생의 원인이기 때문이다.

그 당시 삼성 전문경영인들의 경영철학이 '빨리, 빨리 문화'에 젖어 있었다. 도덕적, 인간적 관계마저 결여한 채 대량생산을 목표로 양적 경영이라는 고정관념에 사로잡혀 2류 집단에 안주하고 있었다. 차분하게 기획하고 생각을 깊이 할수록 새로운 아이디어가 떠올라 보다 좋은 제품을 만들어낼 수 있을 텐데 국내 제일주의에 만족하며 후닥닥 만들어놓고는 무조건 덤핑을 고집했다.

덤핑이란 스스로 제품의 질을 떨어뜨리는 자해행위다. 애써 만든 100달러짜리 제품을 80달러에 팔아넘기는 것은 도저히 용납될 수 없는 해사害社행위라는 것이다. 그러나 전문경영인들은 그동안 질적 변화보다 양적 단기경영에 만족해 왔다. 더구나 미국·일본·독일 등 기술선진국들은 한국의 삼성을 아시아의 강력한 용이 출현한 것으로 보고 견제하기 위해 연합전선까지 구축했다. 그런 조짐은 시간이 흐를수록 현저히 나타나고 있었다.

특히 삼성을 비롯한 LG, SK 등 한국 기업들이 세계 곳곳에서 특허권 침해와 카르텔과 덤핑 등 불공정거래 행위로 잇따라 고발돼 법적 조치를 받고 있었다. 그동안 국제적인 관행으로 묵인되어 왔고 고작해야 과태료나 벌금형에 그쳤던 처벌형태가 점차 가혹해지기 시작했다. 기술선진국들은 자국의 이익을 위해 만들어놓은 법률에 따라 벌금을 넘어서 해당 기업 경영인들에 대한 형벌과 손해배상까지 요구하는 냉혹한 소비자 집단소송으로 이어지고 있었다. 삼성도 여러 차례 이런 경험을 겪었으나 정신 차릴 줄 몰랐다.

이건희 회장은 LA에서 삼성그룹 전체 계열기업을 암에 걸린 중증환자로 판단하고 애초 예정했던 전략회의를 취소해 버렸다.

주력기업인 삼성전자가 2기 암으로 쓰러져 가는데 다른 계열기업을 챙겨봐야 그게 그거 아니냐고 생각한 것이다. 그가 볼 때 1970년대 선대 이병철 회장이 중화학공업 시대를 열며 각별히 정성을 쏟았던 삼성중공업은 이미 영양실조에 걸려 있었고 삼성종합건설도 영양실조에다 당뇨병까지 겹쳐 응급조치가 필요했다.

자금과 기술을 확충하고 기업경영의 허리 역할을 하는 인적자원(중간간부)을 대폭 늘려 열심히 뛰면 살아날 가망이 보이겠지만 이미 기회를 놓친 것이다. 특히 1960년대 중반 이른바 사카린 밀수사건으로 국가에 헌납했던 한비를 10여 년 만에 되찾아 삼성종합화학으로 사명까지 바꿔 새로운 출발을 모색했으나 이 회장은 아예 태생부터 잘못된 선천성 불구기업으로 진단했다. 아버지가 사운을 걸고 필생의 사업으로 일으킨 회사이긴 하지만 준공 후 가동도 못 해보고 고스란히 국가에 헌납해버렸기 때문이다.

삼성의 주력기업이 모두 한결같이 중증환자로 병마에 시달리고 있는데도 전문경영인들은 병명도 모르고 있었다. 창업 반세기 만에 A급 태풍이 불어와 삼성의 명운이 생사기로에 서 있었으나 모두 정신 차릴 줄 몰랐다. 지금까지는 국내에서 '내가 제일, 우리가 제일'이라는 '제일주의'의 자만심에 도취하여 국제경쟁력에서 2류, 3류로 뒤지고 있는 것을 모르고 지내왔다. 그는 그것을 가장 안타깝게 생각했다. 조금이라도 뒤졌으면 완전히 뒤진 것인데 임직원들이 모두 그것을 깨닫지 못하고 있었기 때문이다.

그는 삼성그룹 경영의 문제점을 올림픽 마라톤 경주에 비유했다. 마라톤의 성적이 결정되는 골인 지점에서 0.1초 차이로 순위가 결정되고 금메달과 은메달로 갈라지게 된다. 경쟁이 뭔가? 옛날에는 0.5초 차이가 확실히 진 것이라고 했지만 지금은 0.1초라도 진 것은 진 것이라고 했다. 깨끗이 승복하고 0.1초의 간격을 뛰어넘어 이기려고 노력하지 않으면 2등을 해봐야 아무 소용이 없다고 했다. 치열한 각축전을 벌이는 글로벌 경쟁 시대에 삼성이 적어도 미국·일본·독일 기업들이 선도하는 국제적 메이저 그룹에 들어가야 살아남는다는 것이다.

"삼성이 국내에서 1등하고 있다고 자랑하는 걸 보면 나는 화가 납니다. 국내 경쟁사에서 이긴 것은 이긴 것도 아닙니다. 1980년대엔 국내에서 챔피언이 되었으면 챔피언 대우를 받았지만, 지금은 세계 챔피언이 되어야만 챔피언 대우를 받는 시대가 온 것입니다. 우리가 세계시장에서 메이저 그룹에 들지 못하고 마이너 그룹으로 뒤처져 있으니까 좇아가려고 항상 바쁜 게 아닙니까. 메이저에서 기회를 선점하면 바쁠 게 하나도 없습니다. 그런데 우리 삼성은 아직도 대소완급大小緩急을 모르고 바쁘기만 합니다."

이건희 회장이 해외 인프라 교육에서 임직원들에게 누누이 강조한 말이다. 과거에는 1등부터 5등까지는 다 함께 존재할 수 있었고 2등은 2등 대로, 3등은 3등의 할당 분량이 있었지만 이젠 메이저 그룹에 못 끼면 모든 것이 제로(0)가 되는 시대라고 했다. 그러나 잘만 하면 메이저 그룹에 들어가 한없이 잘 되고 신바람

나는 시대를 선도할 수 있다고 했다. 세상이 그렇게 급변하는데도 삼성은 아직도 주제 파악도 모르고 있다고 개탄한 이유다.

이를 그대로 방치할 경우 일류기업은커녕 2류도 아닌 3류로 전락하고 말 것이라고 했다. 그야말로 벼랑 끝으로 내몰리고 있는 상황이었다. "삼성은 이미 망했다"고 판단한 그는 지체 없이 독일 프랑크프르트로 날아가 삼성의 '신경영'을 천명하게 된다. 이른바 '프랑크프르트선언'이다. 그런데 왜 하필이면 프랑크프르트에서 신경영을 선언했을까? 프랑크프르트에는 무려 200만 평에 달하는 국제공항과 20만 평 규모의 중형 공항, 15만 평 규모의 국내선 소형공항이 고루 갖춰진 세계 최대의 인프라 스트럭처였다. 일류 선진국 독일의 경쟁력을 상징적으로 보여주는 곳이기 때문이었다.

이후 세계 전자산업 메카인 일본 도쿄로 날아가 인프라 연수캠프를 설치하고 1800여 명의 그룹 사장단과 임원단에 대한 대대적인 인프라 교육에 들어갔다. "망하더라도 마지막까지 발버둥이라도 쳐보고 망하겠다"고 말이다. 그 당시 이건희 회장은 그만큼 절박했다. 한꺼번에 오쿠라나 뉴오타니 등 도쿄의 유명한 특급호텔에 100여 명씩 투숙시켜 1주일~2주일간씩 총 6개월에 걸쳐 강행한 교육비만도 무려 1억 달러(그 당시 환율로 1000억 원)였다. 말이 1억 달러이지 자본금 1억 달러면 국제적인 규모의 큰 기업을 하나 설립하고도 남을 거액이었다.

그러나 그는 인프라 교육에 돈을 아까운 줄 모르고 과감하게 투자했다. 돌다리도 두드려 보고 건넜던 선대 이병철 회장이라면 감히 엄두도 못 낼 일이었다. 임직원들이 해외 초특급 호텔에 투숙해 호사스럽게 먹고 자고 하면서 세계 일류가 무엇인지 직접 체험해보라는 것이었다. 1억 달러를 투자해서 30%의 교육 효과만 거둬도 성공이라는 확신이 섰기 때문이다. 이 30%의 인재가 자신을 따라온다면 삼성이 세계 메이저 그룹에 들어갈 자신이 있다고 판단했다.

그는 이때부터 마음을 열어놓고 스스로 전임강사가 돼 하루 4시간 이상 특강을 하고 임직원들과 허심탄회한 대화를 통해 "이제부터 아내와 자식을 빼놓고 모든 것을 싹 다 바꾸자"고 변화를 역설했다. 그가 주창하는 경영 혁신의 최종 목표는 세계 일류를 넘어 초일류로 지향하는 데 있었다. 1993년 6월 이른바 '신경영'을 선포할 무렵이었다. 이때 미국 유학을 마치고 돌아와 비서실 부장으로 갓 입사한 외아들 이재용도 여느 임직원들과 함께 도쿄 인프라 교육에 참여해 경영수업을 받았다.

"지금 우리는 죽느냐, 사느냐 하는 절체절명의 기로에 서 있습니다. 단지 더 잘 해보자고 할 때가 아닙니다. 합리적으로 일사분란하게 나가도 될까, 말까한 시기입니다. 지금 당장 변하지 않으면 우리에게 두 번 다시 기회가 오지 않을 것입니다."

이건희 회장은 이렇게 외치면서 제일주의의 관행과 타성을 과감히 버리고 품질혁신·복합화·국제화의 3대 요체를 당장 실천에 옮겨야 한다고 강조했다. 그 당시 그는 국가적으로나 삼성그룹 차원에서 볼 때 한국 경제가 절박한 위기에 놓여 있다고 판단했다. 그래서 지금 정신 못 차리면 100년 전 나라를 송두리째 빼앗겼던 구한말과 같은 비참한 국가적 명운을 맞을지도 모른다는 절박한 심정에 사로잡혀 있었다. 그가 일본에서 해외 인프라 교육을 한 가장 큰 이유다.

"일본이 하는 것을 우리는 왜 못 하는가?"

그는 전자를 비롯해 기계, 로봇 등 산업의 주요부문에서 최소 30%, 최대 70~80%까지 세계시장 점유율을 가지고 있는 일본 경제의 현주소를 훤히 꿰고 있었다. 부회장 시절부터 기회가 있을 때마다 미국과 독일, 일본 등 선진국을 돌아보고 "우리도 열심히 하면 따라갈 수 있다"며 초일류의 경영구상을 되풀이해 왔었다.

그래서 도쿄 인프라 교육에서도 "모든 변화는 개인에서 시작해 조직으로 확산하여야 한다"고 강조했다. 회사의 조직원인 개인이 먼저 변해야 회사가 변하고 삼성그룹 전체가 변해야 경쟁사들도 따라오고 정부와 관료조직도 변할 수 있다는 것이 그가 그리는 국가 발전의 큰 그림이었다.

그러나 정부의 관료조직은 예나 지금이나 변하지 않았다. 권력에 도취한 탓이었다. 기업은 2류, 정부는 3류, 정치는 4류라는 말이 그래서 생긴 것이다. 어쨌거나 삼성이 바뀌려면 고정관념부터 깨뜨려야 했다. 그러기 위해서는 우선 개인 이기주의와 집단 이기주의에서 과감히 벗어나서 양 위주에서 질 위주로 경영방식을 바꿔야 한다. 그리고 모름지기 복합화, 국제화로 한군데 모아 경쟁력을 극대화하는 방향으로 나가야 한다고 역설했다.

품질 위주라는 것은, 기업경영의 기본이다. 삼성은 창업이래, 줄곧 '제일주의'를 외치며 품질 위주의 경영을 해왔다. 이 시점에서 이건희 회장이 새삼 질 경영을 강조하는 것은 국내에서 '제일'이라는 삼성제품이 해외에 나가면 2류, 3류에도 못 미치기 때문이었다. 그는 삼성전자에서 3만 명이 만든 가전제품을 6천 명이 하루에 2만 번씩 고치고 다니는 것을 자신의 눈으로 똑똑히 지켜보고 큰 충격을 받았다고 했다.

그래서 그는 "이런 비효율적이고 낭비적인 기업이 한국 말고는 이 지구상에서 단 한 군데도 없을 것"이라고 개탄했다. 그러고는 "앞으로 이런 타성을 못 버린다면 가전이 아니라 구멍가게도 안 될 것"이라고 경고했다. 불량품을 양산하면 소비자 100명 중 적어도 50명은 두 번 다시 그 회사 제품을 사지 않는다고도 했다. 안 사는 게 아니라 주위 사람들에게 불량품을 지적하며 나쁜 품평으로 소문을 퍼뜨려 불매운동으로 이어지게 마련이라고 했다. 소비자가 그만큼 무섭다는 사실을 알아야 한다는 뜻이었다.

그래서 그는 질 경영의 궁극적인 목표가 불량품을 없애는 것이라고 했다. 지금과 같은 치열한 국제경쟁 시대에서 완벽하게 불량률 제로(0)로 간다면 당연히 정상의 자리에 오르겠지만 그렇지 못할 경우, 불량률을 적어도 1% 이하로 줄여야 살아남을 수 있다고 했다. 예컨대 5%의 불량률을 내고도 250억 원의 이익을 낸다면 좀 더 신경을 써서 이 5%의 불량률을 1%로 낮출 경우, 1000억 원 이상 이익을 낼 수 있다는 발상을 가져야 질 개선을 이룰 수 있다는 얘기다.

그러나 그 당시 삼성의 CEO들과 전문경영인들은 이건희 회장의 이러한 발상에 대해 오너의 명령이니까 따라갈 뿐이지 별로 공감하지 않았다. 오랫동안 선대 이병철 회장의 카리스마에 길들여져 온 탓이었다. 선대 회장이 생전에 강조해오던 기량론器量論, 즉 인간에게는 누구나 고만고만한 자기 그릇이 있다고 생각했기 때문이었다.

작금의 경제 상황이 국가적으로는 미국이 훨씬 앞서 세계를 제패하고 있고, 뒤이어 독일과 일본이 선진대국의 반열에 올라선 국가적 기량(국력)을 갖추고 있었다. 하지만 한국은 이제 겨우 중진국을 넘어 선진국 문턱으로 가는 길목에 서 있다. 이른바 '한국적 기량'이다. 삼성 전문경영인들의 고정관념이 그랬다. 국내 최정상인 삼성도 삼성의 기량이 있고 메르세데스 벤츠 · 지멘스 · 보쉬, 도요타 · 소니 · 도시바 · 미쓰비시 등도 각각 세계시장에서 차지하는 저마다의 기량이 있다고 말이다.

그런데 오너 이건희 회장이 어째서 어느 날 갑자기 이 기량의 엄청난 벽을 단숨에 무너뜨리고 초일류의 기량으로 가자는 것일까? 전문경영인들은 그런 사고방식에서 좀체 벗어나지 못하고 있었다. 그러나 이건희 회장의 생각은 달랐다. 모두 적어도 50년,

100년 미래를 내다보지 못하고 짧게는 내년, 후 내년, 길어야 10년 앞만 바라보고 있기 때문이다. 게다가 미국, 독일, 일본이 선진국이 된 것은, 미래를 내다보는 치열한 기술개발로 양보다 질 위주의 발전전략을 고수하고 있었다.

"삼성그룹 전반에 만연된 양 경영 의식과 체질, 제도, 관행에서 과감히 벗어나 나 자신부터 변해야 합니다. 시간이 없습니다. 질 위주로 변해 21세기 대변혁의 시대에 하루속히 글로벌 스탠더드에 적응하지 못하면 삼성은 영원히 2류나 3류로 뒤처지고 말 것입니다. 초일류기업으로 거듭 태어나야 합니다. 그리고 우리 모두 삶의 질을 누립시다."

이건희 회장이 도쿄 인프라에서 절박하게 외친 초일류의 신경영 슬로건이다. 초일류의 생존전략이란 무엇인가? 초일류로 가기 위한 가장 시급한 문제는 기술력 향상에 앞서 인간미와 도덕성이 회복되어야 한다고 했다. 그가 해외 인프라 교육을 결심하기 직전 삼성전자 기술진이 도무지 납득 할 수 없는 일을 저지르고 말았기 때문이다. 파렴치한 사건이었다. 그것도 기업윤리와 도덕성의 잣대가 되는 산업스파이 사건이었다. 그는 이때 엄청난 충격을 받았다고 실토했다.

냉장고 부문 기술에서 라이벌 LG에 한 수 뒤지던 삼성전자 기술진이 LG전자 창원공장에 몰래 숨어 들어가 냉장고의 핵심기술을 빼내려다가 적발돼 경찰의 수사로 비화 되고 말았다. 언론 보도를 통해 소식을 접한 국민들의 입에서 '아니, 삼성이 이럴 수가…'라는 개탄의 소리가 터져 나왔다. 적어도 기술 면에서 국내 제일을 자랑하던 삼성의 이미지에 먹칠한 사건이었다. 기술개발의 벽에 부딪힌 직원이 돌파구를 찾지 못해 고민하다가 얄팍한 도벽까지 발동하다니 참으로 어이가 없었다.

기업윤리를 망각한 도덕 불감증에서 빚어진 도저히 용납될 수 없는 수치스러운 사건이었다. 사건의 전 말을 보고받은 이건희 회장은 그 당시의 참담했던 심정을 이렇게 토로했다.

"최고경영자인 나도 경쟁사의 제품을 뜯어보고 기술력을 훤히 꿰고 있는 데 기술자의 체면이 그렇게도 중요하나? 기술이 부족하면 회사에서 돈을 대줄 테니까 선진기술을 도입하라고 누누이 강조해도 기술도입을 외면하고 혼자 붙들고 몇 년씩 끙끙거리다가 남의 기술을 훔칠 생각이나 하고… 기술이 모자라 내가 일본에서 기술고문을 초빙해 와도 도대체 고문 얘기도 듣질 않아. 솔직히 냉장고 기술이 뭐, 그리 대단한지 상식적으로 이해가 안 돼. 남의 것을 보고 배울 수 있는 기술, 그거는 기술이 아니야. 그런 단순한 기술은 최첨단 기술이 앞서가는 이제 써먹을 수가 없어요."

그는 기술보다 도덕 불감증이 더 큰 문제라고 지적했다. 우리가 최고라는 배타적이고 폐쇄적인 사풍도 문제가 아닐 수 없었다. "비싼 로열티를 물더라도 우리보다 앞선 기술과 제휴하라, 합작하라고 강조해도 듣지 않는다"고 개탄했다.

해외에서 기술을 도입해 우리 것으로 개량하면 결코 비싼 게 아니라는 것이 그의 지론이었다. 남이 먼저 개발해 실용단계에 들어선 기술을 탐낼 필요도 없이 새로운 기술을 한발 앞서 도입하고 우리 실정에 알맞게 개발하는 것이 진짜 기술이라고 했다.

그가 막대한 비용을 들여 임직원들을 데리고 일본에까지 건너가 인프라 교육을 한 것은 전자제품의 개념이 일본에서 왔기 때문이라고 했다. 삼성그룹 전체의 생존 문제가 걸려 있는 주력기업 삼성전자의 혁신이 그만큼 다급했다. 삼성전자가 1등 고지에 오르지 못하면 그룹 전체의 경영이 어려워진다는 것은 불을 보듯 뻔한 일이었다.

전자의 종주국 미국의 기술을 도입해 일본화한 제품이 과연 어떻게 만들어지고 있는지, 일본 전자산업이 어떤 방향으로 가고 있는지, 미래는 어떻게 준비하고 있는지를 어깨너머로나마 아는 것이 중요했다. 호랑이굴에 들어가 비록 호랑이를 잡지 못하더라도 호랑이 꼬리는 밟을 수 있지 않겠느냐는 것이 도쿄 인프라 교육의 목적이었고 삼성의 마지막 희망이었다.

그래서 연수생들은 틈만 나면 세계적으로 유명한 도쿄의 전자상가 아키하바라를 답사했다. 하루, 이틀이 아니라 연수 기간 내내 그랬다. 아키하바라는 단순한 전자상가가 아니었다. 우리나라 용산전자상가와는 비교가 안 될 정도로 국적없는 국제도시의 테스트 시장으로 전 세계에 널리 알려져 있었다. 하루가 다르게 새로운 최첨단 전자·전기 제품이 쏟아져 나오고 각종 기업 정보가 흘러들어오는 곳이기 때문이다.

1990년대 초반. 그 당시 길이 1km에 이르는 상가에 크고 작은 1000여 개의 전자·전기 제품 상점이 밀집해 세계 각국으로부터 몰려오는 거래선과 관광객들을 대상으로 연간 6000억 엔(6조 원)의 매출고를 올리고 있었다. 아키하바라가 국제적 전자상가로 각광을 받게 된 것은 무엇보다 불량품 제로의 완벽한 제품을 싼값에 살 수 있다는 점이다. 평균 표준 소매가의 15%에서 5~10%나 추가 할인도 가능했다.

어쩌면 일본인 특유의 기발한 상술을 한눈에 볼 수 있는 곳이 아키하바라인지도 모른다. 이른바 아키하바라 저가低價의 비결은 대량 구매의 경우 메이커로부터 표시가의 60% 정도 할인이 가능하고 메이커마다 배송센터가 갖춰져 있어 운송 비용도 절감할 수 있었다. 게다가 제품의 종류와 물량이 풍부하여 선택이 폭이 넓다는 것도 저가 전략의 장점이었다. 때문에, 아키하바라는 테스트 시장으로서의 디스플레이 기법과 판매전략 등 선진 유통구조를 체험할 수 있는 곳이기도 했다.

도쿄의 아키하바라뿐만 아니라 일본 제2의 도시 오사카의 국제도시형 리조트 존Resort Zone 덴포잔 하버 빌리지나 21세기형 비즈니스 파크에 가보면 또 다른 첨단 문화의 극치와 마주치게 된다. 최첨단 기능을 고루 갖춘 초고층 빌딩들이 하늘을 찌를 듯이 들어선 비즈니스 타운, 마쓰시타 전기산업의 쌍둥이 빌딩을 비롯해 통신 및 컴퓨터업계의 강자 NEC와 후지츠 쇼룸 등 세계적인 기업들의 비즈니스 빌딩이 밀집해 있다. 이른바 블록화 도시의 미래상이다. 훗날 우리나라도 최첨단을 자랑하는 삼성타운과 LG 쌍둥이 빌딩이 건설되었지만, 일본은 이미 반세기를 앞서가고 있었다.

이곳 비즈니스 타운의 대표적인 시설물은 마쓰시타 타워의 하이비전 극장과 위성방송 코너, 각종 비즈니스 정보센터 등으로 마쓰시타 전기산업의 첨단 기술력을 고객들에게 자연스럽게 공개하는 스퀘어관이 마련돼 있었다. 전자·전기 기술에 관한 한 그만큼 자신이 있다는 얘기다. 시쳇말로 '돈 놓고 돈 먹는다'는 말이 실감날 정도로, 이윤추구라면 물불을 안 가리는 일본과 일본인들이지만 미래를 열어가는 기술력과 삶의 질은 하루가 다르게 진화하고 있었다. 그런 변화의 모습에서 '당연히 돈을 벌게 돼 있다'는 강한 이미지를 받아들이지 않을 수 없게 된다. 그만큼 치밀한 국가 인프라를 갖춰놓고 있기 때문이다.

특히 도쿄 아키하바라는 메이커와 제품의 질을 소비자들로부터 직접 평가받을 수 있어서 누구나 한 번 가볼 만한 곳이다. 그래서 삼성전자 임직원들은 수시로 아키하바라에 들러 자사가 개발한 마이크로 오븐보다 일본 샤프나 산요의 제품이 강하면 그 회사 제품을 직접 사다 호텔 방에서 분해하고 조립도 해봤다. 일본 제품의 부품 개념을 알고 핵심 부품이 무엇인지 알아보기 위해서라고 했다.

그런 실험을 가장 많이 해본 사람이 이건희 회장이다. 그와 처음 악수해본 사람들은 누구나 그의 손바닥이 거칠다는 느낌을 받는다. 마치 막노동꾼의 손바닥처럼 투박하기 때문이다. 선진 각국의 신제품을 사들여와 손수 분해하고 조립하면서 제품의 성능을 꼼꼼히 관찰하는 과정에서 손을 다치기도 하고 흠집이 생기게 마련이었다.

그래서 그의 손은 여느 엔지니어 못지않게 거칠고 험하다. 웬만한 엔지니어가 첨단기술을 두고 그와 맞서려다간 큰코다치기 일쑤라고 했다. 그는 임직원들과의 대화 중에 '지피지기知彼知己면 백전백승百戰百勝'이라는 손자병법을 자주 인용한다. 자사 제품은 말할 것도 없지만 경쟁사의 선진 제품이 어떤 식으로 만들어지고 어떤 유통경로를 통해 팔리고 품질을 어떻게 개선해야 명품이 되는가를 꾸준히 연구해 왔다.

18

초일류 글로벌 기업으로 도약

원래 미국이 기초과학 기술 분야에서 일본을 앞섰지만, 제품 경쟁력이 열세를 보이는 것은 선진기술을 응용하는 기술경쟁 능력이 뒤졌기 때문이다. 고급기술력을 단기간에 확보하기 위해서 무엇보다 선진기술 응용능력을 키우는 것은 두뇌 활용이 무한한 사람의 몫이다. 오밀조밀한 모방 문화가 강한 일본이 미국을 앞지른 이유이다.

그래서 이건희 회장도 응용과학에 능한 인재양성이 체계적으로 이루어져야 한다고 강조했다. 자체기술 개발에 3년, 5년이 걸리고 막대한 개발비용도 들어가지만, 선진기술과 제휴하면 1년 안에 고유 모델의 신제품을 개발할 수 있다는 것이다. 100만 달러에 살 수 없다면 300만 달러를 주고라도 선진기술을 도입하면 6개월 만에 본전을 뽑을 수 있다는 것이 첨단기술을 바라보는 그의 시각이었다.

그러나 그 당시 삼성전자의 전문경영인들은 자만심에 도취해

엇박자만 났다. 삼성전자를 설립할 때부터 오너가 일본에서 기술고문을 초빙해 와도 배척하고 도무지 한발 앞선 기술을 배우려 하지 않았다. 기술고문의 약점만 찾아내 쫓아버리기 일쑤였다. 뒤늦게 잘못을 깨닫고 기술고문을 다시 초빙하려 해도 이제 오지 않는다고 했다. 일본의 일류 기술자가 무엇이 아쉬워 오겠나. 애초 오너가 기술고문을 초빙해왔을 때, 그 비용이 얼마가 들어가더라도 기술제휴를 하고 신제품을 개발했더라면 진작에 인프라 교육을 하지 않아도 돈방석에 앉았을 것이라는 안타까움이 남는다.

기술에 있어서 삼성전자보다 훨씬 앞선 일본 전자업계의 경우, 80년대 말까지만 해도 기술제휴로 인한 미국 등 선진국에 지급한 로열티 비용이 많았다고 한다. 국내 가전 부문에서 선발기업 LG가 에어컨이나 냉장고에 관한 한 삼성전자보다 한발 앞선 것도 해외 기술도입을 서둘렀기 때문이다. 그 당시 세계적인 명성을 얻고 있던 LG의 디오스 3도어 냉장고 생산량은 연간 250만대로 2010년 이후에는 미국의 명품 월풀을 제치고 세계 1위로 올라설 것이라는 전망도 나왔다. 이에 비해 삼성전자의 지펠은 LG의 절반 수준에 그쳤다.

그러나 삼성전자는 신경영 선포 10년 만인 2000년대 초반 마침내 LG를 따라잡고 미국의 월풀이나 일렉트로룩스를 누르고 세계 정상의 자리에 올라 디지털 시대를 선도하게 된다. 신경영으로 임직원들이 똘똘 뭉쳐 변화하고 엄청난 기술력을 키워온 결과였다. 그 당시 이건희 회장이 전문경영진에게 귀에 못이 박히게 신경영과 신기술도입을 외치지 않았더라면 도저히 이룰 수 없는 위업이었다.

여기에 독자적으로 개발한 메모리 반도체가 세계 정상에 우뚝 선 것도 획기적인 가전 분야 발전에 큰 시너지 효과를 낼 수 있었다. 이른바 복합화, 국제화의 대성공이었다. 한때 "어디 돈 자랑할 데가 없어 일본에서 1억 달러나 쏟아부으며 호사스러운 인프라 교육을 하느냐"는 국내외의 비난 여론도 많았으나 그의 생각은 달랐다. "한 명의 천재가 20만 명을 먹여 살린다"며 인재양성을 강조했다. 인재 경영이었다. 쉽게 말해 사람 농사다. 사람을 키워야 회사가 발전한다는 것은, 그의 경영이념에서 최우선이라고 했다.

창업 이래 선대부터 일관되게 지켜온 '인재 제일주의'였다. 그는 학벌보다 양질의 제품을 만드는 기술력을 최우선시했다. 본격적으로 신경영에 나선 1995년부터는 아예 학력 제한을 철폐한 사원 공채를 국내에서 처음으로 실시하고 신기술 개발에 전력투구 했다.

도쿄 인프라 교육도 삼성의 인재들을 모아 초일류 선진국의 기초가 무엇인지 직접 체험하고 자극받으면 1석 2조가 아니라 1석 5조의 효과를 거둘 수 있을 것이라고 확신했기 때문이다. 그 무렵(1993년) 그는 메모리 반도체 분야에서 사상 최대인 2조5000억 원의 이익을 창출하자 여기에 힘입어 세계 반도체 시장을 선도하던 일본에 과감히 도전장을 냈다. 이른바 '8인치(200mm) 선전포고'였다. 그 당시 세계 반도체 시장은 6인치 웨이퍼(반도체 원판)가 주류를 이루고 있었다. 8인치는 공정이 복잡해 자칫하다간 실패할 확률도 높았다.

그러나 그는 사운을 걸고 도박을 벌이기 시작했다. 기술이 일본 반도체 업체들보다 한 수 아래였지만 8인치 공정을 밀어붙였다. 그 결과 이 한 수로 세계 메모리 반도체 판을 뒤집는데 성공한다. 일본 반도체 CEO들이 주판알만 튀기고 있을 때 과감한 결단으로 승기를 잡은 것이다. 질 경영을 위해 "빨리, 빨리 문화에서 벗어나자"고 했지만 빨리, 빨리 문화의 효험도 톡톡히 봤다. 모든 기술진이 밤낮을 모르고 신기술 개발에 매달려온 결과였다.

이 빨리, 빨리 문화가 한때 삼성의 발목을 잡는 걸림돌로 인식되기도 했지만 이제 세계의 고객들이 한국 빨리, 빨리 문화에 반해가고 있다. 삼성의 신경영 아이디어에서 나온 고객만족도로 승화했기 때문이다. 고객을 감동시키는 삼성전자의 명품 브랜드는 특히 유럽지역에서 대단한 반응을 일으키고 있다. 삼성뿐만 아니라 LG도 한국의 대표적인 브랜드로 평가받고 있다.

EU(유럽연합)의 아키하바라로 불리는 프랑스 파리의 마들렌 지역에 있는 전자제품 전문상가 '다티'에는 모든 매장마다 소니 · 파나소닉 · 도시바 · 필립스 등의 제품을 제치고 삼성과 LG의 PDP TV · 지펠 · 디오스 냉장고 · 에어컨 등 우리나라의 디지털 제품이 한눈에 들어오는 진열대에 앞다퉈 진열되고 있다. 독일의 하노버

IT 전시장 '세빗'에서도 삼성·LG 코너에만 사람들이 몰려 북새통을 이룬다.

그러나 매장 관리인은 삼성전자 제품을 소개하면서 우스꽝스럽게 "일본 브랜드"라며 "전자제품은 역시 일본 브랜드가 최고"라고 설명을 하다가 뒤늦게 '메이드 인 코리아'를 확인하고 공식적으로 사과하는 소동을 빚기도 했다. 그 당시만 해도 유럽인들은 대다수가 한국을 아시아의 개발도상국 정도로 알고 세계 1위 자리에 우뚝 선 삼성전자 제품을 일본 브랜드로 오인했던 것이었다. 삼성은 품질도 품질이지만 고객 관리를 위한 애프터 서비스(AS)도 신속하게 처리해주어 유럽 고객들을 감동하게 했다.

2005년 유럽 전 지역을 관리하는 콜센터를 설립하고 소비자들로부터 제품 고장신고를 받으면 즉각 가까운 지역의 서비스센터 직원이 소비자 집으로 달려가 고장 난 제품을 수리해주거나 회수해 새 제품으로 바꿔 주었다. 불량률 제로와 고장률 제로를 지향하는 영업전략이었다. 이를 위해 유럽 각 지역의 서비스업체와 제휴하고 바쁠 땐 퀵 서비스까지 활용했다. 한국 특유의 빨리, 빨리 문화가 유럽인들을 매혹시킨 것이다.

북유럽 네덜란드 스히폴 공항 부근에는 삼성전자의 초대형 물류센터가 있다. 끝이 안 보이는 물류창고에 연일 입하되는 삼성 TV를 비롯한 최신 전자제품이 산더미처럼 쌓여 있으나 1주일이면 다 팔려나간다고 한다. 특히 삼성 TV는, 유로 디즈니랜드 호텔 객실과 파리의 퐁피두 센터, 센강의 호화유람선 객실 등에 설치되어 '메이드 인 코리아'를 알리고 있다. 때문에, 유럽을 여행하는 한국인들은 자연 어깨에 힘이 들어가고 자긍심을 느낀다고 한다.

2009년 10월 파리의 뉘 블랑슈nuit blanche 백야白夜 축제 때는 삼성이 노트르담 성당 뒤편에서 LED로 초대형 라이트 쇼를 연출해 파리 시민들을 열광케 했다. 이때 파리 시민들은 삼성이 나눠준 빨간색 하트 모양의 LED 배지를 가슴을 달고 축제를 즐기며 "삼성 코리아"를 외쳤다고 했다. 얼마나 자랑스러운 일인가.

몇 해 전 외교부가 세계 17개국 남녀 성인 6000명을 대상으로 "한국 하면 맨 처음 떠오르는 이미지가 뭐냐"는 설문 조사를 한 적이 있다. 답은 1위가 '테크놀로지', 2위가 '삼성'이었다. 삼성의 스마트폰과 가전제품이 테크놀로지 강국 대한민국의 이미지 구축에 결정적 영향을 미친 것이다. 6·25 전쟁 직후 세계 최빈국이던 한국이 반세기 만에 기술 강국 이미지를 높이고 마침내 선진국 반열에 오른 것은 삼성의 공이 절대적이었다 해도 결코 과언이 아닐 것이다.

그 무렵 스페인의 바르셀로나에서 열린 '3GSM(3세대 유럽방식 이동통신) 세계대회'에서 삼성전자가 출시한 고속하향 패킷접속(HS-DPA)과 휴대 인터넷(와이브로) 등 차세대 통신기술과 두께가 가장 얇은 9.8mm짜리 초 슬림 슬라이더 폰을 공개해 세계 총 962개 참가업체 중 최고의 휴대전화로 평가받았다. 그 당시 출시한 삼성전자의 휴대폰 판매가는 국제가격으로 179달러로 그동안 정상을 고수해 왔던 일본 소니의 에릭슨(171달러)을 제치고 1등을 차지했다.

삼성, 소니 다음으론 LG(160달러) · 모토로라(147달러) · 노키아(124달러) 순이었다. 그 무렵 삼성전자의 휴대폰 생산량은 연간 1억 대를 돌파, 세계시장 점유율을 12.6%까지 끌어올렸다. 지금은 단종되었지만, 애니콜 휴대전화는 중국에서 최고 브랜드로 꼽혀 소비자들의 인기를 독점하다시피 했다.

메모리 반도체 D램도 그 당시에는 획기적이라 할 수 있는 최고 속도의 정보처리 능력을 갖춘 고성능 그래픽 D램 '512메가비트 GDDR4'를 개발해 세계를 깜짝 놀라게 했다. D램 분야에서는 단연 타의 추종을 불허하는 초일류로 아직도 세계 1등 고지를 지키고 있다. 삼성반도체의 선풍적인 인기는 선진 경쟁업체들에 비해 빠른 신기술 개발로 신제품을 빨리 출시하는 기회 선점에다 품질도 뛰어났다.

이후 삼성전자가 8인치 신제품 개발로 단숨에 세계 메모리 반도체 시장에서 40%의 점유율로 올라서자 한때 1~5위를 휩쓸던 NEC, 히타치, 도시바 등 일본 D램 제조사들은 거의 소멸하다시피 했다. 황금알을 낳는 거위를 판돈으로 내걸고 도박에 성공한 삼성전자는 지금까지 압도적인 1등의 자리를 지키면서 100%, 200% 이상 신기술 개발의 효과가 나타나 세계 초일류 메이저 그룹이라는 부러움을 사게 되었다.

이건희 회장은 애초 30%의 효과만 거두어도 대성공이라고 기대하며 투자한 1억 달러의 인프라 교육비가 수백억 달러의 이익으로 창출되자 비로소 회심의 미소를 지었다. 이제 삼성전자 제품은 메모리 반도체뿐만 아니라 평판 TV, 에어컨, 냉장고, 세탁기 등 가전 분야 전반에 이르기까지 세계 어디에 내놔도 일등 진열대에 오른다. 두려울 것이 없다. 먼지가 쌓여 있던 LA 전시품의 쓰라린 과거사는 이제 전설이 되었다.

이건희 회장이 1987년 12월 1일 회장에 취임할 때 삼성그룹은 37개 계열사에 종업원이 줄잡아 18만 명으로 전체 매출은 9조 9000억 원, 영업이익 2000억 원을 내는 동아시아 변방의 기업에 불과했다. 그나마도 미국의 경제전문지 포천은 삼성전자를 세계 35위 기업으로 선정했다.

그러나 그로부터 30년이 지난 2018년 매출은 386조6000억 원으로 39배가 늘었고 영업이익은 무려 359배나 늘어 71조8000억 원에 달했다. 30여 년 전 1조 원이던 삼성그룹 시가총액도 396조 원으로 불었다. 삼성전자 브랜드가치 하나만도 71조 원(623억 달러)으로 미국의 애플·아마존·마이크로소프트·구글에 이어 세계 5위를 기록하고 있다. 한국 기업이 '톱5 브랜드'에 진입한 것은 삼성전자가 처음이다. 메모리 반도체에 이어 스마트폰 등 20개 첨단분야에서 세계 1위를 만들어낸 결과였다. 과감히 아날로그를 버리고 디지털만 선택했기 때문이다.

그러나 대변혁의 시대 최첨단 선진 기준, 즉 글로벌 스탠더드에 적응하기 위해 이익의 대부분을 연구개발과 생산라인 증설에 재투자해야 했다. 세계적인 톱 브랜드를 지키기 위한 최첨단 디지털기기들을 경쟁사보다 한발 앞서 개발하는 것이 끊임없는 도전정신이다. 삼성이 TV 분야에서 일본 소니를 꺾고 세계 1위로 올라선 것은, 2006년이었으며 그 전까지에는 한국의 브랜드가 일본을 누르고 세계 1위에 오른다는 것은 상상도 못 할 일이었다. TV는 반도체 같은 부품과는 또 다르다. 브랜드, 마케팅, 디자인 등이 맞아떨어져야 소비자의 선택을 받을 수 있기 때문이다.

이건희 회장은 도쿄 인프라 교육을 실시한 지 2년이 지난 1995년 3월 9일 휴대폰 애니콜의 불량률이 11.8%나 나오는 것을 보고 구미사업장에 내려가 휴대폰 15만대(500억 원어치)를 산더미처럼 쌓아놓고 불태워 버렸다. 애니콜 화형식은 한마디로 불량률 제로((0)로 세계 최고 제품을 만들겠다는 의지의 표현이었다. 1988년 휴대폰 시장에 진출한 지 7년 만에 벌어진 삼성전자의 충격적인 사건이었다.

그 당시는 미국의 모토로라를 따라가기 위해 급급하던 시절이었으나 과감한 기술혁신으로 불량률을 1%대까지 낮춰 마침내 세계 정상의 자리에 오른다. 당시 그는 "앞으로 무선 단말기를 한 사람이 한 대씩 가지는 시대가 반드시 올 것"이라며 "세계 최고의 스마트폰을 개발해야 한다"고 강조했다.

그 결과 비약적으로 발전한 삼성의 스마트폰은 현재 연간 생산량 3억대를 고수하며 지금까지 세계 최정상을 지키고 있다. 실로 무서운 승부사라 해도 과언이 아니었다. 그의 경영철학을 한마디로 요약하면 기회 선점 전략이다. 신경영을 선언한 이후 새로운 아이디어에 의해 추진해온 최첨단 프로젝트마다 대성공을 이룬 것은 미래산업을 선점했기 때문이다.

특히 만능의 소재 산업인 반도체는 1970년대 후반기부터 치밀한 사업 구상으로 꾸준히 성장하여 80년대 말엔 타의 추종을 불허할 정도로 세계 정상에 우뚝 섰고 기업 운도 뒤따라 디지털 사업 분야는 경쟁사들이 따라오지 못할 만큼 거리를 넓혀놨다. 그러나 이건희 회장은 기업경영에 피땀과 노력이 있을 뿐 운이란 결코 있을 수 없다고 했다.

어쨌든 그는 선대가 생존해 있을 때 감히 엄두도 내지 못했던 도전정신으로 엄청난 성과를 이뤄냈다. 현재 삼성전자의 브랜드 가치 하나만도 우리나라 1년 예산의 절반을 차지하는 250조 원대 이상으로 추정되고 있다. 이런 기업이 두 개만 있어도 나라 살림을 책임질 수 있다. 삼성을 국가적 기업으로 부르는 이유가 거기에 있다.

선대 이병철 회장은 생전에 "창업보다 수성이 어렵다"며 제일주의로 삼성의 안정적인 경영을 강조했으나 2세 이건희는 과감히 국내 제일주의를 뛰어넘어 세계로 눈을 돌렸다. 세계 일류, 그것도 초일류를 지향해야 직성이 풀렸다. 삼성의 매출 규모를 국내총생산(GDP)과 비교해보면 위상 변화가 명확하게 드러난다.

그가 회장으로 취임하던 1987년 한국 GDP 대비 삼성의 매출 비중은 8% 수준이었지만 2018년 기준 20%로 껑충 뛰어올랐다. 이는 강소국 덴마크의 GDP와 맞먹는 수치다. 삼성이라는 한 기업이 세계시장에 내다 판 물건값의 힘이 한 국가가 창출하는 부가가치의 국력과 같다는 의미다. 그래서 삼성을 가리켜 초국가적 기업이라는 말이 나오는 것이다. 때문에, 한국의 글로벌 기업 삼성을 대하는 선진국 CEO들의 태도가 확연히 달라졌다.

이건희 회장은 가끔 미국의 경제 포럼이나 세계 경제인들의 모임에 참석할 때마다 정부 관계자나 학계, 재계 관계자들이 극진히 대해주는 걸 보고 비로소 세계시장에서 삼성의 위상이 크게 높아졌다는 사실을 실감할 수 있었다. 그런 한편으론 그는 가슴이 철렁 내려앉고 등줄기에 식은땀이 흐르는 것을 의식하지 않을 수 없었다.

세계가 하나같이 한국의 삼성을 초국가적 기업으로 보고 부러워하면서도 경계심을 갖고 있는데 자칫 자만하다가 실패할지도 모른다고 생각했기 때문이다. 그래서 그는 무엇보다 글로벌 경영인들과의 만남에서 항상 긴장하면서도 자존심이 강해 기 싸움을 자주 벌였다고 한다. 하여 그는 의식적으로 한국 재계의 제왕다운 체통에 걸맞게 처신하는 것도 잊지 않았다. 삼성그룹 경영이 안정기에 접어들자 이제 굳이 해외에 나가지 않아도 그를 찾아오는 해외 각국의 기업인들이나 정부 고위관료들이 늘어났다.

중요한 고객인 그들을 접대하기 위한 초일류급 영빈관도 필요했다. 그래서 착수한 것이 영빈관 건립이었다. 재계에서는 일종의 과시가 아니냐는 반삼성 정서가 있었고 정부의 시각도 곱지 않았다. 그러나 그는 10년, 20년 후를 내다보며 세계 초일류기업으로 가기 위한 기본조건이라고 생각했다. 삼성이 대한민국을 대표한 초국가 기업으로 발전해가는 위상인 만큼 해외 국가원수급 VIP나 기업인들이 방문할 때 사용할 영빈관 건립은 꼭 필요한 현안이었다. 이미 장충동에 기존의 영빈관이 있고 바이어들을 수용하는 호텔 신라가 있지만, 그는 성에 차지 않았다.

하여 천하를 통일한 진시황이 아방궁을 건립한 것처럼 새로운 삼성의 영빈관을 신축해 삼성의 위상을 한껏 높이고 싶었던 것이다. 어쩌면 도가 지나쳐 선대 이병철 회장처럼 권력의 눈총을 받을지도 몰랐으나 주위에 말릴 사람이 아무도 없었다. 그렇게 서둘러 영빈관을 신축한 것이 지금의 '승지원'이다. 이를 위해 1994년부터 장충동 영빈관 주변 땅을 집중적으로 사들이기 시작했다. 중소규모의 빌딩과 주택이 있는 노른자위 땅 8200여 평(당시 시가 1000억 원 상당)이었다. 가히 삼성타운인 셈이다.

이건희 회장은 정치권과 사회 일각의 부정적인 시각에도 아랑곳하지 않고 기어이 왕조시대 구중궁궐에 버금가는 영빈관 승지원을 세웠다. 한옥인 본관은 그의 집무실 겸 영빈관으로 사용해왔다. 이 한옥은 궁궐 건축 전문가인 신응수 대목장이 지었다. 이밖에 양옥으로 지어진 부속 건물은 참모들과 상주직원들이 근무하는 곳으로 알려져 있다. 가히 청와대가 부럽지 않은 '경제대통령'의 집무실이다.

이건희 회장의 전용차는 롤스로이스 팬텀이었다. 달리는 궁전이라고 부르는 최고급 차량이다. 선대 이병철 회장은 생전에 메르세데스 벤츠 600을 타고 다니다 정권의 눈총까지 받았다. 그러나 그는 거칠 것이 없었다. 국제적인 위상에 걸맞게 삼성전자 미국법인을 통해 하늘의 특급호텔이라 불리는 프랑스제 신형 기종인 12인승 전용 비행기를 두 대나 들여왔다. 프랑스 다소사가 개발한 '팰컨 900B. DL'이었다. 비행기의 대당 수입가격은 2450만 달러였으며 옵션까지 포함하면 총 5000만 달러 이상이라고 했다.

다소사는 원래 미라주, 라파엘 등 전투기와 대잠 초계기 아틀란틱을 생산하는 군용항공기 제작사로 팰컨은 이 회사가 개발한 최초의 민간 항공기다. 삼성이 이 비행기를 들여온 것은 전세용 국적 항공사를 제외하고는 한국 기업 역사상 최초의 일이었다. 이 중 한 대는 미국에서, 나머지 한 대는 한국에서 운항했다.

이후 삼성은 2001년 21세기를 맞아 미래산업을 선도하는 상징으로 팰컨을 팔고 캐나다 봄바디어사가 개발한 14인승 글로벌 익스프레스를 3700만 달러에 사들였다. 이른바 이건희 비행기, 이 글로벌 익스프레스는 문자 그대로 비행 소음이 거의 없고 안전성이 뛰어난 것으로 정평이 나 있다. 최고 속도는 마하 0.85로 항속 거리가 1만2000km나 돼 서울에서 미국 LA까지 중간 급유 없이 논스톱으로 날아간다고 했다.

여기에다 2008년에는 세계 1%의 갑부들만이 소유할 수 있다는 비즈니스 전용기인 20인승 보잉 737기(7EG BBJ)까지 도입했다. '하늘을 나는 초특급 호텔의 스위트 룸'이라고 불렸다. 이 무렵 삼성을 세계적 기업으로 이끌어가던 이건희 회장은 인생의 최절정기를 맞고 있었다.

그러나 불행하게도 2014년 5월 급성 심근경색으로 쓰러져 의식을 잃고 만다. 6년 5개월 동안 삼성서울병원에서 치열하게 투병해왔으나 2020년 10월 25일 영영 깨어나지 못했다. 78세. 변방의 한국 기업 삼성을 세계 초일류기업으로 만든 승부사라는 신화를 남기고 이승을 뜬 것이다.

세계 주요 언론은 그의 별세 소식을 긴급 뉴스로 전했다. 그는 역대 대한민국 대통령보다 더 유명한 세계 경영인이었기 때문이다. 미국 뉴욕타임스는 "이건희 회장은 싸구려 TV와 전자레인지를 팔던 삼성을 억척스러운 기술혁신으로 반도체와 스마트폰·TV·컴퓨터 분야의 글로벌 기업으로 키웠다"며 "삼성전자는 오늘날 한국 경제의 주춧돌이며 세계에서 연구·개발에 가장 많이 투자하는 기업"이라고 전했다. 이 신문은 또 "이 회장은 삼성의 큰 사상가(big thinker)로서 한국 경제의 전략 방향을 제시했다"고 보도했다.

로이터통신은 "한국 삼성의 이건희 회장은 소니, 도시바 등 세계 전자업계의 선두그룹이던 일본의 라이벌 기업에 도전하기 위해 혁신적인 기술을 개발, 마침내 삼성을 세계 정상에 올려놨다"

고 전했다. 월스트리트저널은 "2류 전자부품 제조회사를 세계에서 가장 큰 반도체와 스마트폰·가전 생산기업으로 변모시킨 글로벌 기업인"으로 평가했다.

일본 요미우리신문은 "이 회장이 어린 시절 일본에서 성장했고 와세다대학을 졸업했다"는 사실을 상기시키며 "일본 기업의 품질 개선과 경영 수법에 정통한 기린아였다"고 보도했다. 그는 이승을 떠나는 길에도 전자왕국 일본을 이겨낸 유일한 한국 기업인이라고 찬사를 받았다.

이건희 회장은 26년 넘게 글로벌 기업 삼성을 이끌며 미래를 내다보고 열심히 살아왔다. 재계에서는 그를 보고 '100년 앞서가는 사람'이라고 칭송했다. 과감한 투자와 혁신, 초일류 품질주의로 마침내 삼성전자를 '세계 1위' 반열에 올려놓았다. 회장에 취임한 지 5년 만인 1992년 D램 메모리 반도체가 처음으로 시장점유율 세계 1위를 기록했고 평판 TV(2006년), 스마트폰(2011년)이 잇따라 세계 정상에 올랐다. 현재 삼성의 글로벌 1위 제품만도 20여 개 품목에 달한다.

그는 세계시장에서 별다른 주목을 받지 못했던 한국 기업이 글로벌 1위 기업이 될 수 있다는 자신감을 불어넣고 그 꿈을 실현한 혁신적인 경영인이었다. "창업보다 수성이 더 어렵다"는 선대의 유훈을 실천에 옮겨 성공한 것이다. 삼성은 그가 쓰러져 투병 중임에도 387조 원(2018년 기준)의 매출에 영업이익 72조 원을 올렸다. 그룹 시가총액도 396조 원으로 급성장했다.

그러나 그의 말년은 파란만장했다. 역대 정권을 통틀어 "정부가 3류로 낙후돼 기업을 따라오지 못한다"고 비판했다가 반삼성 정서를 부추기는 정권에 밉보여 여러 가지 시련을 받았다. 비자금 사건으로 특검까지 받았고 한때 경영 일선에서 물러난 일도 있었다. 1996년 삼성에버랜드 전환사채 편법 증여 의혹에서 촉발된 경영권 승계를 둘러싼 사법 리스크는 지난 정권의 '국정농단 사건'과 연계돼 지금도 법정 공방을 벌이고 있다.

세계 패권국이 되기 위해 군비를 증강하며 미국과 치열한 경쟁에 들어간 중국은 반도체를 국가전략사업으로 지정하고 연간 수십, 수백조 원의 국비를 쏟아붓고 있다. 화웨이는 이미 스마트폰이나 통신장비 분야에서 삼성전자와 대척점에 서 있거나 앞서 있다. 미국은 국가안보 차원에서 반도체를 전략산업으로 육성하기 위해 설비투자금의 40%를 세액으로 공제해 주는 등 인센티브를 제공하며 바이든 대통령이 삼성 CEO에게 노골적으로 미국에 반도체공장 건설을 요청하고 있다.

그러나 우리 정부는 도와주기는커녕 개별기업의 투자에만 의존하고 국가전략은 준비도 하지 않고 있는 듯하다. 이런 정부, 이런 나라가 선진국 대열에 진입한 나라냐고 묻고 싶다. 그러면서도 정부는 온갖 규제로 기업을 압박하고 있다.

현재 미·중·일 등 3국의 반도체 기술을 둘러싼 기 싸움은 치열하다. 한국은 메모리 반도체의 양산기술과 제조부문에서만 세계 1위를 차지하고 있을 뿐 장비에 관한 한 미국을 따라가지 못하고 있다. 일본도 반도체 소재 산업에서 여전히 1위를 지키고 있다. 한·일 무역전쟁 때 일본이 반도체 소재인 불화수소의 수출을 중단하자 세계 메모리 반도체의 75%를 공급하던 삼성을 비롯한 한국 반도체 기업들이 큰 어려움을 겪었다. 일제 강점기 종군위안부와 강제징용 문제를 둘러싼 일본 정부와의 갈등 탓이었다.

거의 반도체로 이익을 창출하는 삼성전자는 지금도 바짝 긴장하고 있다. 일본의 반도체 소재 수출이 재개되긴 했으나 한·일 정치권은 아직도 얼어붙어 있어 소재 공급이 언제 끊길지도 모른다. 게다가 중국 화웨이의 추격이 급속도로 다가와 한 치 앞을 내다볼 수 없다.

삼성전자는 코로나 팬데믹으로 불확실한 경영환경에 처해 있음에도 불구하고 연구·개발(R&D)과 생산시설에 꾸준히 투자하며 끊임없는 도전을 계속하고 있다. 2020년 역대 최대인 20조 원의 연구 개발 투자를 통해 국내 특허 5000여 건, 미국 특허 6500여 건을 취득했다. 시설투자비는 30조 원에 달했다. 메모리 첨단 공정 전환과 반도체·디스플레이 증설 등 주력사업 경쟁력을 위한 시설에 중점투자한 것이다.

세계 최대규모인 평택 반도체공장 제2라인에서는 최초로 EUV(극자외선) 공정을 적용한 최첨단 3세대 10나노급 모바일 D램의 양산에 돌입했다. 이미 반도체 초격차를 달성하고 미래 반도체 시장을 선점해가기 위한 행보인 것이다. 2022 년까지 3나노 첨단 공정에 들어갈 계획이라고 했다. 삼성은 2018년부터 4차 산업혁명의 중심이 될 AI(인공지능)·5G·IoT(사물인터넷)의 전장용 반도체를 미래 성장사업으로 선정해놓고 있다.

삼성은 메모리뿐만 아니라 시스템 반도체 분야에서도 2030년까지 글로벌 1위 달성을 위해 연구·개발에 박차를 가하고 있다. 이른바 '반도체 비전 2030'이다. 시스템 반도체 연구·개발 및 생산시설 확충에는 총 133조 원이 투입된다고 한다. 삼성은 5G 분야에서 2019년 4월 세계 최초로 상용화에 성공해 이미 미국·캐나다·일본·호주·뉴질랜드 주요국가 통신사들에 5G 장비를 공급하고 있다.

최근에는 미국의 세계 1위 통신장비업체 버라이즌과 역대 최대 규모인 66억 4천만 달러(7조 9천억 원)의 네트워크 장비 공급 계약을 맺고 명실상부한 5G 리더십으로 떠올랐다. 그러나 삼성에는 현재 오너가 없다. 정권이 바뀌어 새 정부가 들어선 지 3개월 만에 8·15 광복절 특사로 사면·복권되었지만, 아직 회장으로 취임하지 못하고 있다. 법적인 승계 절차가 끝나지 않았기 때문이다.

그는 아버지 이건희 회장이 급성심근경색으로 쓰러지자 정상적인 경영권 승계 절차도 밟지 못하고 경영일선에 뛰어들었다. 삼성에 입사해 경영수업을 받아온 지 20여 년 만이다. 평소 말이 없고 조용한 성품인 그는 아버지의 경영 스타일을 이어받아 탁월한 능력이 있어서 경영 전반에 많은 어려움을 이겨내며 늘 행동으로 국가 경제성장의 견인차 역할을 하고 있다.

최근엔 인공지능(AI)과 6세대 이동통신(6G) 삼성의 연구개발(R&D)조직이 집중돼 차세대 핵심기술을 개발 중인 삼성 리서치에서 살다시피 했다. 여기에다 수시로 평택 반도체 파운드리 공장과 수원사업장을 찾아 관련 사장단 회의를 주재하고 미래 중장기 전략을 논의했다. 미래 기술 확보는 삼성의 생존전략인 만큼 변화를 일으켜 미래를 선점하는 데 목적을 두고 있다. 초일류를 지향해온 선대 이건희 회장의 기회 선점 전략과 같다.

그러나 외풍이 너무 심했다. 현장 경영을 강화하던 중 내내 법정에 서고 또 재수감되는 비운이 반복되었기 때문이다. 그런 가운데서도 그는 반도체·스마트폰 세계 1위를 지키기 위해 혼신의 힘을 쏟아 왔다. 2017년 초 그가 교도소에 수감 되자, 블룸버그통신은 "삼성 상속자의 새로운 집무실은 연쇄 살인범도 수감 되어 있는 교도소"라는 기사를 내보냈다. 최근 몇 년간 외신엔 그가 검찰청 포토라인에 서 있거나 쇠고랑을 찬 양손을 가린 채 구치소로 이송되는 사진이 실리기도 했다.

글로벌 기업 삼성의 수치라고 보다 세계 8위권 경제 대국의 국격을 떨어뜨리는 수치였다. 이재용은 지난 정권 출범 이후 4년간 법원·검찰이 있는 서초동 법조타운으로 출근하다시피 했다. 특검 조사 10회, 구속영장 실질심사 3회를 받았고 83회나 재판정에 섰다. 구치소 수감 기간만도 총 420일이 넘는다.

그는 국정농단사건보다 더 복잡한 삼성바이오로직스 회계부정

혐의로도 기소돼 재판을 받고 있다. 대법원의 확정판결까지 적어도 5년은 걸릴 것이라고 한다. 꼬박 10년 세월을 수사와 재판으로 보내는 셈이다.

게다가 한국의 상속세는 세계에서 가혹하기로 유명하다. 이건희 회장의 유산은 총 26조 원, 이중 감정가 3조 원에 달하는 이른바 이건희 컬렉션의 미술품 2만5천 점을 국가에 헌납하고 의료복지기금 2조 원도 출연했다. 사상 최대의 사회 환원이다. 그러나 이재용을 비롯한 유족들이 물려받은 삼성 관련 주식 18조 원에 대한 엄청난 상속세 12조 원(65%)을 낼 돈이 없다고 한다. 유족들이 보유지분을 다 팔아도 10조 원이 될까 말까 한단다. 은행대출을 받아야만 상속세를 납부할 수 있다고 한다.

이재용 부회장은 어쩌면 한국에서 가장 불행한 기업인인지도 모른다. 세계 최고 수준인 상속세를 물기 위해 기업의 지분을 팔아야 할 처지에 놓였기 때문이다. 현재 한국에는 과도한 상속세 부담으로 아예 가업家業 승계를 포기하는 사람이 많다고 한다. 그런데도 정부는 우선 먹기에 곶감이 달다는 식으로 당장 거둬들이는 세입에 눈이 멀어 황금알을 낳는 거위의 배를 가르고 있다.

업계 각 분야의 최고 경쟁력을 자랑하던 쓰리세븐(손톱깎이), 유니더스(피임기구), 락앤락(밀폐용기), 농우바이오(종묘) 등 중견기업들도 상속세를 마련하지 못해 경영권이 외국자본에 넘어갔다. 기업을 해체하는 징벌적 상속세율로 기업인들의 기술력과 경영철학마저 죽인 것이다. 이거야말로 국부 유출이 아니고 뭐란 말인가?

일본은 100년 기업이 3만3000여 개, 미국은 1만2700여 개, 독일 1만여 개가 있는 것에 비교하여 우리 한국에는 9곳밖에 남아 있지 않다고 한다.

'재다단명財多短命'이라는 말이 있다. 재산이 많으면 명이 짧다는 얘기다. 많은 재산을 관리하고 키우자면 그만큼 신경도 많이 써야 하기 때문일 것이다. LG 구본무 회장과 한진 조양호 회장은 70대 초반에 별세했고 삼성 이병철, 이건희 회장은 각각 77세, 78세에 세상을 떠났다. 서울구치소에 수감 중이던 이재용 부회장은 복막염으로 응급수술까지 받았다. 충수(맹장)가 터져 복막염으로 번진 것이다. 극심한 복통이 왔는데도 특혜시비가 두려워 교도관에게도 알리지 않고 버티다가 그런 변을 당했다고 한다.

이 와중에 미국의 IT 공룡들이 "반도체 패권을 되찾겠다"며 역습해오고 있다. 세계 최대 반도체 기업 인텔이 22조 원을 들여 미국 애리조나에 반도체 공장을 신설하는 등 반도체 파운드리(위탁생산) 시장에 진출해 판을 흔들고 있다. 인텔은 반도체 시장의 큰손인 마이크로소프트 반도체 관련 특허를 다수 보유한 IBM과 반도체 기술 공동개발에 나서고 있다.

최근 세계적으로 IT·통신·인터넷·자동차 등 미국 산업의 핵심인 맞춤형 반도체산업이 급성장하자 더 이상으로 해외 기업에 맡겨서는 안 된다는 위기감이 미국의 테크기업을 결집시킨 것이다. 유럽연합도 이미 180조 원 규모의 반도체 자립계획을 내놓고 있어 한국의 반도체산업은 거센 도전에 직면하고 있다.

미 행정부는 국가안보 차원에서 인텔을 적극적으로 지원하고 있으나 한국 정부는 그동안 자력으로 세계 1위를 선점해온 삼성전자를 국가정책으로 지원하기는커녕, 오너를 감방에 가둬 스스로 망하도록 방치하고 있었다. 이게 정상적인 국가인가?

전기차 배터리도 삼성과 LG, SK 등 3사가 불안한 선두를 유지하고 있으나 미국과 일본은 역전을 노리고 2025년부터 차세대 배터리 개발에 나설 계획이고 유럽연합도 독자적인 기술 독립을 선언했다. 여기에다 전기차 배터리 개발에 성공한 중국은 물량 공세로 나오고 있다. 삼성으로서는 그야말로 사면초가에 몰려 있는 셈이다. AI · 5G · IoT(사물인터넷)의 융 · 복합화로 디자인 혁명을 이루는 중대한 시점에 와 있으나 정부의 지나친 간섭 때문에 미래를 위한 투자에도 많은 제약을 받고 있다.

삼성을 향한 정치 권력의 공격은 아주 집요하다. 정치적 목적으로 이재용을 잡아넣은 것도 글로벌 국민기업 삼성을 삼키겠다는 음흉한 기획 음모 때문인지도 모른다. 삼성뿐만 아니라 한국을 대표하는 5대 글로벌 기업이 같은 운명에 놓여 있다. 국회에서 일방적으로 통과시킨 경제 3법이 그렇다. 앞으로 기업인들은 아슬아슬하게 교도소 담장 위를 넘나들며 곡예경영을 해야 할 판이라는 말이 그래서 생긴 것이다.

삼성은 영원할까? 삼성은 결코 권력의 입맛에 따라 먹히지도 않을 것이고 쓰러지지도 않을 것이다. 미래의 동량인 2030 세대

들이 삼성을 다시 보기 시작했기 때문이다. 그들은 해외에 나가서도 삼성 덕분에 떳떳하게 어깨에 힘이 들어가고 '한국인'임을 자랑스러워한다. 이건희 회장이 "한국도 1등을 할 수 있다"는 자부심을 심어줬기 때문이다.

지금 세계에 우뚝 선 한국의 위상은 삼성이 만들었다고 해도 과언이 아니다. 그래서 새삼 삼성신드롬까지 일어나고 있다. 삼성은 글로벌 경영으로 인해 줄잡아 20만 명을 헤아리던 국내 임직원 수가 절반으로 줄어들었다.

우리나라의 기업환경이 해외에 있는 삼성의 각 생산시설의 반이라도 국내로 다시 들여올 수 있게 된다면, 우리 젊은이의 취업난은 다른 나라 이야기가 될 것이다. 그러나 삼성은 해외 74개국에서 연구개발센터와 생산공장을 운영하며 무려 30만 명의 현지인을 고용하고 있다. 해외에 파견된 국내 관리 요원만도 수만 명에 달한다. 그래서 글로벌 기업 삼성은 해가 지지 않는다고 한다. 3대에 걸친 창업과 수성이 이를 대변하고 있다.

삼성인도 모르는 삼성가의 창업과 수성 祕史비사

제1판 제1쇄 인쇄 / 2022년 9월 25일
제1판 제1쇄 발행 / 2022년 9월 30일

저 자 이용우
발행인 김용성
발행처 지우출판
서울시 동대문구 휘경로2길 3
☎ 02)962-9154 팩스 02)962-9156
등록번호 제9-118호
ISBN 978-89-91622-33-3
e-mail lawnbook@naver.com

정가 17,000원